모르면 호구 되는
경제상식

모르면 호구 되는 경제상식

내 주머니를 지키고,
삶의 등급을 높이는
최소한의 경제상식
떠먹여드림

이현우 지음

전면
개정판

세종도서
교양 부문
선정 도서

한스미디어

새로운 변화의 시대, 준비하고 있습니까?

우리는 2000년 초반부터 코로난 팬데믹 기간까지 20년이 넘는 기간 동안 저금리 환경 속에 살았습니다. 많은 사람이 저금리는 당연하다고 생각하고 살았습니다. 특히 젊은 세대는 태어나서 고금리 환경을 아예 겪어보지 못한 세대도 있습니다. 고금리를 직접 경험한 세대도 너무 오랜 시간이 지나, 마치 처음 겪는 일처럼 느껴집니다. 누구도 이런 고금리 시대가 갑자기 닥칠 것이라 이야기 해주지 않았습니다. 우리는 정말 아무 준비 없이 고금리 시대에 덩그러니 버려졌습니다.

세상은 고금리에 맞춰서 빠르게 변하고 있습니다. 하지만 일부 사람들은 아직도 저금리에 맞춰서 생각하고, 세상을 바라보고, 행동하며 살고 있습니다. 심지어 일부 사람들은 고금리 시대는 틀렸다고 생각하는 사람도 있습니다. 앞으로 고금리 시대가 가져올 변화와 우리가 무엇을 준비하고, 생각과 생활 방식을 어떻게 바꿔야 하는지 진지하게 이야기하는 사람도 드뭅니다.

이제 생각을 바꿔야 합니다. '금리 언제 다시 내려가나?'에서, '앞으로 새로운 시대 어떻게 준비하지?'로 바꿔야 합니다. 금리 변화는 세계 돈의 흐름을 바꾸고, 그 변화에서 기업들은 새로운 부를 찾아 떠나고, 일자리와 자산 시장에도 커다란 변화가 찾아올 것입니다. 이것은 개인이 바꿀 수 없는 거대한 흐름입니다. 그 흐름을 휩쓸려 갈지 시대의 변화에 올라탈지는 우리의 선택입니다.

그렇다면 어떻게 새로운 시대 흐름에 올라탈 수 있을까요? 바로 여러분 삶에 경제 상식'이라는 날개를 다는 것입니다. 하늘의 제왕이라 불리는 독수리가 있습니다. 독수리는 날개를 폈을 때 몸길이가 2.5~3.1m로 하늘을 날기 적합하지 않습니다. 하지만 독수리는 날기에 부적합한 자신의 날개를 의지하지 않고, 강력한 상승기류의 힘을 적극 활용해 비행합니다. 덕분에 다른 새들은 감히 범접할 수 없는 높이에서 오랜 시간을 비행할 수 있어 '하늘의 제왕'이라 불립니다.

새로운 변화의 시대를 마음껏 날고 여러분의 무대로 만들고 싶다면 '경제 지식'이라는 날개가 필요합니다. 고금리와 저금리가 무슨 차이가 있는지 이해하고, 고금리에 어떤 투자가 유리하고, 고금리 환경에 기업과 산업 환경이 어떻게 변하는지 알아야 합니다. 에너지 가격이 어떻게 결정되고, 물가와 금리에 어떻게 영향을 주는지 반드시 알아야 합니다. 환율이 주가와 부동산에 어떻게 영향을 주는지도 알아야 합니다.

이 책이 여러분 인생의 날개가 되어드릴 것입니다. '경제 상식' 공부를 통해 세상의 흐름을 읽을 수 있다면, 새로운 변화의 바람이 더 이상 두렵지 않게 될 것입니다. 오히려 흐름을 타고 높이 날고 멀리 내다볼 수 있게 될 것입니다. 그리고 더욱 많은 기회와 부를 포착할 수 있게 될 것입니다.

또한, 기회와 부를 넘어, 여러분의 인생 목표와 행복으로 향하는 여정에도 도움이 될 것입니다. 무엇보다 경제 상식을 얻음으로 여러분이 사랑하는 사람들의 행복한 일상을 보호할 수 있는 방패 같은 날개를 가지시기를 바랍니다.

좋은 책이 나올 수 있게 많은 도움을 주신 한스미디어 출판사 직원 여러분께 깊은 감사의 말씀을 드립니다. 특히 원고가 늦어도 믿고 기다려 주신 변호이님께 죄송함과 감사의 말씀을 드립니다. 그리고 항상 믿고 응원해 주시는 〈모르면 호구 되는 경제상식〉 유튜브 구독자님들에게 감사의 말씀을 드립니다. 아낌없이 사랑을 주시고, 지금은 하늘에 계시는 할머니, 할아버지께 깊은 사랑을 전하고, 제 곁을 항상 지켜 주는 우리 어머니, 아내, 아들에게도 감사와 사랑을 전합니다.

당신의 행복을 위한 최소한의 경제상식

우리가 돈을 버는 까닭은 단순히 맛있는 것을 사 먹고, 좋은 옷을 입고, 값진 물건을 사 모으기 위해서는 아닙니다. 평범한 대다수의 사람들에게 돈이란, 사랑하는 사람과 행복한 시간을 보낼 수 있고, 안정된 삶을 지속시킬 수 있으며, 소중한 자녀의 꿈을 설계할 수 있고, 편안한 노후를 보낼 수 있는 수단이자 기반이기 때문입니다.

부득이하게 돈을 잃었을 때, 앞에 나열한 인생의 소중한 보물들을 지키기 어렵습니다. 그래서 개개인마다 적정 기준은 다르겠지만, 나와 가족의 '행복'을 위해서는 적당한 돈이 필요합니다. 그리고 이 돈을 지키기 위해 반드시 알아두어야 하는 것이 바로 '경제상식'입니다. 경제상식을 갖춘다는 것은 행복한 삶을 유지하기 위한 최소한의 방어막이자 무기를 갖춘다는 것입니다.

경제라는 개념은 거창할 수 있지만, 때로는 그렇지도 않습니다. 우리가 살아가는 동안의 노력·성취·기쁨·희생·슬픔·욕망이 전부 녹아서 돈이라는 결과물로 나오고, 그 돈은 시스템을 통해서 사회 이곳저곳으로 흘러들어갑니다. 우리는 이러한 시스템 안에서 돈을 벌고 소비를 하면서 다양한 활동을 합니다. 그렇기 때문에 경제상식을 공부한다는 것은 나와 상관없는 복잡한 수학 공식이나 이론 같은 것들을 공부하는 것이 아닙니다. 내가 매일같이 겪는 일상적인 경제활동의 원리를 살짝 들여다보는 것입니다.

이때, 전문가만큼 경제를 깊이 이해할 필요는 없습니다. 우리에게 필요한 것은 적어도 손해 보지 않으면서 내 자산을 지킬 수 있을 만큼의 기본적인 경제상식이기 때문입니다. 약간의 경제상식을 알아두어 내 삶의 행복을 지킬 수 있다면 그것으로 충분합니다. 이 책은 독자들이 더욱더 많은 돈을 향해 나아가는 것에만 목적을 두고 쓰지는 않았습니다. 이 책을 통해 여러분의 행복의 기반이 더욱 견고해지는 데 도움이 되었으면 하는 바람으로 집필하였습니다.

지금까지 우리나라 경제는 그 어떤 나라보다 뜨겁게 빛났고, 빠르게 타올랐습니다. 이것은 앞선 선배님들의 땀과 노력이 없었다면 불가능했을 것입니다. 하지만 아직도 많은 사람들에게 우리나라 경제발전의 따뜻함이 온전히 전해지지 못하고 있는 것도 사실입니다. 마치 안방은 보일러가 잘 돌아가서 따뜻하지만, 보일러가 오래된 탓에 작은방까지는 온기가 전해지지 않는 것과 비슷한 상황입니다.

이럴 때는 보일러 온도를 아무리 높여도 작은방까지는 따뜻해지지 않을 수 있습니다. 그렇다면 작은방에 있는 사람들을 좀 더 따뜻한 방으로 자리를 옮겨야 합니다. 그것도 어렵다면 적극적으로 나서서 집주인이나 보일러 회사에 수리해달라고 요청해야 합니다. 물론 바로 고쳐지지 않을 수도 있고 큰방에 자리가 부족할 수 있습니다. 그래도 꾸준히 요청한다면 지금보다 상황이 개선될 것입니다. 보일러의 온기가 모든 방에 고루 전달될 수 있습니다.

우리의 삶을 둘러싼 경제활동 역시 이와 마찬가지입니다. 여러분들은 세계경제 GDP 순위 12위인, 대한민국이라는 아주 근사한 집에 살고 있습니다. 이 책에서 설명하는 경제상식들은 내 방에 온기가 돌지 않을 경우, 좀 더 따뜻한 방으로 이동하거나, 보일러 시스템을 고쳐달라고 요청해야 할 때 좀 더 설득력 있게 나의 주장을 전개시킬 수 있는 힘이 될 것입니다. 그리고 마음의 여유를 갖고 주변의 소외된 곳에 온기를 조금이라도 나눌 수 있다면 더욱 바랄 것이 없을 것입니다.

이제라도 경제 공부를 시작하고자 마음먹었다면

이 책은 경제 공부를 이제 시작한 사람들을 위한 경제상식 입문서입니다. 우리 생활에 도움이 되는 기초적인 경제 개념들을 최대한 쉬운 언어로 풀어 썼습니다. 주제별로 내용을 나누어서 썼기 때문에 순서에 상관없이 관심 있는 부분을 먼저 읽어보아도 괜찮습니다. 그래도 기본 개념을 각 장의 앞쪽에 실었기 때문에 순서대로 읽기를 추천드립니다.

그리고 독자들의 빠른 이해를 돕기 위해 이모티콘을 활용한 개념도와 그래프를 적극적으로 사용했습니다. 글을 읽기 전에 먼저 개념도와 그래프를 보고 글을 천천히 읽는다면 좀 더 쉽게 이해할 수 있을 것입니다. 낯선 지역으로 여행을 갈 때 지도가 필요하듯이 생소한 경제상식 영역에 지도가 되어줄 것입니다.

누구나 한 번쯤 부동산이나 주식에 도전해보려고, 큰마음 먹고 관련 뉴스나 책을 살폈다가 도통 이해가 안 되는 낯선 용어와 어려운 개념들 때문에 좌절한 적이 있을 겁니다. 그리고 자신의 머리를 자책하던 때도 있을 것입니다. 하지만 너무 자책하지 않아도 됩니다. 경제, 금융, 회계 등은 전문가의 영역입니다. 전문가들은 자신들의 전문 영역이므로 습관적으로 어려운 단어를 사용하는 경우가 많으며, 일반인들의 눈높이에 맞춰 쉬운 용어로 설명하는 게 익숙하지 않습니다. 그렇기 때문에 경제와 친하지 않은 사람들은 가까워질 새 없이 점점 더 경제와 멀어질 뿐이었지요.

우리의 경제활동을 자연과 비교하면 경제는 '나무'이고, 회계는 '토지'이며, 금융은 '물'과 '햇빛'입니다. 회계가 올바로 서야, 비옥한 토지 위에 기업·정부·가계라는 씨앗들이 잘 자랄 수 있습니다. 씨앗을 심은 뒤에는, 돈이라는 물과 햇빛의 영양분을 적당한 시기에, 적절한 금융기업을 통해, 적당량을 공급해야 합니다.

이 모두가 잘 맞아떨어진다면 우리의 생활은 더욱 풍요로워질 것입니다. 그래서 여러분의 소중한 '돈'이라는 씨앗을 잘 키우기 위해, 어떻게 하면 좋은 토양을 선별하고 영양분을 공급할 수 있는지에 대한 기본적인 내용을 적었습니다.

또한, 경제라는 자연으로부터 우리가 얻을 수 있는 다섯 가지 결실에 대해서도 알게 될 것입니다. 바로 '주식', '채권', '부동산', '원자재', '환율'입니다. 이 다섯 가지 경제 개념들은 기본 원리를 파악하고 국내외 경제 환경을 잘 살피어 접근한다면 달콤한 이익을 맛볼 수 있는 투자 수단으로 활용할 수 있습니다. 계절의 변화에 따라 제철 과일이 있는 것처럼, 주식·채권·부동산·원자재·환율 또한 국내외 경제 환경에 따라 당도와 영양가가 각각 달라집니다. 때문에 시기를 살피지 않고 섣불리 투자에 나서거나, 한 가지만 고집하는 편식을 일삼아서는 안 됩니다. 이 책을 통해 독자 여러분들이 경제의 기본 성질을 이해한 뒤, 각자의 자산이 건강하게 운영될 수 있도록 영양가 있는 투자 식단을 짤 수 있다면 좋겠습니다.

Contents

1 ✦ 모르면 주머니 탈탈 털리는 경제상식 금융

2 ◆ 부자들은 다 알고 있다는 경제상식
투자

3 ✦ 알면 경제기사가 재밌어지는 경제상식
거시경제

4 ✦ 직장인이라면 꼭 알아야 하는 경제상식
기업활동

5 ◆ 세계의 돈이 한눈에 보이는 경제상식
글로벌 경제

6 ◆ 미래의 돈이 보이는 경제상식
신기술 트렌드

1

모르면 주머니 탈탈
털리는 경제상식

금융

01

돈은
스쳐 지나갈 뿐

#돈은 어디서 와서 어디로 가?
#돈의 어머니 '한국은행' #금리는 누가? #돈의 흐름도

한 달 중 직장인들에게 가장 기쁜 날이 있습니다. 그것은 바로 '월급날'입니다. 하지만 직장인들 사이에서 우스갯소리로 '월급은 잠시 스쳐 지나간다'곤 합니다. 그렇게 스쳐 지나가는 돈이 나에게 계속 머문다면 얼마나 좋을까요? 그렇다면 돈은 정말 어디서 와서, 어디로 흘러가는 걸까요?

돈의 출생지를 밝히는 일은 간단합니다. 지금 가지고 있는 지폐나 동전을 꺼내 보면 바로 알 수 있습니다. 지폐와 동전 정면에 '한국은행'이라고 적혀 있을 겁니다. 우리가 사용하는 돈은 '한국은행'이라는 곳에서 태어납니다. 하지만 이 돈은 우리에게 바로 오는 것이 아닙니다. 다양한 경로를 거쳐서 우리에게 옵니다. 경로는 크게 두 가지로 나눌 수 있습니다. 첫 번째는 시중의 은행을 거쳐서입니다. 두 번째는 정부를 거쳐서입니다.

💰 은행을 스쳐 오는 돈

한국은행은 은행들의 어머니입니다. 시중은행들은 한국은행으로부터 돈을 받아와서 다양한 사업을 합니다. 물론 이렇게 받아온 돈은 공짜는 아닙니다. 돈을 사용한 만큼 '이자'를 지불해야 합니다. 빌려주는 사람의 힘이 더 강하니 이자는 한국은행이 정합니다. 그래서 뉴스를 보면 한국은행 총재가 기준금리*를 발표합니다.

시중은행으로 흘러간 돈은 다시 크게 두 곳으로 흘러갑니다.

💰 정부를 스쳐 오는 돈

한국은행은 정부 은행입니다. 대한민국 정부가 돈을 가져오고 보관할 수도 있습니다. 정부 또한 한국은행으로부터 돈을 빌릴 수 있는데, 이를 **국공채**라고 합니다. 물론 여기에도 이자가 있습니다. 정부도 한국은행으로부터 돈을 빌려와서 다양한 일을 합니다. 이 돈도 위와 같이 기업과 개인으로 흘러들어갑니다. 하지만 정부가 쓰는 돈은 시중은행들이 쓰는 돈과 목적이 다릅니다. 시중은행은 이익을 위해서 돈을 사용합니다. 정부는 손실이

기준금리
한국은행의 최고 결정기구인 금융통화위원회에서 매달 회의를 통해서 결정하는 금리.

나더라도 공공의 목적으로 돈을 사용합니다. 경로는 같지만 사용하는 목적이 다른 것입니다. 정부가 사용하는 돈 역시 두 곳으로 흘러들어갑니다.

첫 번째는 기업으로 흘러들어갑니다. 우리가 사용하는 기차, 도로, 공항, 전기 등은 대부분 공기업이 운영하고 있습니다. 위의 시설들을 만들기 위해서는 초기에 많은 장비와 인력이 필요합니다. 그리고 정부는 특정 산업을 육성하기도 합니다. 특정 기업에게 투자를 하거나 지원을 합니다. 이런 사업들을 추진하는 과정에서 장비를 구매하고, 일자리가 발생함으로써 일반 사람들에게도 돈이 흘러들어갑니다.

두 번째는 개인에게 바로 흘러들어갑니다. 정부에서 일하고 있는 공무원들이 대표적입니다. 공무원이 아니더라도 정부로부터 돈을 받을 수 있습니다. 바로 '복지'를 통해서입니다. 크게 세 가지입니다. 첫 번째는 건강 때문에 직장을 잃을 경우입니다. 두 번째는 일할 기회를 잃었을 때입니다. 세 번째는 저소득 취약계층에게 최소한의 생활을 보장해줄 때입니다.

한국은행 → (대출) → 시중은행 → (대출) → 기업 — 장비 구매, 사무실 임대, 직원 고용…
시중은행 → (대출) → 개인 — 주택&자동차 구매…
한국은행 → (대출) → 정부 → (지원) → 기업 — 장비 구매, 사무실 임대, 직원 고용…
정부 → (복지) → 개인 — 생활, 의료, 교육…

생각을 키우는 Q

한국은행이 금리를 올리거나 내리게 되면, 우리 생활에 어떤 영향이 있을까요?

02

금리는
누가 정하는 거야?

#금리는 누구 마음대로? #물가가 중요해
#대출금리 왜 이래? #코픽스

우리는 은행에 돈을 맡깁니다. 돈을 맡길 때 여러 은행을 살피면서
비교하는 것이 있습니다. 바로 금리입니다. 은행은 내 돈을 누가 훔쳐
가지 않게 보관해주는 고마운 곳입니다. 그런데 여기서 한술 더 떠서
이자까지 줍니다. 그런데 은행에 맡기지 않고 다른 곳에 투자한다면
더 많은 수익을 낼 수도 있으니, 그 길을 선택하지 않고 은행에 돈을 맡
겼을 때 어떠한 혜택이 있어야 합니다. 그것이 바로 '금리'입니다.

그렇다면 이 금리는 누가 정하는지, 어떤 기준으로 정하는지 한번
알아보겠습니다. 굉장히 중요한 일이니 대통령이나 국무총리가 정할
것으로 생각할 수도 있습니다. 하지만 금리는 정부기관이 아니라 독립
된 기관인 중앙은행에서 정합니다.

우리나라의 중앙은행은 한국은행입니다. 여기서 독특한 점은 '독

립된' 기관이라는 점입니다. 정부에서 금리를 정하지 않는 까닭은 정부와 은행의 역할이 조금 다르기 때문입니다. '대출을 받아서 주식이나 부동산에 투자하자'는 아버지와 '안 된다'고 말리는 어머니 관계와 비슷합니다. 한국은행은 어머니의 역할에 조금 더 가깝습니다. 그렇다고 무조건 말리는 역할을 하지 않습니다. 때로는 적극적으로 지원을 해주기도 합니다.

한국은행과 정부 관계

어머니의 역할을 할 때 가장 유용한 방법이 '금리'를 조절하는 것입니다. 금리를 높인다면 돈의 사용 비용이 비싸집니다. 돈을 빌려 쓰기가 어려워지겠죠? 반대로 금리를 내린다면 돈의 사용 비용이 낮아집니다. 돈을 빌려 쓰기가 쉬워지는 것입니다. 이런 '금리' 카드는 은행과 우리 생활에 막대한 영향을 미칩니다.

물가가 제일 중요해!

금리를 정하는 기준은 물가입니다. 한국은행의 첫 번째 목표가 '물가 안정'입니다. 물가가 너무 빨리 오르면 살 수 있는 물건의 양이 줄어듭니다. 바꿔 말해서, 돈의 가치가 떨어지는 것입니다. 내가 가진 돈의 가치가 떨어지면 아무도 돈을 사용하지 않으려고 할 것입니다. 그렇게 되면 돈은 휴지조각이 되어버립니다.

돈의 가치가 떨어지는 것을 방지하기 위해서 '이자'를 줍니다. 물건의 가격이 오른 만큼 이자를 받으면 내 돈의 가치를 지킬 수 있습니다. 그렇게 되면 모두 돈을 신뢰하고 사용할 것입니다. 그래서 모두가 돈을 신뢰하고 사용할 수 있도록 '기준금리'를 정하는 곳이 한국은행입니다. 시중은행은 한국은행의 기준금리를 따라갑니다. 한국은행이 기준금리를 올리거나 내리면, 시중은행들의 예금금리와 대출금리도 함께 올라가거나 내려가는 것이죠.

🪙 대출금리는 무엇으로 정할까?

그렇다면 대출금리는 어떻게 정해질까요? 돈을 빌리는 사람에 따라 신용도가 다르기 때문에 은행은 이를 고려하여 '가산금리'를 결정합니다. 그리고 거기다 코픽스* COFIX: Cost of Funds Index 금리를 더해 최종적으로 대출금리를 정합니다. 그래서 최종적으로 정해진 대출금리는 코픽스 금리보다 높습니다.

코픽스
은행연합회가 국내 8개 은행들로부터 정보를 제공받아 산출하는 자금조달비용지수.

은행은 한국은행으로부터 이자를 내고 돈을 빌려옵니다. 그 빌려온 돈을 다시 우리들에게 빌려주는 것입니다. 이때 빌려온 이자보다 더욱 싼 이자로 빌려준다면 고마

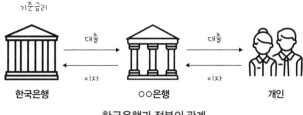

한국은행과 정부의 관계

한국은행에서 기준금리가 결정됩니다. 이에 따라서 시중은행이나 개인들의 대출금리도 변동됩니다. 오른쪽으로 갈수록 금리는 높아집니다.

울 것입니다. 하지만 은행은 자선 사업가가 아닙니다. 한국은행에서 빌려온 이자보다 더 많은 이자를 우리에게 받으려고 할 것입니다. 한국은행에서 금리를 낮추면 우리가 받는 대출금리도 내려가고, 반대로 한국은행에서 금리를 올린다면 우리가 받는 대출금리도 올라가는 것입니다.

생각을 키우는 Q

그렇다면 한국은행은 금리를 언제 인상하고, 언제 인하할까요? 어떤 상황일 때 금리를 인하하고 인상할까요?

03

금리는 왜 자꾸
변하는 거야?

#금리 언제 올려? #금리 언제 내려?
#그게 나랑 무슨 상관?

그렇다면 한국은행은 금리를 언제 인상하고, 언제 인하할까요? 혹, '금리를 올리면 큰일 나는 거 아니야? 기업들이 투자를 못하는 거 아니야?'라고 생각할 수도 있습니다. 하지만 상황에 따라 금리를 올릴 필요도 있습니다. 물론 금리를 꼭 내려야 할 때도 있습니다. 어떠한 상황일 때 금리를 올리거나 내릴까요?

금리의 변동은 자산 시장에도 막대한 영향을 미칩니다. 자산 시장의 변화는 곧 투자 시장에도 큰 변화를 불러옵니다. 그래서 금리를 항상 유심히 지켜봐야 합니다. 크게 두 가지를 기준으로 금리 인상과 인하를 나누어서 설명하겠습니다. 물론 현실에서는 이 두 가지 경우보다 더욱 다양한 변수가 있습니다. 쉬운 이해를 돕기 위해 '경기 침체일 때'와 '경기 과열일 때'로 나누어서 설명하겠습니다.

🪙 경기 침체일 때

경기가 안 좋을 때입니다. 사람들이 일자리를 찾지 못해서 소득이 줄어들었습니다. 소득이 줄어드니 소비를 할 여력이 없습니다. 이렇게 되면 기업은 물건을 사는 사람이 없으니 물건을 만들지 않습니다. 기업이 물건을 만들지 않으면 그나마 있던 일자리도 사라집니다. 기업은 상황이 안 좋아서 문을 닫습니다. 개인들도 힘들어서 파산이 늘어납니다. 이런 상태가 지속되면 모두가 망하게 될 것입니다.

여기서 구원투수인 한국은행이 등장합니다. 금리를 낮추어서 개인과 기업이 돈을 쉽게 빌려 쓸 수 있게 해줍니다. 어려운 상황에 처했던 사람들은 돈을 빌려서 소비를 시작합니다. 소비가 늘어나니 기업들의 물건이 전보다 더 많이 팔립니다. 상황이 좋아질 기미가 보이자 기업들도 은행에서 대출을 받아 시설을 확장하고 새로운 직원을 채용할 수 있습니다. 사람들은 일자리가 생겨나니 여유가 생겨서 빚을 갚고 더욱 많은 소비를 합니다. 기업들은 남은 이윤으로 부채를 갚고 더욱

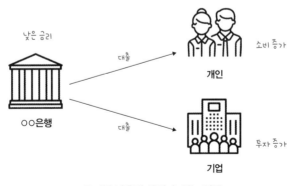

금리를 낮추면 생길 수 있는 일들

많은 사업을 진행할 수 있게 됩니다.

하지만 현실에서는 금리를 낮추었다고 경기가 바로 좋아지는 것만은 아닙니다. 금리를 낮추었는데도 소비와 투자가 늘어나지 않을 수 있습니다. 이와 관련해서는 뒤에서 설명하겠습니다.

💰 경기 과열일 때

이번에는 경기가 과열일 때입니다. 경기가 매우 좋아서, 자고 일어나면 부동산과 주식 지수가 쑥쑥 오릅니다. 사람들은 마치 모두 다 부자가 된 것처럼 느끼고 소비하기 시작합니다. 이때는 돈을 은행에 저축하는 것이 바보 같다고 생각합니다. 사람들은 주식과 부동산을 더 많이 사기 위해서 고액의 대출까지 받기 시작합니다.

기업들도 대출을 받아서 더욱 많은 설비를 사고 더 많은 사람들을 채용하려고 합니다. 물건이 잘 팔리니 많이 만들면 무조건 돈을 많이

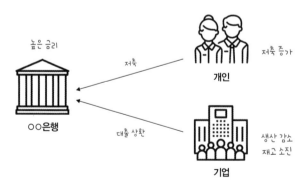

금리를 올리면 생길 수 있는 일들

벌 수 있다는 생각이 든 것입니다. 많은 빚을 가진 사람과 기업들이 넘쳐나기 시작합니다. 기업들은 생산을 너무 많이 해서 창고에 물건이 점점 쌓이기 시작합니다. 배가 너무 불러 더 이상 먹을 수 없는데도, 하늘에서 음식이 계속 비처럼 쏟아지는 것과 같은 상황입니다.

이때 수없이 쌓인 음식들을 치워갈 한국은행이 등장합니다. 금리를 높여서 개인과 기업이 쉽게 돈을 쓰지 못하게 하는 것이죠. 금리를 높이면 사람들은 더 이상 대출 받기가 어려워집니다. 기업들도 높은 금리 때문에 대출을 받으러 가지 않고 기존의 대출을 갚아나가기 시작합니다. 이 과정에서 새로운 설비를 구매하려고 했던 계획을 미루거나, 채용하려고 했던 직원의 수를 줄입니다. 이렇게 되면 자연스럽게 생산할 수 있는 능력이 줄어듭니다. 생산은 줄어들었지만 창고에 쌓여 있는 물건은 아직 많이 있습니다.

이론상으로 보면 이렇지만, 현실에서는 금리를 높여서 저축을 늘리고 배가 터져가는 기업을 진정시킬 수 없습니다. 잘못하면 대출이자가 너무 높아져서 파산하는 개인과 기업이 많아질 수 있기 때문이죠. 이와 관련해서는 뒤쪽에서 일본의 버블 붕괴를 살펴보면서 설명하겠습니다.

04

은행에 있는 돈은
정말 안전할까?

#은행에 돈이 없다고? #예대마진 #BIS 자기자본 비율
#뱅크런 #금쪽같은 내 돈을 지키는 제도 #예금자보호법

우리는 은행을 믿고 돈을 맡깁니다. 물론 은행은 우리의 돈을 안전하게 보관하려 할 것입니다. 그렇다면 은행은 어떤 방식으로 우리의 돈을 보관하고 있을까요? 분명히 단순하게 창고에만 쌓아두지 않을 것입니다. 그냥 놔둔다고 저절로 새로운 돈이 자라나는 것이 아니기 때문입니다. 은행도 이익을 추구하는 기업이기 때문에 돈을 벌어야 합니다.

은행은 우리가 예금한 돈을 또 다른 개인과 기업에 대출해줍니다. 대출금리는 우리가 예금한 돈의 이자보다 높습니다. 이것을 바로 예대마진*이라고 합니다. 예대마진이 높을수록 은행의 수입은 늘어납니다. 그래서 은행은 높은 대출금리를 적용해서 대출을 해주려

예대마진

대출금리에서 예금금리를 뺀 예대금리 차를 말함.

하는 것입니다. 이때 은행은 고객이 저축한 돈 전부를 가지고 대출 사업을 할 수 있습니다. 그런데, 만약 그렇게 된다면 우리가 필요할 때 돈을 찾으러 가도 은행에 돈이 없을 수 있겠죠?

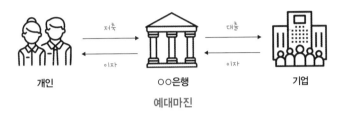

개인   저축 →   ○○은행   대출 →   기업

← 이자   ← 이자

예대마진

💰 BIS 비율이란?

사람들이 돈을 찾으러 올 때를 대비해서 은행은 일부의 돈을 남겨 두어야 합니다. 이 돈을 자기자본이라 부릅니다. 자기자본의 비율이 높을수록 안전한 은행입니다. 반대로 이 비율이 낮을수록 위험성이 높아집니다. 이 비율을 정하는 곳은 한국은행이 아닙니다. 자기자본 비율을 정하는 곳은 바로 **국제결제은행**[*] BIS: Bank for International Settlements 입니다. 그래서 BIS 자기자본 비율이라 부릅니다. 줄여서 'BIS 비율'이라고도 합니다. 경제 신문이나 뉴스에서 종종 볼 수 있는 단어입니다.

현재 BIS에서는 최소 8% 이상의 자기자본을 유지하도록 하고 있습니다. 우리가 은행에 100만 원을 저축하면 은행이 8만 원

국제결제은행

1930년 1월 헤이그협정에 의거 설립된 중앙은행 간 협력기구로 현존하는 국제금융기구 중 가장 오래된 기구.

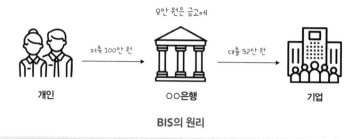

저축 100만 원

8만 원은 금고에

대출 92만 원

개인 　　　　　　　　　　○○은행 　　　　　　　　　　기업

BIS의 원리

BIS 비율만큼 은행에 돈이 있어야 합니다.

은 남겨둔다는 것입니다. 나머지 92만 원은 다른 곳에 대출을 해주어 이자를 받으며 수익을 낼 수 있습니다.

　물론 금액 모두를 위와 같이 동일한 방식으로 계산하는 것은 아닙니다. 유형별로 위험도를 고려하여 평가해 다르게 반영합니다. 계산은 위의 그림처럼 단순하지 않지만 BIS 비율이 높을수록 안전하다는 것만 알아두면 됩니다.

🪙 뱅크런의 악몽

　모든 사람들이 모두 같은 날 은행에 가서 돈을 찾는다면 어떻게 될까요? 이렇게 되면 은행은 보유하고 있는 돈이 모자라 경영이 어려워질 것입니다. 이런 현상을 **뱅크런**Bank Run이라고 합니다. 실제로 우리나라는 1997년 종합금융회사 연쇄부도, 2011년 저축은행 부실 사태로 인하여 뱅크런을 경험하였습니다.

　특히 2011년 2월에는 부산저축은행 등의 여러 상호저축은행의 영업이 정지되어 많은 사람들이 피해를 입었습니다. 은행에 대한 불신이 확대되면서 대규모 예금 인출 사태가 발생한 겁니다. 당시 대주주의 비리 사건이 밝혀지고, 은행이 업무 마감 시간이 지난 뒤에 일부 VIP 고객에게만 특혜를 주어 사전 인출을 해주는 등 은행의 불법적인 행위들이 밝혀지며 논란이 커졌습니다. 그 결과, 높은 금리를 준다는 말만 믿고 목돈을 맡긴 서민들만 엄청난 피해를 입었습니다. 부실 은행들이 문을 닫자 하루아침에 예금해둔 돈을 찾을 수 없는 상황이 된 것입니다. 당시 저축은행 사태는 10만여 명이 피해를 본 26조 원짜리 초대형 금융 사고였습니다.[1]

검찰 조사 결과, 당시 저축은행 사태는 불법 대출과 회계 조작 등을 일삼던 저축은행 대주주와 경영진의 도덕적 해이가 가져온 비극인 것으로 드러났습니다. 이후 수많은 피해자들의 눈물을 지켜보며 건전하고 투명한 은행 시스템 구축에 대한 사회적 관심이 높아졌습니다. 하지만 아직도 금융 선진국으로 거듭나기까지 많은 과제들이 남아 있는 것이 사실입니다.

🪙 내 돈은 안전할까?

이렇게 은행의 시스템이 불안하니 집안에 있는 금고에 돈을 보관하는 편이 더 안전하다고 생각할 수 있습니다. 하지만 너무 걱정하지 않아도 됩니다. 금융기관이 영업 정지·파산 등으로 고객의 예금을 지급하지 못하게 될 경우를 대비하여 법으로 예금자를 보호하고 있기 때문입니다. 이 같은 제도가 **예금자보호법**입니다. 각 금융기관별로 1인당 예금의 원리금 합계 5,000만 원까지 보호받을 수 있습니다. 예를 들어, A라는 은행에 1억 원을 입금했다면 은행이 망했을 경우에 5,000만 원의 금액만 예금보험공사로부터 지급받게 됩니다. 이 같은 상황을 대비하여 1억 원의 자산을 A은행과 B은행, C은행 등에 각기 분산하여 예금한다면 안전하게 보관할 수 있겠지요.

생각을 키우는 Q

은행이 대출을 해주어서 나간 돈은 언제 다시 은행으로 돌아올까요? 은행에 맡긴 돈에 꼬리표를 달아서 어디로 가는지 한번 살펴보는 것은 어떨까요?

05

돈이 늘어나는 마법

#은행은 연금술사 #거울 반사 #신용창조
#통화승수 #돈을 늘려라!

사방이 온통 거울인 방이 있다고 해볼까요? 이 방에 들어가면 재미있는 광경을 볼 수 있습니다. 분명 나는 한 명인데 거울에 비친 내 모습이 무한대로 늘어납니다. 모두 다 똑같지만 멀리 있는 나의 모습은 점점 작아집니다. 똑같은 옷을 입고 똑같이 행동하는 수많은 내가 존재하지만, 거울 속의 있는 나는 진짜가 아닙니다. 진짜는 '거울 앞에 있는 나', 한 명뿐입니다.

돈이 늘어나는 마법이 있습니다. 무슨 말도 안 되는 소리냐고 할 수 있습니다. 하지만 신기하게도 돈은 늘어납니다. 은행이 만든 '대출이라는 거울의 방'에 들어가면 이뤄지는 거죠. 거울 속에 비친 내가 무한대로

> **신용창조**
>
> 중앙은행에서 발급된 돈이 은행을 통해 시중에 유통되면서 또 다른 돈(신용화폐)을 만들어내는 일련의 과정.

늘어나듯이 돈도 무한대로 늘어날 수 있습니다. 은행을 통해서 돈이 늘어나는 것을 **신용창조**[*]라고 합니다.

💰 거울 속에 갇혀 늘어나는 돈

제일 처음에 한국은행은 시중은행들에게 이자를 받고 돈을 빌려 줍니다. 시중은행은 사람들과 기업에 돈을 빌려 줍니다. 한국은행에서 나온 돈의 일부는 남아 있지만 대출을 통해서 대부분 밖으로 나가게 됩니다. 이렇게 나온 돈은 기업과 사람들에게 유통됩니다. 사람들은 소비를 하고 기업은 고용과 투자를 합니다. 처음에는 이렇게 돈이 단순하게 돌기 시작합니다. 이렇게 돌다 은행이라는 거울의 방에 다시 돌아옵니다.

예를 들어 A라는 사람이 돈을 저축하러 옵니다. 돈을 열심히 벌어서 10억 원이 생겨 은행에 맡기러 온 것입니다. 은행이 A의 돈을 받아서 보관만 하지 않습니다. 앞서 말한 BIS 비율을 제외하고 다시 다른 사람이나 기업에 대출을 해줍니다. 만약 BIS 비율이 10%라고 가정한다면, 은행은 10억 원 중 1억 원은 남기고 9억 원은 B에게 대출을 해줄 수 있을 것입니다. 이제 A는 통장에 10억 원이 있고, B도 통장에 9억 원이 생겼습니다. 이렇게 총 19억 원이 되었습니다.

또 다른 예로, 평소에 부동산에 관심이 많던 B는 돈을 들고 부동산을 사러 갑니다. 마침 마음에 든 9억 원짜리 아파트를 발견했습니다. 이 아파트를 C로부터 구매했습니다. 9억 원을 받은 C는 통장에 모두 저축하였습니다. 은행은 또다시 9억 원의 10%인 9,000만 원은 남기고, 8억 1,000만 원을 D에게 대출해줍니다. 이제 A통장에 10억 원, C통장에 9억 원, D통장에 8억 1,000만 원이 생겼습니다. 여기서 등장한 모두의 돈을 합하면 27억 1,000만 원입니다. 이런 식으로 돈이 돌고 돌다보면 끝나지 않고 계속 이어질 수 있겠지요.

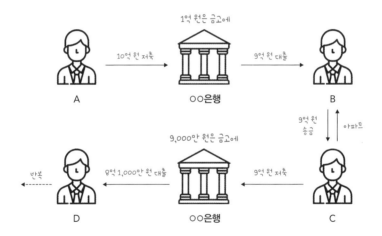

💰 연금술사 은행

　돈은 이렇게 은행에 한 번 들이가면 자연스럽게 늘어납니다. 한국은행에서 1만 원을 만들면 신용창조가 발생하여 시중은행에 10만 원이 생길 수 있습니다. 돈이 10배로 늘어난 것입니다. 이것을 **통화승수**˙라고 합니다. 여기서는 통화승수가 10입니다. 만약 늘어난 돈이 20만 원이 됐다면 통화승수가 20이 되는 셈입니다. 통화승수가 높으면 돈을 빌리는 사람이 많다는 것을 뜻합니다. 통화승수가 낮아진다면 돈을 빌리는 사람이 줄어든다는 것입니다.

　이 과정은 무한대로 반복될 수 있습니다. 이런 과정 덕분에 돈이 풍부해진 사람과 기업은 새로운 투자를 할 수 있습니다. 또한 자본주의를 발전시키고 경제활동을 활성화시키는 원동력이 되기도 합니다. 하지만 과도한 대출로 자산에 거품이 생기는 부작용이 일어날 수도 있습니다. 자산에 거품이 생겼다가 꺼지면 많은 사람들이 고통을 받을 수 있기에 적절한 감독이 필요한 제도입니다.

통화승수

현금과 예금의 합인 통화량을 중앙은행이 공급하는 현금통화인 본원통화로 나눈 값으로, 본원통화의 통화 창출 능력을 보여줌.

생각을 키우는 Q

돈은 은행에서 이러한 일련의 과정을 통해 늘어납니다. 이렇게 각기 파생된 돈들을 부르는 이름이 있습니다. 이러한 돈들을 어떻게 부를까요?

06

돈을 부르는 이름이
다 다르다고?

#돈 홍수와 가뭄 #돈이 늘어난다
#본원통화 #파생통화

여름에 가뭄이 들면 물고기도 폐사하고 작물도 잘 자라지 않습니다. 우리의 경제활동도 마찬가지입니다. 시중에 돈이 많으면 내가 가진 부동산이나 주식의 가치도 쑥쑥 올라갈 것입니다. 반대로 시중에 돈이 부족하면 내가 가진 부동산이나 주식의 가치가 잘 자라기 어렵습니다. 잘못하면 말라 죽을 수 있습니다. 그래서 어디에 투자하든 돈이 잘 흐르는지 살펴봐야 합니다.

돈이 잘 흐르고 있는지 알 수 있는 지표들이 있습니다. **본원통화**, **협의통화**(M1), **광의통화**(M2)인데, 우리가 뉴스나 신문기사에서 자주 접하는 돈의 여러 이름입니다. 이 돈들은 얼마나 현금으로 빨리 바꿀 수 있느냐를 기준으로 분류한 것입니다.

💰 손안의 현금 '본원통화'

본원통화란, 중앙은행이 지폐 및 동전 등 화폐 발행의 독점적 권한을 통하여 공급한 통화를 말합니다. 즉 한국은행이 발행한 돈을 일컫는 말입니다. 이 돈은 수중에 있어 바로 사용할 수 있는 돈과 같습니다. 은행 금고에 있을 수도 있고 누군가의 지갑에 있을 수도 있습니다.

사람들의 지갑이나 금고에 있어서 바로 사용할 수 있는 돈을 '민간 보유 현금'이라고 합니다. 그리고 시중은행은 예금을 찾으러 오는 사람들에게 돈을 돌려주기 위해서 돈을 가지고 있어야 합니다. 시중은행은 돈을 자신의 금고와 한국은행에 각각 예치합니다. 자신의 금고에 있는 돈을 '금융기관 시재금'이라 하고, 한국은행에 예치한 돈을 '중앙은행 예치금'이라고 합니다.

한국은행이 발표한 2023년 8월 본원통화는 272조 4,980원입니다. 실제로 바로 현금으로 사용할 수 있는 금액입니다. 이 금액을 기반으로 신용창조 과정을 거쳐서 돈이 늘어나게 됩니다.

💰 본원통화로 생겨난 돈 '파생통화'

본원통화를 제외한 모든 통화를 파생통화라 합니다. 본원통화를 기초로 '예금 → 대출 → 예금 → 대출'의 신용창조 과정을 통해 돈이 생겨납니다. 이렇게 생겨난 돈을 파생통화라고 합니다. 다음에 설명할 통화들은 모두 파생통화입니다. 파생통화 역시 유동성이 빠른 것부터 정리했습니다.

협의통화(M1)는 손에 들고 있는 현금인 본원통화에 언제든지 은행에 가서 현금으로 바꿀 수 있는 은행 예금을 더한 것입니다. 우리는 돈을 지갑에 넣고 다니기도 하고 통장에 넣어두고 사용하기도 합니다. 우리가 요구하면 언제든지 인출할 수 있는 예금을 **요구불예금**이라고 합니다. 협의통화에는 이 요구불예금이 포함되어 있습니다.

한국은행에서 발표한 2023년 8월 협의통화는 1,185조 9,389억 원입니다. 본원통화보다 약 4배 큰 금액입니다. 한국은행에서 나온 돈이 신용창조의 과정을 통해서 4.3배 정도로 늘어났다는 것입니다.

광의통화(M2)는 바로 현금화할 수 있는 협의통화(M1)에 나중에 찾을 돈인 유동성이 다소 떨어지는 상품들을 더한 것입니다. 시중에 얼마나 돈이 풀려 있는지 알 수 있는 지표입니다. 뉴스나 신문에서 말하는 통화량은 광의통화(M2)를 가리키는 것입니다. 협의통화(M1)에 만기 2년 미만의 정기 예·적금 및 금융채, 시장형 상품, 실적배당형 상품 등을 포함한 것입니다.

한국은행에서 발표한 2023년 8월 광의통화는 3,824조 4,188억 원입니다. 본원통화보다 약 14배 큰 금액입니다. 한국은행에서 나온 돈이 신

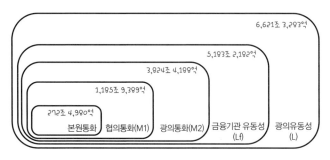

신용창조로 탄생한 돈의 흐름

용창조의 과정을 통해서 14배 정도로 늘어났다는 것입니다.

금융기관 유동성(Lf)은 말 그대로 모든 금융기관의 유동성을 모두 포함한 것입니다. 광의통화(M2)는 2년 미만의 다양한 금융 상품을 포함했습니다. 금융기관 유동성은 M2에 2년 이상의 정기예·적금 등을 더한 것입니다.

한국은행에서 발표한 2023년 8월 금융기관 유동성은 5,183조 2,182억 원입니다. 본원통화보다 약 19배 큰 금액입니다. 한국은행에서 나온 돈이 신용창조의 과정을 통해서 19배 정도 늘어난 것입니다.

광의유동성(L)은 한 나라의 경제가 보유하고 있는 전체의 유동성을 의미합니다. 금융기관 유동성(Lf)에 정부 및 기업 등이 발행한 시장금융상품을 더한 것입니다.

한국은행에서 발표한 2023년 8월 금융기관 광의유동성은 6,621조 3,283억 원입니다. 본원통화보다 약 24.3배 큰 금액입니다. 한국은행에서 나온 돈이 신용창조의 과정을 통해서 24.3배 정도로 늘어났다는 것입니다.

07

금리가 인상되면
왜 주가가 폭락할까?

#금리는 태양이다 #금리가 오르면 주식은?
#금리가 오르면 부동산은?

우리는 태양이 있어야 맛있는 작물과 과일을 얻을 수 있습니다. 하지만 태양이 너무 강하고 오랫동안 비가 안 오면 가뭄이 찾아옵니다. 이렇게 되면 농작물을 재배하는 농부들의 속은 더 타들어 갑니다. 태양이 있어야 하지만 너무 강하거나 약해서는 안 됩니다. 비도 내려서 땅을 촉촉이 적셔야 합니다.

금리가 우리 경제에 미치는 영향도 이와 같습니다. 금리가 높으면 통장에 있는 우리의 돈이 잘 자랄 것입니다. 하지만 너무 높으면 많은 기업들이 돈 가뭄에 시달리다 망할 수 있고, 반대로 너무 금리가 낮으면 통장에 있는 우리의 돈이 자라지 않습니다. 금리와 시장 상황을 잘 알아야 내가 심은 부동산과 주식의 농사를 잘 지을 수 있습니다.

기준금리

○○은행

부동산

기업

금리를 올리면, 증시에서 돈이 증발한다고?

뉴스를 보면, 금리 인상의 여파로 주식시장에서 몇 조가 증발했다는 기사가 나오기도 합니다. 갑자기 멀쩡한 돈이 어디로 증발했다는 것일까요?

금리가 낮으면 돈이 주식시장으로 이동하면서 주가가 상승할 수 있습니다. 이렇게 돈이 공급되어 주식이 상승하는 것을 유동성 장세˚라고 표현합니다. 꺼져가는 풍선에 바람을 급하게 부는 것과 마찬가지 원리입니다. 숨이 차서 바람을 불지 않으면 풍선이 쪼그라들 듯이 증시도 금리를 올리면 쪼그라드는 것입니다.

실제로 2020년 3월 코로나19 사태로 경제가 어려워지자, 미국은 금리를 0.25%로 급격히 낮추었습니다. 덩달아 우리나라 역시 2020년 5월에 금리를 0.5%로 낮추었습니다. 그러자 전 세계 주식과 부동산 등 자산 가격이 급등해 최고점을

유동성 장세

증시에 대규모 자금이 유입돼 자금력으로 주가를 밀어올리는 장세를 말함.

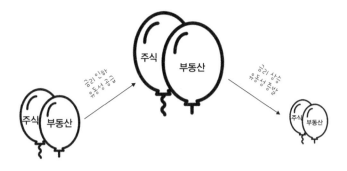

돌파하기도 했습니다. 하지만 2022년 3월부터 금리가 급격히 상승하기 시작했습니다. 그 결과 유동성이 빠지면서 자산 가격이 하락하는 모습이 나타나기도 했습니다.

하지만 금리를 올린다고 해도 기업의 매출액과 영업이익이 증가하면 증시는 상승할 수 있습니다. 장기 주식 투자자와 외국인 투자자는 금리 인상으로 인한 1~2%의 수익률 차이는 크게 생각하지 않을 수 있습니다. 기업 실적이 좋아진다는 것을 확신한다면 10% 이상의 수익을 남길 수 있기 때문입니다.

그렇기 때문에 금리 인상이 꼭 주식시장의 폭락으로 이어지는 것은 아닙니다. 미국은 2016년 12월부터 기준금리를 인상하기 시작했습니다. 하지만 구글, 아마존, 페이스북, 애플 같은 기업의 성장으로 미국의 다우지수는 2018년 1월까지 최고점을 계속 갱신하기도 했습니다.

금리가 시장에 영향을 주기도 하지만, 금리가 시장 상황을 따라가는 경우도 있습니다. 금리를 인하한다는 것은 시장 상황이 좋지 못하다는 것입니다. 반대로 금리를 올린다는 것은 시장 상황이 좋다는 것입니다. 수출도 잘되고 실업률도 하락하는 상황이겠죠? 상황이 좋으니 여기저기서 돈이 필요해집니다. 그로 인해서 돈의 값어치가 상승합니다. 이러한 경우라면 금리를 조금씩 올린다고 주식시장에 큰 영향을 주지는 못합니다.

💰 금리가 올라도, 부동산은 오른다고?

금리가 오르면 부동산 상황이 어렵게 변합니다. 아파트를 건설하기 위해서는 대규모 자금이 필요합니다. 땅을 사고 건물을 지으려면 많은 시간과 돈이 듭니다. 그래서 대부분 은행으로부터 돈을 빌려옵니다. 이때 민감한 것이 금리입니다. 금리가 높으면 은행으로부터 돈을 빌려오기 어렵게 됩니다. 부동산 시장에 겨울이 찾아올 수 있는 것입니다.

하지만 부동산이 급등하면 순간 현혹된 사람들이 생겨날 수 있습니다. 정책과 상관없이 무리하게 대출을 받아서 부동산을 구매할 것입니다. 이렇게 되면 금리가 올라가기 시작해도 부동산은 상승할 수 있습니다. 하지만 금리가 높아져 돈을 구하기 어려운데 부동산까지 올라가면 건물이나 아파트 세입자들의 부담이 가중됩니다. 견딜 수 없는 수준에 도달하면 수요는 자동적으로 감소하고 부동산의 가격도 하락하게 됩니다.

실제로 2021년 7월 한국은행은 금리를 0.5%에서 2023년 3.5%까지 올렸습니다.

영끌

'영혼까지 끌어모으다'의 줄임말. 무리한 대출로 부동산, 주식, 코인 등 자산에 투자한 사람들을 일컫기도 한다.

그리고 2022년부터 수많은 사람들이 대출 이자를 내기 어려워하는, '영끌'* 현상이 지속되며 사회적으로 문제가 되고 있습니다(시간이 지나 돌아보니 정말 역사는 반복하는 모양입니다).

이렇게 금리를 무시하고 부동산에 무작정 뛰어들게 된다면 하우스 푸어로 전락할 수 있습니다. 무리한 대출로 생긴 이자와 원리금 상환 부담으로 장시간 고통을 받게 됩니다. 경기가 좋다면 그런대로 버틸 수 있습니다. 하지만 자칫 경기가 나빠져서 일자리라도 잃게 된다면 부동산을 울며 겨자 먹기로 싸게 팔아야 할지 모릅니다.

생각을 키우는 Q

돈의 공급으로 자산이 풍선처럼 부풀어 오릅니다. 하지만 부풀어 오르는 속도가 생각보다 빠르게 느껴져서 예측하기 힘들 때가 있습니다. 부동산이나 주식은 왜 천천히 오르지 않고 빨리 오르는 걸까요?

08

왜 부동산은 내 월급보다 빠르게 상승할까?

#부동산이 급등 #주식이 폭락 #내 월급은 그대로인데
#농약 같은 투기성 재화의 마수

부동산 뉴스를 보면, 서울 어느 지역의 아파트 매매가가 2~3달 사이에 1억 원이 오르거나 몇천만 원이 떨어졌다는 뉴스를 자주 접합니다. 주식은 이보다 더욱 심합니다. 일주일 사이에 '깡통 찼다'는 경우와 2~3배가 올랐다고 하는 경우가 비일비재합니다. 슈퍼마켓에서 사먹는 음료수나 과자의 가격이 이렇게 오르고 내린다면 무서워서 사 먹지도 못할 것입니다. 똑같이 돈을 내고 사는데, 유독 부동산과 주식의 가격 변동의 차이가 큰 까닭은 무엇 때문일까요?

음료수나 과자는 먹기 위해서 구매합니다. 하지만 부동산이나 주식은 시세 차익을 얻기 위해서 매매를 합니다. 이런 재화들을 **투기성 재화**라고 합니다. 주식, 부동산, 채권, 금, 달러 등이 투기성 재화입니다. 이런 재화들은 아이들이 가지고 노는 장난감 '탱탱볼'처럼 조금만 힘을 주어도 튀어서 높이 올라갑니다. 하지만 반대로 떨어질 때 역시 높이 올라간 만큼 많이 떨어집니다. 이렇게 통통 튀는 투기성 재화들의 성격을 알아보겠습니다.

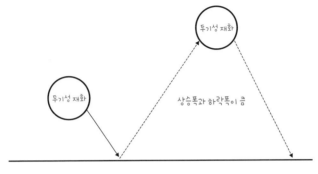

탱탱볼 같은 투기성 재화의 성격

투기성 재화는 상승도 가파르지만 하락도 가파르다는 게 특징입니다.

1%가 99%를 대표한다

우리나라에서 하루 동안 거래되는 부동산 물량은 전체 부동산의 극히 일부분에 지나지 않습니다. 대부분의 사람들은 일생에 부동산을 단 몇 차례 삽니다. 매일매일 부동산을 사기도 어렵고 살 수도 없습니다. 어느 아파트 단지에서 매매가 1건 이뤄졌고 10억 원에 거래되었다면, 나머지 아파트들도 조금씩 차이는 있겠지만 매매가 10억 원이 됩니다. 실제로 이뤄진 아파트 매매 거래는 1건이지만 나머지 아파트들의 가격을 모두 대표한 것입니다.

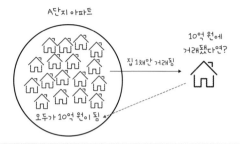

99%는 잠을 자고 있고, 거래되는 1%가 전체 가격을 결정합니다.

주식도 마찬가지입니다. 대주주는 주식을 거의 매매하지 않습니다. 경영권을 보호해야 하기 때문에 주식을 보유하고 있습니다. 일례로 2023년 11월 3일 삼성전자의 시가총액은 약 415.5조 원입니다. 이날 하루에 거래된 금액은 약 1조 원으로 1%도 안 되는 금액입니다. 하지만 이날 거래된 주식이 나머지 자고 있는 주식의 가격을 모두 결정합니다.

이렇게 부동산, 주식과 같은 투기성 재화는 거래량이 한정되어 있습니다. 파는 사람이 한정되어 있다는 것입니다. 아침에 아파트를 팔고 점심에 이사 갈 수 없습니다. 오늘 기분이 별로여서 삼성전자 주식 모두를 팔고 경영권을 넘길 수도 없는 노릇입니다. 항상 공급이 부족한 상황에 처해 있기 때문에 사려는 사람들이 많아지면 가격이 갑자기 급등할 수 있습니다.

가격이 상승하는 상황에서 부동산·증권 전문가들은 가격 상승을 더욱 유도합니다. 시장에 참여자들이 많이 들어와서 자신들의 서비스를 받아야 이익이 늘어나기 때문입니다. 전문가들이 투기 세력과 결탁한다면 높은 가격으로 물량을 처분하기 위해 마지막까지 상승할 것이라고 주장하기도 합니다.

💰 추락이 너무 심해

이러한 투기성 재화들은 공급이 항상 부족한 상황이기 때문에 수요가 조금만 늘어도 급등하는 것은 사실입니다. 하지만 수요가 줄어들면 떨어지는 속도 역시 무섭게 떨어집니다. 치킨을 10분의 1의 가격으로 팔면 사람들이 줄을 서서 사 먹을 것입니다. 하지만 부동산이나 주식이 10분의 1로 떨어지면 아무도 사려 하지 않을 것입니다.

치킨은 맛있게 먹기 위해서 사는 식품입니다. 하지만 부동산과 주식은 차익을 남겨야 하기 때문에 가격이 하락하면 수요자들은 겁을 먹고 사라집니다. 고점에서 무리하게 매수한 투자자들은 시간이 지나 자금난을 겪게 될 수 있습니다. 이때는 매수 가격 이하로 팔아야 합니다. 궁지에 몰린 상황에서 부동산과 주식을 처분하려 한다는 것을 다른 사람들이 알게 되면 더욱 낮은 가격으로 사려고 흥정할 것입니다. 가격 하락을 더욱 부추기게 되는 것입니다.

생각을 키우는 @

부동산 매매가가 예측하기 힘든 패턴으로 상승과 하락을 반복하는 상황에서는 어떻게 흐름을 타야 할까요?

09

돈이 차오를 때와
빠질 때의 흐름을 알려면?

#양적완화&긴축정책 파도 #출구는 어디?
#긴축하면 왜 난리야?

바다에 놀러 가서 수영과 낚시를 즐깁니다. 당연히 물이 들어올 때와 나갈 때를 잘 알아야 안전하고 재미있게 놀 수 있습니다. 돈도 역시 마찬가지입니다. 돈의 파도를 안전하게 즐기려면 돈이 들어올 때와 나갈 때를 잘 알아야 합니다. 돈이 차오를 때를 **양적완화**라고 비유하고 빠질 때를 **긴축정책**이라 비유하면 적당할 듯합니다.

바다의 조수간만의 차이는 태양과 달의 영향 때문에 생긴다고 합니다. 돈의 흐름에도 태양이나 달과 같이 영향을 주는 것이 있습니다. 바로 정부와 중앙은행입니다. 정부가 영향을 줄 때를 '재정정책'이라고 합니다. 중앙은행이 영향을 줄 때를 '통화정책'이라고 합니다. 이번 챕터에서는 돈이 들어올 때와 나갈 때를 알아보겠습니다.

통화정책   재정정책

중앙은행   정부

🪙 헬기를 타고 돈을 뿌렸다고?

금리 인하는 중앙은행이 쓸 수 있는 카드입니다. 금리를 내려서 사람들이 쉽게 돈을 빌려 쓰도록 할 수 있습니다. 하지만 경기가 워낙 안 좋다면 금리가 낮아도 돈을 빌리지 않을 수 있습니다. 이렇게 되면 상황이 더 악화됩니다. 이때 중앙은행이 다시 등장합니다. 국채 매입 등을 통해서 돈을 공급하는 것입니다. 금리 조절이 간접적인 방법이라면, 양적완화는 직접적인 방법으로 시중에 돈을 공급하는 것입니다.

2008년에 금융위기가 발생하자 미국은 달러를 찍어내서 경기를 부양했습니다. 이를 두고 '헬기를 타고 돈을 뿌린다'고 표현할 정도였습니다. 이는 실업률이 치솟고 모든 경제지표가 나빠지자 미국 정부가 내린 결단이었습니다. 미국은 총 3번에 걸쳐 돈을 공급했습니다. 이를 통해 시장에 자금이 풍부하게 풀리면서 마이너스 성장률을 보이던 미국 경제성장률이 2014년 상반기에 4.6%까지 회복되었습니다.

경기가 좋아지면 양적완화를 계속 진행할 필요가 없습니다. 이렇게 양적완화를 종료하는 것을 **출구전략**˙이라고 합니다. 계속해서 돈을 공급할 경우, 과도한 인플레이션으로 물가가 급등할 수 있기 때

출구전략

양적완화 정책의 규모를 점진적으로 축소해나가는 것.

문입니다. 또, 정부가 과도하게 중앙은행으로부터 돈을 빌려 쓰면 국민들의 세금 부담이 증가할 수 있습니다.

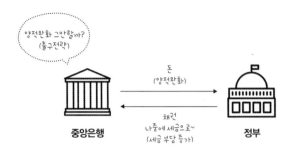

💰 긴축정책 하면 왜 난리야?

긴축정책은 양적완화와 반대라고 생각하면 됩니다. 경기가 과열되었을 때 경제를 안정시키기 위해 정부가 지출을 줄여서 과열된 경기를 억제시키는 것입니다. 시중에 돈이 너무 많이 풀려서 물가가 급등하면 사람들이 고통을 받을 수 있습니다. 이때 금리 인상, 정부와 지방자치단체의 예산 삭감, 세금 부과 등을 통해서 화폐 가치를 보존할 수 있습니다.

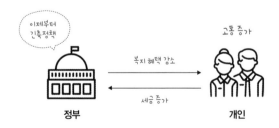

긴축정책은 적절히 사용하면 경기를 안정시킬 수 있습니다. 하지만 국민들의 많은 반발을 불러옵니다. 그 이유는 고통이 증가하기 때문입니다. 정부와 지방자치단체의 예산을 삭감하면 복지 혜택이 줄어들 수 있습니다. 특히 의료, 교육과 같은 혜택이 줄어들면 서민들은 더욱 고통에 신음합니다. 그리고 세금을 인상하면 사회적으로 많은 반발이 있을 수 있습니다. 아무도 세금을 더 내고 싶지 않기 때문입니다.

한편, 미국이나 유럽이 긴축정책을 시행한다고 하면 우리나라 주식 시장도 출렁입니다. 뉴스에서도 대책을 마련해야 한다고 합니다. 왜 그럴까요? 우리가 미국이나 유럽의 복지 혜택을 직접 받는 것도 아니고 세금을 납부하는 것도 아닌데 말이죠. 다름이 아니라, 미국이나 유럽 사람들의 복지가 줄어들면 소득도 같이 줄어들게 됩니다. 미국과 유럽 수출 비중이 높은 우리나라 산업에도 직접적인 타격이 발생하기 때문입니다.

정부는 경기를 부양시키기 위해 시장에 돈을 공급하는 등 양적완화 정책을 시행합니다. 하지만 현실에서는 이러한 정책들이 통하지 않을 때가 있습니다. 왜 그럴까요?

10

돈을 아무리 풀어도
효과가 없다고?

#벼락치기 실패 #유동성 위기 #공부해도 성적이
제자리? #유동성의 함정

많은 사람들이 학창 시절에 공부로 스트레스를 많이 받았을 것입니다. 공부를 열심히 해도 성적이 안 오를 때가 있습니다. 1등 하는 학생보다 더 많은 시간을 투자해서 공부했다고 생각했지만 성적은 1등과 거리가 있을 수 있습니다. 또, 시험을 앞두고 벼락치기로 공부를 하여도 내 생각처럼 성적이 안 나올 때가 있습니다.

돈과 우리의 관계도 이와 비슷합니다. 벼락치기에 실패한 경우를 **유동성 위기**라고 비유할 수 있습니다. 그리고 공부를 열심히 해도 성적이 안 오를 때는 **유동성 함정**으로 비유할 수 있습니다. 뉴스에도 자주 등장하는 용어입니다. 비슷한 듯 달라서 혼동하기도 쉽습니다. 그럼 돈 때문에 겪게 되는 위기와 함정에 대해서 알아보겠습니다.

🪙 벼락치기의 실패: 유동성 위기

공부를 평소에 열심히 해야 시험기간에 편하다는 것을 압니다. 하지만 평소에 공부를 조금씩 미루기가 일쑤입니다. 나랏돈 운영도 이와 비슷합니다. 돈을 미리 마련해야 필요할 때 쓸 수 있습니다. 하지만 갑자기 큰돈이 필요할 때를 대비하지 않거나 못할 수 있습니다. 이렇게 필요할 때 돈이 순간적으로 부족하거나, 없는 경우를 '유동성 위기'라고 표현합니다.

유동성 위기

유동성 위기를 겪는 경우는 다양합니다. 은행이나 다른 회사에게 빌린 돈을 한꺼번에 갚아야 할 때 겪을 수 있습니다. 제품은 창고에 쌓여 있지만 일시적인 불경기로 물건이 팔리지 않아 현금으로 바꾸지 못해 겪을 수도 있습니다. 또 신규 사업에 대규모 투자를 했지만 실패해서 돈을 모두 날려서 겪을 수도 있습니다.

유동성 위기에 처하면 워크아웃[•] _{Workout}을 신청할 수 있습니다. 이렇게 되면 많은 사람들이 고통을 받습니다. 해당 회사에 돈을 투자한 사람과 회사는 돈을 못 받을 수 있

워크아웃

쓰러질 위기에 처해 있는 기업 중에서 회생시킬 가치가 있는 기업을 살려내는 작업.

습니다. 막대한 손해를 보는 것입니다. 회사는 비용과 지출을 줄이기 위해서 직원을 줄일 수 있습니다. 이렇게 되면 많은 사람들이 일자리를 잃는 고통을 겪습니다.

🪙 열심히 공부해도 성적이 제자리: 유동성 함정

열심히 해도 성적이 안 오르면 정말 답답합니다. 공부를 안 했을 때보다 성적이 안 나오면 화가 치밀어 오릅니다. 공부를 안 해서 성적이 떨어지면 이해하겠지만 열심히 하는데도 떨어지면 정말 방법이 없습니다. 유동성 함정도 이와 비슷합니다.

경기가 나빠지면 중앙은행이 돈을 공급해서 경기를 부양합니다. 하지만 기업이나 개인은 돈을 움켜쥐고 소비나 투자를 전혀 하지 않을 수 있습니다. 이렇게 되면 소비와 고용이 늘지 않아 경기가 좋아지지 않습니다. 돈을 풀어도 상황이 좋아지지 않는 유동성 함정에 빠진 것입니다.

유동성 함정이라는 늪에 빠져 허우적대는 나라가 일본입니다. 1990년대에 일본은 경기 침체가 이어지자 부동산이 폭락하고 기업들은 부도가 났습니다. 금리를 낮추는 등 돈을 풀었지만 경제성장률은 나아지지 않았습니다. 결국 '잃어버린 10년'을 겪습니다. 일본은 글로벌 금융위기 직후인 2008년 12월에 금리를 0%까지 낮췄지만 경제가 좋아질 것인지는 현재까지도 미지수입니다. 유동성 함정에서 얼마나 빠져 나오기 어려운 것인지를 보여주는 사례입니다.

유동성 함정

폴 크루그먼*은 유동성 함정에서 탈출하는 해법을 제시했습니다. 첫 번째, 구조개혁으로 금융시장을 개혁해서 체질을 개선하는 것입니다. 두 번째, 정부 지출을 직접 늘려 일자리를 늘리고 경기를 활성화하는 것입니다. 세 번째, '비상식적'일 정도의 통화 공급을 늘리는 것입니다. 통화가 늘어나면 화폐 가치가 떨어지니 사람들이 돈을 들고 있지 않고 다른 곳에 투자하거나 소비하려고 할 것이기 때문입니다.

폴 크루그먼

미국의 경제학자. 2008년에 "무역이론과 경제지리학을 통합한 공로"로 노벨 경제학상을 받았음.

생각을 키우는 Q

현재 국내 경제 상황을 유추해보았을 때, 우리나라는 유동성 위기 또는 유동성 함정에 빠질 위험이 있을까요?

11

화폐 개혁은
왜 해야 할까?

#리디노미네이션 #스멀 스멀 숨은 돈 나와!
#지하경제도 함께 개혁? #화폐 개혁의 요요 현상

다이어트는 '긁지 않는 복권'이라는 농담이 있습니다. 다이어트와 자기 관리를 통해 이전보다 훨씬 아름답고 세련되게 변할 수 있기 때문이죠. 돈도 마찬가지로 변신을 할 수 있습니다. 바로 **화폐 개혁**이라는 다이어트를 통해서 말입니다.

화폐의 호칭을 바꾸거나 액면가를 일정 비율로 낮추는 것을 **리디노미네이션**Redenomination이라고 합니다. 현재 우리가 사용하고 있는 동전과 지폐를 새로운 돈으로 바꾸는 것입니다. 예를 들어, 1만 원짜리 지폐를 100원짜리 지폐로 바꾸고, 1,000원짜리 지폐는 10원짜리로 바꾸는 것입니다. 단위를 '원'이 아닌 다른 단위로 바꿀 수도 있습니다.

🪙 몸집이 너무 늘어난 돈… 다이어트가 필요해

경제가 계속 성장하고 인플레이션이 장기간 지속되면 화폐에 표시된 금액도 점차 증가합니다. 하지만 돈의 액면가가 너무 크면 일상생활이 여러모로 불편해집니다. 과거에 평균 과자 가격이 500원이던 때가 있었습니다. 이제는 과자 가격이 올라서 1,000원짜리 지폐와 동전 몇 개가 더 필요합니다. 앞으로 값이 더 오른다면 과자 한 봉지를 사기 위해서 돈을 뭉치로 가지고 가야 할지도 모릅니다.

화폐 개혁은 이렇듯 계산·지급·장부기재상의 불편을 해소하기 위해 실시할 수 있습니다. 또한 일부 선진국에서는 자국 통화의 대외적 위상을 높이기 위한 목적으로 실시하기도 합니다. 1960년대에 프랑스는 100 대 1의 화폐 개혁을 단행, 달러 대 프랑의 비율을 한 자릿수로 조정해 자국 통화의 가치를 높였습니다.

화폐 개혁을 통해서 지하경제를 양성화할 수도 있습니다. 지하경제란 국가 규제나 세금 부과 등을 피할 목적으로 조성되는 숨어 있는 돈입니다. 화폐 개혁을 통해 불법적으로 내지 않았던 세금을 걷을 수 있습니다. 경제협력개발기구OECD: Organization for Economic Co-operation and Development의 평균 지하경제 규모를 보면 통상 해당 국가 GDP의 10% 수준입니다. 하지만 대한민국은 지하경제 규모가 GDP의 25~30%로 매우 높은 것으로 추산되고 있습니다. 이러한 지하경제를 양성화한다면 증세를 최소화하면서 국민들이 더욱 많은 복지 혜택을 누릴 수 있을 것입니다.

화폐 개혁을 하면, 신규 투자가 증가할 수도 있습니다. 다이어트에 성공하면 새 옷을 사 입는 등 새로운 지출이 생겨나는 것과 마찬가지입니다. 새로운 돈으로 바꾸게 되면 새로 바꿔야 하는 것이 늘어납니다. 전국의 자동입출금기기ATM 교환, 은행 전산시스템 개편 등 많은 신규 투자와 수요를 불러올 수 있습니다. 수요의 증가는 경기활성화에 도움을 줄 수 있습니다.

🪙 화폐 개혁의 요요 현상

다이어트를 잘못 하면 '요요 현상'이라는 부작용을 겪습니다. 운동과 식단 관리로 단기간에 체중을 감량하는 데에는 성공했지만, 살 빼기 전의 습관으로 다시 생활하게 되면 금세 다이어트하기 전의 체중으로 돌아가는 것입니다. 화폐 개혁도 마찬가지로 부작용이 생길 수 있습니다. 바로, 물가가 매우 빠르게 치솟는 현상이 벌어지는 겁니다.

예를 들어, 5억 원 하던 아파트가 화폐 개혁을 통해서 100분의 1인 500만 원으로 바뀌었다고 생각해보겠습니다. 굉장히 싸졌다는 착시 현상이 들지 않나요? 예를 들어, 3억 원을 대출받아야 살 수 있던 집이 이제 300만 원만 대출받으면 되니 말입니다. 이렇게 되면 너도 나도 대출을 받아서 집을 사려 하겠죠?

또, 5억 원 하던 아파트가 값을 5,000만 원 올린다면, 값이 너무 많이 올랐다고 크게 화낼 것입니다. 하지만 500만 원에서 50만 원 올렸다고 하면 느껴지는 상승 폭이 훨씬 덜할 수 있습니다. 똑같이 10%가

올랐지만 금액의 단위가 다르기 때문에 사람들의 체감이 다른 것입니다. 또한 500만 원짜리 아파트가 1,000만 원이 되는 속도와 5억 원짜리 아파트가 10억 원이 되는 속도 중 전자가 훨씬 빠를 것입니다.

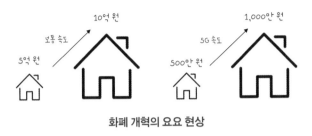

화폐 개혁의 요요 현상

💰 화폐 개혁을 해야 한다면?

우리나라는 총 4번의 화폐 개혁을 했습니다. 1905년의 화폐 개혁은 일제의 조선 경제 침탈이 목적이었으며, 국가가 자주적으로 실시한 화폐 개혁은 1950년, 1953년, 1962년 총 3차례였습니다.

우리나라는 1962년에 화폐 개혁을 한 이후 지금까지 당시 화폐 시스템을 그대로 사용하고 있습니다. 어떻게 보면 몸은 성장했지만 옷은 예전에 입던 그대로인 것입니다. 화폐 개혁의 장점도 있지만 그동안 사용해온 제도를 바꾸는 것이기에 비용이 들며, 적응 기간도 걸립니다. 투입되는 비용과 개혁 이후 얻게 되는 이익을 신중히 검토하여 시행한다면, 국민들의 불편을 최소화하면서 우리나라 경제에 더욱 도움이 되는 방향으로 시스템을 정비할 수 있을 것입니다.

현재 우리나라에 화폐 개혁이 필요하다고 생각하나요? 시행해야 한다
면 시기는 언제쯤이 가장 적당할까요?

12

왜 달러는 세계 어디서나 쓰기 쉬울까?

#기축통화의 힘 #미국 연방준비제도이사회
#중국 위안화가 기축통화가 된다면?

해외여행을 갈 때, 은행에 가서 해당 국가의 돈으로 환전해갑니다. 혹은 달러를 가지고 가서 현지에서 해당 국가의 돈으로 바꾸기도 합니다. 경우에 따라서는 달러로 미국이 아닌 타국에서 물건을 바로 구매할 수도 있습니다. 이런 일이 가능한 것은 달러가 세계적으로 사용되는 '돈'이기 때문입니다. 달러가 **기축통화***key currency라는 것을 알 수 있습니다.

우리는 당연하게 달러가 기축통화라고 생각합니다. 왜 일본 엔화나 중국의 위안화 등 다른 나라 돈을 기축통화로 생각하지 않을까요? 기축통화가 되는 것은 쉬운 일이 아니기 때문입니다.

> **기축통화**
>
> 국제 간의 결제나 금융 거래의 기본이 되는 통화. 1960년대 미국의 트리핀 교수가 주장했던 용어임.

🪙 기축통화의 자격

기축통화의 조건은 여러 가지가 있겠지만 첫 번째 조건은 당연히 '신뢰'입니다. 돈을 언제 어디서든지 사용할 수 있어야 합니다. 기축통화를 발행하는 나라의 정부가 안전해서 내가 가진 돈의 가치를 보증해주어야 합니다.

2차 세계대전 직후 미국은 전 세계 금의 70%를 보유하고 있었습니다. 달러가 지금의 기축통화의 위치에 오를 수 있었던 것은, 당시 미국의 중앙은행이 달러를 가지고 가면 금으로 교환해주었기 때문입니다. 1976년 미국이 금 교환을 거부함으로써 이 체제는 무너졌지만 아직까지 기축통화의 위상은 이어져오고 있습니다. 미국이 강력한 군사력과 경제력을 바탕으로 달러의 가치를 보증하기 때문입니다.

두 번째 조건은 사람들이 많이 사용해야 한다는 것입니다. 특히 나라의 제도가 개방적이어야 시중에 기축통화가 널리 퍼져 나갈 수 있습니다. 미국의 금융과 무역 시스템이 폐쇄적이라면 달러를 가져다 쓰고 싶어도 쓸 수가 없겠죠? 한때 자유무역 기치를 앞장서서 외치던 나라가 바로 미국이었습니다. 자유무역을 지향하는 국제기구인 세계무역기구WTO도 1995년 미국의 주도로 출범했습니다.

세 번째 조건은 수출보다는 수입이 많아야 합니다. 몇몇 나라와 무역을 해서는 기축통화를 세계에 널리 퍼트릴 수 없습니다. 수많은 나라들과 무역을 해야 합니다. 미국은 수입을 하고 달러를 상대방에게 줍니다. 미국이 수입을 많이 하면 할수록 사람들이 달러를 많이 가져다 사용할 수 있습니다.

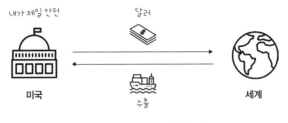

내가 제일 안전

달러

미국

수출

세계

전 세계가 사용하는 기축통화

🪙 기축통화의 힘

우리는 **미국 연방준비제도이사회**[*]FRB: Federal Reserve Board의 의장이 기준금리를 인상, 혹은 인하했다는 뉴스를 자주 접합니다. FRB는 미국의 중앙은행입니다. 미국의 화폐정책이 우리나라의 뉴스에 자주 등장하는 이유가 있습니다. 바로 '달러' 때문입니다. FRB는 달러를 발행하여 미국과 세계에 공급합니다. 우리나라는 달러가 필요하기 때문에 항상 촉각을 곤두세우고 지켜봐야 합니다.

사실 미국은 기축통화의 지위를 이용해서 엄청난 이익을 누리고 있습니다. 해외에서 물건을 구매하면 달러로 결제해야 합니다. 다른 나라는 달러를 벌기 위해서 열심히 일하여 무역을 통해 달러를 벌어야 합니다. 하지만 미국은 FRB에서 돈을 인쇄하기만 해도 됩니다.

이런 특권을 탐내고 있는 나라가 있습니다. 바로 중국입니다. 중국은 달러의 기축통화의 지위를 흔들고 자신이 차지하고 싶어 합니다. 미국과 중국이 의견 충돌을 일으키는 이유도 바로 기축통화의 자리를 차지하기 위해서입니다. 하지

미국 연방준비제도이사회

미국 연방준비제도의 중추적 기관으로, 12개 연방준비은행을 관할하는 역할 등을 함.

만 자유로운 무역과 개인 재산 보호가 가능해야 하고, 수출보다 수입이 많아야 한다는 것이 기축통화의 필수 조건이므로 중국 입장에서는 스스로 풀어야 하는 숙제가 많은 상황입니다.

중국의 법정 통화인 '위안'이 전 세계인이 사용하는 기축통화로 선정되는 날이 올까요? 만약 그렇게 됐을 때 전 세계적으로 어떤 일이 있어날지 잠시 생각해봅시다.

13

전문가들도
환율은 어렵다?

#환율이 뭐 길래 #올라도 난리 내려도 난리?
#환율의 원리부터 차근차근 #평가절하 #평가절상

뉴스를 보면 환율이 올랐다고 난리입니다. 그런데 환율이 떨어지면 또 떨어졌다고 난리입니다. 환율 뉴스는 도대체 어느 장단에 맞춰야 할지 알다가도 모르겠습니다. 그리고 용어는 왜 이렇게 복잡한지 모르겠습니다. 평가절하, 평가절상, 원화 하락, 원화 상승 등등 너무 많은 용어와 개념들이 있습니다. 거기다 그래프가 나오고 숫자가 등장하면 정신이 혼미해지기까지 합니다. 너무 어려운 용어와 알 수 없는 그래프 덕분에 기가 죽습니다.

환율을 잘 모르겠다고 자책할 필요가 없습니다. 환율은 정말 어렵습니다. 얼마나 어려우면 전문가들도 자주 틀립니다. 가장 복잡하고 예측 불가능한 것이 바로 '환율'입니다. 아마 미국 대통령이나 FRB 의장 정도만 예측 가능할 것입니다.

이렇게 어려운 환율이지만 조금만 이해하면 국제 경제와 국내 경제를 한눈에 꿰뚫어볼 수 있습니다. 이번 챕터에서는 어려운 환율 용어를 쉽게 설명하도록 하겠습니다. 그래도 이해가 안 된다면 한번 읽고 난 다음에, 나중에 다시 돌아와서 몇 번 더 읽어보길 권합니다.

우선 환율의 기준은 무조건 미국의 '달러'입니다. 우리나라 원화가 기준이 되는 것이 아닙니다. 우리만 이렇게 하는 게 아니라 세계 대부분의 나라들이 '달러'를 기준으로 환율을 계산하고 있습니다. 쉽게 이해하는 방법이 있다면 '환율이 올랐다, 내렸다'라는 말 앞에 '달러'라는 말을 붙이면 조금 쉽습니다. 우리나라 돈과 달러가 서로 시소를 타고 있다고 상상을 하면 됩니다.

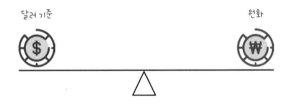

📚 (달러)환율이 올랐다!

뉴스에서 '(달러)환율이 올랐다'라고 이야기하면 '달러의 가치가 상승했다'고 생각하면 됩니다. 다른 표현으로는 달러가 '평가절상 되었다'라고 합니다. 달러의 가치가 상승하면 원화의 가치는 반대로 떨어집니다. 다른 표현으로 원화가 '평가절하 되었다'고 합니다.

예전에는 1달러를 사기(바꾸기) 위해서는 1,000원이 들었다고 가

정하겠습니다. 그런데 상황이 달라져, 이제 1달러를 사기 위해서는 1,200원이 듭니다. 달러로 전보다 더 많은 원화를 바꿀 수 있게 되었습니다. 달러의 위상, 즉 달러의 가치가 오른 것입니다. 그래서 (달러)환율이 올랐다고 하는 것입니다. 달러가 '평가절상' 되었고 원화가 '평가절하' 되었습니다.

아래 그래프를 보면 (달러)환율이 오르는 상승 그래프입니다. 1달러로 원화를 얼마나 살 수 있느냐 하는 그래프입니다. 그래프를 보면 마치 우리나라 돈이 올라간 듯합니다. 우리나라 돈이 1,000원에서 1,200원으로 바뀌었기 때문입니다. 하지만 여기서도 '달러'가 기준입니다. 전에는 1달러로 1,000원밖에 살 수 없었습니다. 하지만 지금은 1,000원으로 1,200원을 살 수 있게 된 것입니다. 달러의 가치가 올라갔고, 반대로 원화의 가치는 하락한 상황입니다.

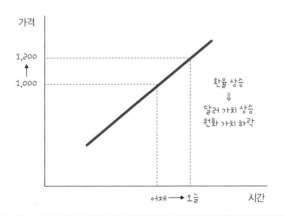

환율 상승 = 달러 가치 상승 = 원화 가치 하락

🪙 (달러)환율이 내렸다!

이번에는 환율이 내렸다고 생각해보겠습니다. '(달러)환율이 내렸다'는 말은 '달러의 가치가 하락했다'는 말과 같습니다. 다른 표현으로는 달러가 '평가절하 되었다'라고 합니다. 달러의 가치가 하락하면 원화의 가치는 반대로 올라갑니다. 다른 표현으로 원화가 '평가절상 되었다'고 합니다.

예를 들어, 예전에는 1달러를 사기(바꾸기) 위해서는 1,000원이 들었다고 가정해보겠습니다. 그런데 상황이 달라져, 이제 1달러를 사기 위해서는 800원이 듭니다. 이번에는 전보다 바꿀 수 있는 돈이 줄어들었습니다. 즉, 달러 가치가 떨어진 것입니다. 그래서 (달러)환율이 내렸다고 하는 것입니다. 달러가 '평가절하' 되었고 원화가 '평가절상' 되었습니다.

다음 그래프를 보면 (달러)환율이 오르는 하락 그래프입니다. 1달

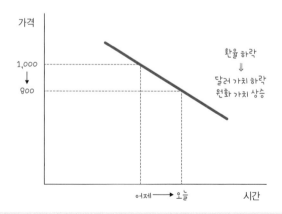

환율 하락 = 달러 가치 하락 = 원화 가치 상승

러로 원화를 얼마나 살 수 있느냐 하는 그래프입니다. 그래프를 보면 마치 우리나라 돈이 떨어진 듯합니다. 우리나라 돈이 1,000원에서 800원으로 바뀌었기 때문입니다. 하지만 여기서도 '달러'가 기준입니다. 전에는 1달러로 1,000원을 살 수 있었습니다. 하지만 지금은 1,000원으로 800원밖에 살 수 없는 것입니다. 달러의 가치가 하락했고, 반대로 원화의 가치는 상승한 상황입니다.

생각을 키우는 Q

환율의 상승과 하락에 따라 우리나라에는 어떤 영향을 미칠까요?

14

일상 곳곳에 스민
환율의 미친 존재감

#수출이 오르락 내리락 #물가가 오르락 내리락
#부동산이 오르락 내리락

앞에서 환율 용어와 원리에 대해서 간략히 살펴보았습니다. 이번에는 환율이 우리 생활에 어떤 영향을 미치는지 살펴보겠습니다. 환율은 너무 어렵고 도도해서 나와 상관없어 보이지만 사실 우리 삶에 굉장히 밀접한 영향을 미칩니다. 작게는 우리가 길거리에서 사 먹는 김밥의 가격에 영향을 미칩니다. 크게는 우리나라 기업들의 수출에 영향을 주고 일자리에도 영향을 줍니다. 또 부동산이나 주식에 투자하려면 환율을 꼭 알아야 합니다.

환율이 중요한 이유는 크게 두 가지가 있습니다. 바로 '수출'과 '수입' 때문입니다. '수출'이 중요한 이유는 잘 알고 있을 겁니다. 우리나라는 무역 의존도가 굉장히 높습니다. 수출이 감소하면 우리나라 기업들이 굉장히 어려워질 수 있습니다. '수입'이 중요한 이유는 '물가'

때문입니다. 대표적인 수입 품목으로는 '석유'가 있습니다. 우리나라는 석유를 전량 수입해서 쓰고 있습니다. (달러)환율이 올라가 수입 가격이 상승하면 물가가 즉각 상승할 수 있습니다. 환율이 상승하고 하락함에 따라서 어떤 영향을 줄 수 있는지 좀 더 자세히 살펴보겠습니다.

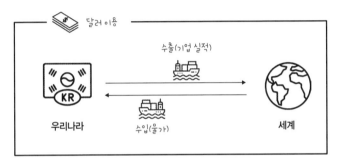

달러를 통한 수출과 수입

💰 (달러)환율이 오른다면?

환율이 올랐다는 말은 달러 가치가 상승했다는 것입니다. 달러를 가진 사람이 많은 이익을 볼 수 있습니다. 반대로 생각하면 원화를 가진 사람은 손해를 볼 수 있습니다. 달러를 가진 사람은 우리나라에 와서 전보다 더 많은 물건과 자산을 살 수 있습니다. 수출 가격 경쟁력이 증가합니다. 그리고 우리나라 주식이나 부동산을 전보다 더 저렴하게 살 수 있습니다. 저가 매수 가능성이 높아집니다.

(달러)환율이 올라가면 원화 가치가 떨어진다고 앞에서 설명했지요? 그 의미는 우리나라 돈으로 살 수 있는 물건이 줄어든다는 의미입니다. 외국에서 사오는 물건들의 가격이 상승하게 됩니다. 대표적으로 주유소의 기름 가격이 상승하게 됩니다. 이렇게 되면 외국에서 원자재를 구매하는 기업들의 원가가 상승해 이익도 감소하게 됩니다. 많이 팔아도 남는 게 없는 상황이 됩니다. 또한, 수입 물가가 상승해 국민들이 고통을 겪을 수 있습니다. 기업들의 이익은 감소하고 사람들의 주머니 사정이 나빠지면 당연히 자산 시장에도 악영향을 주게 됩니다.

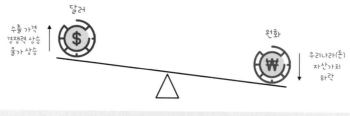

환율이 상승하면 기업들의 이익이 감소하고, 물가도 상승해
우리나라의 자산 가격이 하락할 수 있습니다.

💰 (달러)환율이 내린다면?

환율이 내려갔다는 말은 달러 가치가 하락했다는 것입니다. 달러를 가진 사람이 많은 손해를 볼 수 있습니다. 반대로 생각하면 원화를 가진 사람은 이익을 볼 수 있습니다. 원화를 가진 사람은 외국에 가서 전보다 더 많은 물건과 자산을 살 수 있습니다. 수입이 증가할 수 있다는 것입니다. 우리나라 사람들의 구매력이 상승한 것입니다.

환율이 내려가면 '물가'가 안정을 찾을 수 있습니다. 우리나라는 대부분의 자원을 수입해서 사용합니다. 사오는 가격이 저렴해지면 파는 가격도 저렴해집니다. 물가 안정은 기업과 사람들의 부담을 많이 덜어줍니다. 기업은 생산 원가 감소로 이익이 늘어날 수 있습니다. 사람들 역시 소비를 늘릴 수 있습니다. 기업의 이익은 증가하고 각 개인들도 여유가 생기면서 자산 시장에도 활기가 돌 수 있게 됩니다.

또한, 해외 여행을 가기도 쉬워집니다. 전보다 싼 가격으로 비행기와 호텔을 이용할 수 있습니다. 같은 물건이라도 원화 가치 상승으로 해외에서 구매하는 것이 더욱 저렴할 수 있습니다. 이렇게 되면 해외 쇼핑과 직구가 증가할 것입니다. 해외 유학을 간 학생들이나 부모님의 부담도 감소합니다. 원화로 더욱 많은 달러를 송금할 수 있게 되었기 때문입니다.

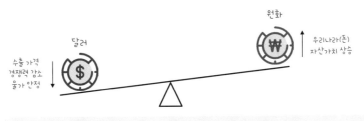

환율이 하락하면 수출 감소와 물가 안정(감소)이 일어날 수 있습니다.

(달러)환율의 하락이 마냥 좋은 것은 아닙니다. 우리나라 경제의 중요한 '수출'에 비상이 걸리기 때문입니다. 전에는 1달러를 벌어서 1,000원으로 바꿀 수 있던 것이, 달러 가치가 하락하면서 1달러를 벌면 800원으로밖에 바꿀 수 없다고 해볼까요? 200원어치 손해가 생

긴 것입니다. 이렇게 되면 많은 수출 기업들이 어려워질 것입니다. 전보다 고용을 줄이고 투자도 감소할 것입니다. 전보다 비싸진 한국의 주식과 부동산에 매력을 덜 느끼게 되어 외국인 투자도 감소할 것입니다. 이렇게 되면 기업 활동이 많이 위축될 수 있습니다.

생각을 키우는 Q

환율이 상승하거나 하락함에 따라, 부동산이나 주식과 같은 재테크 시장에는 어떤 영향이 미칠까요?

15

환율로 흥한 사람,
환율로 망한 사람

#대출이 오르락 내리락? #양날의 환율
#환차손/환차익

우리는 은행에서 돈을 빌릴 때 원화로만 빌릴 수 있다고 보통 생각합니다. 하지만 미국이나 일본에 가서 돈을 빌릴 수 있습니다. 물론 우리가 가서 직접 빌리는 것은 아닙니다. 은행을 통해서 달러나 엔화를 대출받을 수 있습니다. 잘 활용하면 기회가 되지만 잘못 활용하면 독이 되는 게 외화 대출입니다. 대출 원금이 상승하거나 하락할 수 있기 때문입니다.

일본은 장기간 제로 금리를 유지하고 있습니다. 우리나라에서 4%로 대출받는 것보다 일본에서 1%로 대출받는다면 이자가 적은 쪽을 택할 수 있습니다. 대출을 조금 받아 금방 상환하면 상관없습니다. 하지만 대출금액이 많아지고 길어지면 상황은 달라집니다. 1억 원에 3%면 300만 원이나 됩니다. 금리 차이를 고려하면 엔화로 대출을 받는

게 훨씬 이익인 것처럼 보입니다. 실제로 환율의 변동이 적다면 이익을 볼 수 있습니다.

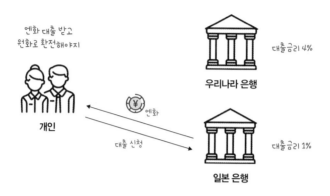

💰 환율이 올라서 망했다

A라는 사람이 2억 원의 부동산을 사기 위해 1억 원을 대출받으려 합니다. 일본의 금리가 우리나라 금리보다 낮으니 엔화로 대출받는 것을 노려봅니다. 1,000만 엔 정도 빌리면 우리나라 돈으로 1억 원 정도 되겠지요. 환율의 변동이 없다면 상환 만기가 도래할 때 1억 원을 모아서 1,000만 엔으로 바꿔 갚으면 됩니다.

하지만 시간이 지나서 환율이 급등하면 우리나라 돈의 가치가 하락할 수 있습니다. 엔화를 구하기 위해서는 우리나라 돈이 더 필요해진다는 것입니다. 이제 일본 돈 1,000만 엔을 구하기 위해서는 우리나라 돈 1억 5,000만 원이 필요하다고 가정하겠습니다. 환율의 변동으로 갚아야 하는 대출의 원금이 50%나 증가했습니다. 설상가상으로 환율이 급등해 우리나라 경제 사정이 나빠져 부동산 가격이 5,000만 원이나 하락해서 손해 보고 팔았습니다. 환율 변동으로 앉아서 1억 원을 손해 입은 것입니다.

실제로 2008년에 환율이 급등할 때 엔화로 대출받은 많은 사람들이 고통을 받았습니다. 엔화로 대출을 받아서 집을 사거나, 자재를 구매한 중소기업 사장님, 비싼 고가의 의료장비를 구매한 의사들이 엄청난 손실을 보았습니다. 환율을 생각하지 않고 금리가 낮다는 이유만으로 엔화로 대출을 받았기 때문입니다. 누군가 해외 자산에 투자하거나 외국 돈을 빌리라고 권한다면 환율 파트를 다시 읽어보고 신중히 결정하기 바랍니다. 환율로 손실이 2배 이상으로 늘어날 수 있습니다.

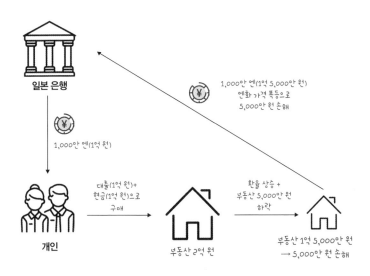

환율 상승에 따른 원화 가치 하락과 자산 가격의 하락

💰 환율이 올라서 흥했다

수출 기업을 운영하는 B라는 사상님이 있습니다. 해외에 물건을 팔아서 달러를 송금받습니다. 우리나라 돈 10억 원에 해당하는 100만 달러만큼 수출했습니다. 금액이 크기 때문에 100만 달러를 바로 송금받는 것이 아니라 6개월 후 받기로 했다고 가정하겠습니다. 환율이 그대로라면 100만 달러를 송금받으면 우리나라 돈 10억 원으로 바꿀 수 있습니다. 10억 원 중 8억 원은 직원들 월급과 원자재 비용입니다.

하지만 4개월 정도가 지나서 환율이 급등했습니다. 경기 상황이 나빠져서 회사 문을 잠시 닫게 되었습니다. 그렇게 암울하게 지내고 있을 때 외국으로부터 100만 달러가 송금되었습니다. 전에는 환전하면 10억 원이었습니다. 하지만 환율이 급등해서 이제는 18억 원이 되었습니다. 환율 변동으로 8억 원이나 이익을 본 것입니다. 직원 월급과 원자재 비용인 8억 원을 모두 다 갚고 나니 10억 원이 남았습니다. 경기가 다시 서서히 좋아져서 B사장님은 다시 사업까지 추진할 수 있게 되었습니다.

실제로 1997년과 2008년 당시 환율로 이익을 본 사람들이 많이 있었습니다. 환율을 잘 알아두면 자신의 자산을 잘 지킬 수 있을뿐더러 회사의 운영에도 많은 도움이 됩니다. 특히 우리나라는 수출을 많이 하기 때문에 회사생활을 하거나, 사업을 운용할 때 환율을 잘 이해하고 있다면 많은 도움이 됩니다.

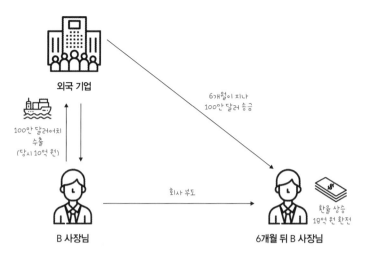

외국 기업

100만 달러어치
수출
(당시 10억 원)

6개월이 지나
100만 달러 송금

B 사장님

회사 부도

6개월 뒤 B 사장님

환율 상승
19억 원 환전

환율 상승에 따른 달러 가치 상승

생각을 키우는
Q

환율이 크게 올랐을 때, 내가 다니는 회사에는 어떤 영향이 있을까요?
또, 보유하고 있는 주식이나 부동산은 어떻게 될까요?

16

내 신용은
어디서 조회할까?

#개인&기업신용평가 #무디스, S&P, 피치
#내 신용 점수는?

은행에 가면 나의 신용에 따라서 대출이나 이자가 달라집니다. 신용을 잘 관리해야 나중에 내 집을 마련하거나 자동차를 살 때 낮은 금리를 이용할 수 있습니다. 100만 원 단위에서 이자 1~2% 차이는 얼마 안 날지 모르지만 억 단위로 넘어가면 이야기가 달라집니다.

현재 **개인신용평가**를 수행하는 신용조회사ㆍCB:Credit Bureau(NICE 평가정보, KCB)는 약 4,515만 개인의 신용등급을 생산하여 금융기관에 제공하고 있습니다.

> **신용조회사**
>
> 신용정보원, 금융회 등에서 모든 국민의 신용정보를 수집하여 개인의 신용위험도를 평가ㆍ등급화하여 금융기관에 제공하는 기관.

2021년 1월 1일부터 개인신용평가가 등급제에서 점수제로 바뀌었습니다. 그동안 사회초년생, 전업주부, 고령자 등은 금융이력 정보가 부족한 경우 신용도를 낮게 평가

받았습니다. 그런데 앞으로는 금융거래 이력이 없더라도 보험료, 공공요금, 통신비 등을 성실히 납부한 실적도 점수로 인정되는 것으로 확대됩니다. 민간보험료나 세금 납부 정보 및 체크카드 실적 등 비금융 정보의 종류도 다양화될 것입니다.

그리고 앞으로는 제2금융권을 이용했다고 하더라도 낮은 금리를 적용받는 우량 고객의 경우, 신용 점수의 하락 폭이 완화됩니다. '업권'이 아닌 '대출금리'를 기준으로 신용도가 평가되기 때문입니다. 제1금융권이든 제2금융권이든 같은 금리로 돈을 빌리면 같은 신용점수가 부여됩니다.

[TIP] 자신의 신용 정보 조회하는 방법

1년에 3회 걸쳐서 올크레딧 혹은 나이스 지키미 사이트를 활용해서 자신의 신용 정보를 무료로 조회할 수 있습니다. 1~4월, 5~8월, 9~12월 각 기간 동안 1회 무료로 신용 정보 조회를 할 수 있는데, 이때 신용 조회로 점수가 깎이거나 하지 않으니 마음 놓고 조회하여도 됩니다.

나이스 신용 지키미에서 신용 조회하기

🪙 기업의 신용은?

한 국가와 기업도 개인처럼 신용등급을 매깁니다. 기업과 나라의 신용을 평가하는 세계 3대 평가사는 무디스Moody's, S&PStandard & Poor's, 피치Fitch가 있습니다. 이들은 국가와 기업의 신용도를 평가하고 세계 금융시장을 좌지우지할 만큼 영향력이 막강합니다.

이들은 각국의 정치·경제 상황과 향후 전망 등을 종합적으로 평가해 국가별 등급을 발표합니다. 일례로 S&P가 우량기업 주식을 중심으로 선정해 발표하는 지수를 S&P500지수라고 합니다. 미국 주가 동향을 나타내는 대표 지수입니다.

기관별로 서로 평가하는 방식이 조금 다르지만 신용도에 따라 크게 A, B, C로 나누고 이 안에서 다시 세분화합니다. 보통 B 이하 등급은 위험한 것으로 평가합니다. 현재 우리나라의 신용등급은 피치에서는 4번째로 높은 AA-로 평가하고 있습니다. 무디스와 S&P에서는 각각 3번째로 높은 Aa2와 AA를 유지 중으로, 상당히 안전한 편에 속한다고 볼 수 있습니다.

한 국가와 기업에게는 신용평가사의 평가가 정말 중요합니다. 지난 1997년 11월에 무디스, S&P, 피치가 한국의 신용평가 등급을 각각 A3, A-, A+로 준 바 있습니다. 이후 외환위기가 닥치자 우리나라의 신용평가 등급을 Baa3, BBB-, BBB-로 바꾸었습니다. 이로 인해서 외국 자금이 이탈하고 국내 기업들이 어려움을 겪었습니다.

하지만 이들 평가사는 모두 미국에 있어서 미국 정부와 기업들에는 관대하고 다른 나라의 정부와 기업에는 가혹하다는 비난을 받기도 합니다. 2008년 미국 금융위기 전까지 미국 정부와 기업들에 높은 신용등급을 주기도 했습니다. 2010년에는 그리스 등 유럽 국가들의 신용등급을 하향 조정하여서 유럽 경제가 어려움에 처하기도 했습니다. 이로 인해 지구촌 곳곳에서 발생되고 있는 금융위기의 배후 세력이라고 지목받기도 합니다.

> **생각을 키우는 Q**
>
> 국가, 회사, 개인의 신용이 모두 다르듯이 은행도 종류에 따라 신용이 다르지 않을까요? 안전한 은행과 그렇지 않은 은행을 어떻게 구분할까요?

17

돈을
어디다 맡길까?

#금융회사 너무 많아 #모두 은행?
#은행의 종류 #나와 잘 맞는 은행은?

　길거리를 지나다니거나 광고를 보면 금융회사 광고가 많이 보입니다. 모두 다 돈을 맡기거나 이자를 받고 자금을 융통하는 등 비슷한 일을 합니다. 일부는 은행이라는 명칭을 쓰고, 일부는 'ㅇ협'이라고 쓰고, 그냥 'ㅇㅇ회사'라고도 합니다. 이름이 복잡하니 오해할 수 있는 소지가 있습니다. 은행이면 무조건 안전하다고 생각하고 맡겼다가는 소중한 돈을 모두 잃을 수 있습니다.

　실제로 토마토저축은행은 2009년 6월과 11월, 2010년 6월 등 세 번에 걸쳐 수익률 7.9~8.5%의 후순위채권 900억 원어치를 소비자들에게 팔았습니다. 그런데 이후 두 번 영업정지를 당하고 2012년 8월 파산 선고를 받으면서 소비자들이 막대한 피해를 입었습니다. 더욱 안타까운 점은 피해자의 53%가 60대 이상으로 조사된 것입니다.[2]

금융권은 일반적으로 제1·2·3금융권으로 나눌 수 있습니다. 언론에서 편의상 구분하여 부르던 것이 정착된 것으로, 정식 명칭은 아닙니다.

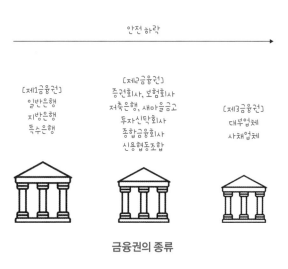

금융권의 종류

제1금융권은 우리 생활에서 쉽게 보이는 은행입니다. 예금은행을 지칭하는 용어로 특수은행, 일반은행, 지방은행, 외국계 은행, 인터넷 전문은행이 있습니다. 국민은행, 신한은행, 우리은행 등을 비롯하여 지방은행, 외국은행, 기업은행, 농협 등이 포함됩니다. 규모가 크고 안정성이 높아 많은 사람들이 이용하고 예금, 대출, 증권계좌 개설, 보험 가입, 펀드 가입 등 다양한 상품을 취급하고 있습니다. 대출금리가 낮고 지점이 많아 편리하다는 장점이 있지만 안정성이 보장되는 만큼 예금금리가 낮고 대출에 대한 심사가 까다롭게 진행되는 단점을 가지고 있습니다. 최근 모바일로 손쉽게 이용이 가능한 카카오뱅크와 케이뱅크 역시 제1금융권에 속합니다.

제2금융권은 제1금융권을 제외한 금융기관을 가리킵니다. 보험회사, 신탁회사, 증권회사, 종합금융회사, 여신금융회사(카드회사, 캐피탈 등), 상호저축은행 등이 있습니다. 제2금융권은 제1금융권의 은행들에 비해 대출 절차가 간편하지만 대출이자가 높다는 단점이 있습니다.

제1금융권과 제2금융권을 합쳐서 제도권 금융기관이라 합니다. 제3금융권은 제도권 밖의 금융기관입니다. 우리가 케이블 티비에서 자주 보는 ××머니, ××캐쉬 등입니다. 대부·사채업체도 여기에 속합니다. '사금융권' 또는 '소비자금융'이라고도 합니다.

🪙 다양한 은행 종류

저축은행은 처음부터 저축은행으로 불린 것은 아니었습니다. 1973년 설립된 지역 금융기관으로 본래의 명칭은 '상호신용금고'였습니다. 2001년 3월 상호신용금고법이 상호저축은행법으로 개정되면서 2002년 상호저축은행으로 명칭이 변경되었습니다. 명칭이 변경된 이후 2011년 2월 부산저축은행 등의 여러 저축은행이 집단으로 영업이 정지되어 안타깝게도 많은 사람들이 피해를 보았습니다.

수익을 내는 방법에 따라서 은행을 나누기도 합니다. 예금과 대출의 금리 차를 이용해서 수익을 내는 은행을 상업은행CB: Commercial Banking이라고 합니다. 국민·신한·하나은행 등이 상업은행에 해당됩니다. 기업의 인수·합병이나 자문 업무 등 다양한 업무를 하는 은행을 투자은행IB: Investment Banking이라 합니다. 대표적인 투자은행에는 모건스탠리, 메릴린치, 골드만삭스, 도이체방크, 노무라·다이와증권 등이 있습니다.

IMF 외환위기가 불러온
시련의 시절

🪙 희망이 사치가 되었다

1996년 12월, 우리나라는 '한강의 기적'을 이루며 OECD에 가입했고 선진국 반열에 들어선 것을 자축했습니다. 하지만 예상치 못했던 외환위기와 경제위기가 닥치며 당시 국민들이 품었던 희망은 1년 만에 절망으로 바뀌었습니다.

당시 국내 경제 상황은 참담했습니다. 매일같이 기업들이 도산했고, 대량 해고 사태가 빈번하게 벌어졌습니다. 주가와 부동산도 폭락하면서 자살률이 높아졌고, 국민들은 연일 암울한 뉴스를 보면서 충격과 두려움에 휩싸였습니다.

당시 30대 대기업 중 17개가 순식간에 무너졌습니다. 한보철강을 시작해서 삼미·진로·대농·기아·해태·뉴코아·쌍용·한보·동아·고합·우성·벽산·아남·나산 등 이름만 들으면 누구나 알 수 있는 주요 그룹들이 해체나 매각을 통해 무너졌습니다. 당시 대우그룹은 한때 재계 서열 2위까지 올라설 정도였지만 그러한 큰 그룹도 견디지 못하고 무너진 것입니다. 당시 도산하는 기업들에 돈을 빌려준 은행들도 부도가 나며 퇴출당했습니다. 또, 수많은 기업들의 부도로 구조조정의 한파가 몰아닥쳐 100만 명이 넘는 사람들이 일자리를 잃었습니다.

결국 정부는 1997년 11월 12일, IMF(국제 통화 기금)에 구제 금융을 신청했습니다. 이후 1997년 12월 3일 IMF는 575억 달러의 구제 금융을 승인했습니다. IMF의 협상 조건은 외국인 주식 투자 한도 확대를 비롯한 자본시장 개방, 노동시장 유연성 제고 대책의 조속 추진, 기업 및 금융기관 부실 처리, 대기업 체질 개선 등이었습니다. 즉, '후진국형 경제 체질을 선진국형으로 바꾸라'는 것이었습니다. 경제 체질은 개선됐지만 당시 급격한 변화로 많은 사람들이 고통을 겪어야 했습니다.

🪙 모래성과 같았던 경제성장의 실체

많은 국민들이 시련을 겪었던 경제위기는 무엇 때문에 발생했던 것일까요?

당시 30대 재벌 계열사(금융·보험사 제외) 804개의 부채 총액이 1996년 말 269조 9,000억 원에서 1997년 말에는 357조 4,000억 원으로 증가한 상태였습니다. 평균 부채 비율은 386.5%에서 518.9%로 상승했습니다. 당시 기업들의 상황은, 사람으로 치면 번듯한 집과 자동차가 있다지만 자기 자본 없이 전부 대출금으로 구매했던 것입니다. 언제 무너져도 이상하지 않은 경제 상황이었던 것입니다.

또한 당시 FRB 의장이었던 앨런 그린스펀은 "1997년 한국의 외환위기는 한국 정부가 외환보유고를 가지고 돈 놀이를 하고 있었기 때문이다"라고 했습니다. 당시 한국은행은 보유 외환을 즉시 현금화할 수 있는 자산으로 보유하지 않았습니다. 자산의 대부분을 시중은행에 예치해놓은 상태였고, 시중은행 역시 기업의 재무 상황을 제대로 파악하지 않은 채 무조건 대출을 해주거나 현금화할 수 있는 자산에 투자하지 않았습니다.

각국의 중앙은행은 갑작스러운 일을 대비하여 적절한 달러를 보유해야 합니다. 하지만 당시에 외환보유액이 한때 39억 달러까지 급감했습니다. 1,700억 달러가 넘는 부채에 비하면 너무 적은 액수였습니다. 우리는 1997년 외환위기를 통해서 부채 위에 쌓아올린 경제는 모래성과 같다는 것을 깨달았습니다. 과거의 실수를 기억하지 못한다면 위기는 언제든지 다시 찾아올 수 있습니다.

2

부자들은 다 알고 있다는
경제상식

투자

01

서울 부동산, 그동안 얼마나 올랐을까?

#서민의 인생 숙제 #내 집 마련 #주택가격 상승
#청약통장

서민에게는 '내 집 마련'이 평생의 숙제입니다. 이런 중요한 숙제를 풀기 위해서는 굉장히 많은 준비를 해야 합니다. 물론 돈도 열심히 벌어야 하지만 좁게는 부동산 지식, 넓게는 경제 전반을 속속들이 이해하고 있어야 '내 집 마련'에 한결 빠르게 다가갈 수 있습니다.

우리나라 가계의 자산 구성을 살펴보면 가구의 토지, 건물 등 비금융자산의 비중이 무려 64.4%를 차지합니다. 자산의 대부분을 부동산으로 가지고 있는 셈입니다. 때문에 부동산 관련해서 집단행동을 하는 해프닝이 자주 벌어지기도 합니다.

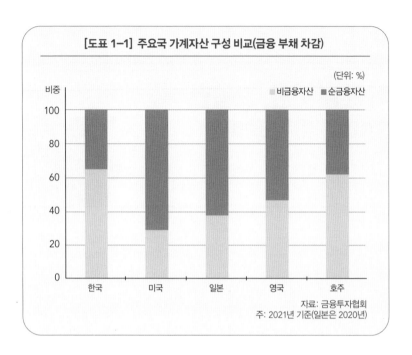

[도표 1-1] 주요국 가계자산 구성 비교(금융 부채 차감)

(단위: %)
■ 비금융자산 ■ 순금융자산

비중

자료: 금융투자협회
주: 2021년 기준(일본은 2020년)

🪙 부동산 가격 상승의 역사

부동산 가격은 그동안 꾸준히 상승해왔으나, 시기에 따라서 하락하거나 횡보하기도 했습니다. 보통 10년 주기로 상승과 하락을 반복해왔습니다. 1980년대 이후 부동산 가격의 상승과 원인을 간단히 살펴보겠습니다. 비록 과거의 데이터지만 앞으로 시장을 바라보는 데 많은 도움이 될 것 입니다.

[도표 1-2]를 보면 1988년, 우리나라의 소득 수준이 향상되는 시기에 부동산 가격이 상승했습니다. 1976년 1인당 국민소득 1,047달러에서 1989년에는 5,711달러로 5배가량이 상승했습니다. 주택보급

[도표 1-2] 서울 부동산 상승의 기록

2020년 1월 = 100

자료: 한국은행

률도 70% 미만이어서 공급이 부족한 상황이었습니다. 대출금리가 높았지만 수익률이 더 높을 정도로 부동산이 빠르게 상승하는 상황이었습니다. 올림픽이라는 특수까지 겹치면서 상승 행진이 1991년까지 이어졌습니다. 1997년 외환위기를 극복한 후 2004년에는 1인당 국민 소득이 1만 5,000달러까지 증가합니다. 1인당 국민 소득은 금융위기 이전까지 꾸준히 상승해 2007년에는 2만 달러까지 돌파합니다. 그리고 2004년까지는 미국이 초저금리를 유지해 풍부해진 시중의 자금이 부동산 시장으로 대거 쏠리게 되었습니다. 덕분에 2000년 초부터 2008년까지 한국 부동산뿐만 아니라 세계의 부동산이 같이 상승했습니다.[3]

2014년에는 정부가 부동산 경기를 부양하기 위해 기준금리를 2.5%로 낮췄고, 2016년에는 1.25%까지 낮추었습니다. 풍부해진 자금은 부동산 시장으로 다시 대거 쏠렸고, 정부가 부동산 3법을 통과시키면서 부동산 가격 상승에 더욱 부채질을 하였습니다. 2014년부터 시작된 부동산 상승의 역사에 관련해서는 뒤에서 한 번 더 다루겠습니다.

내 집 마련의 첫걸음 '청약통장'

현재 무주택자라면, '내 집 마련'의 첫걸음은 **청약통장**입니다. 청약통장은 아파트 분양 청약 자격을 얻기 위해 가입하는 통장입니다. '주택청약종합저축'에 가입하여 매월 약정한 날에 월 단위로 일정 금액을 납입하면, 공공주택과 민영주택에 청약을 할 수 있는 자격이 생깁니다. 추후 청약통장 가입기간과 납입횟수, 무주택기간, 부양가족 수 등으로 가점을 매겨 점수가 높은 사람에게 보다 더 유리한 조건으로 아파트를 구입할 수 있는 기회가 돌아갑니다.

사회 초년생인 청년들에게는 혜택이 조금 더 많은 '청년 우대형 청약통장'이 있습니다. 만 19세 이상부터 만 34세 이하 청년을 대상으로 기존 주택청약종합저축의 청약 기능과 소득공제 혜택을 유지하면서, 10년간 연 600만 원 한도로 최대 1.5%의 우대금리 혜택 역시 제공합니다. 내 집 마련의 꿈을 키워나갈 청년들이라면 꼭 관심을 가져야 할 부분입니다.

02

수시로 바뀌는 부동산 정책들

#부동산 정책 #부동산 규제
#알아두면 도움 되는 부동산 용어

부동산 정책은 수시로 바뀝니다. 부동산 시장이 과열되면 정부에서 규제를 늘립니다. 반대로 부동산 시장이 침체되면 규제를 완화합니다. 그때마다 등장하는 용어들이 있습니다. LTVLoan To Value ratio, DTIDebt To Income, DSRDebt Service Ratio 같은 것들입니다. 이는 부동산 대출과 관련된 용어입니다. '내 집 마련'을 위해서는 항상 관심을 가져야 하는 용어들이므로 눈여겨보도록 하세요.

부동산은 월급을 1~2년 모아서는 살 수 없습니다. 서울의 아파트 평균 매매가격이 11.9억 원이 넘습니다.[4] 일반 직장인이 매달 200만 원을 저축한다고 해도 598개월이라는 시간이 필요합니다. 약 50년을 열심히 모아야 서울에 온전한 부동산을 살 수 있습니다. 물론 50년 동

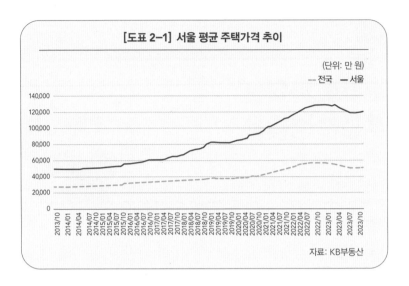

[도표 2-1] 서울 평균 주택가격 추이

(단위: 만 원)
-- 전국 — 서울

자료: KB부동산

안 부동산 가격이 더 오른다면 시간은 더 오래 걸릴 수 있습니다. 그래서 부동산 구매 시 대부분 대출을 받고 구매하게 됩니다.

때문에 대출 정책의 변화는 부동산의 실수요자들에게 매우 민감합니다. 대출의 금액이 억 단위이기 때문입니다. 이자율 변화에 따라서 1년에 적게는 몇 백, 많게는 몇 천의 이자를 더 부담해야 합니다.

그렇다면 대출 정책과 관련된 LTV, DTI, DSR에 대해서 알아보겠습니다.

💰 부동산 시장을 울고 웃게 만드는 정책들

LTV는 주택을 담보로 돈을 빌릴 때 주택 가격의 몇 %까지 대출 가능한지 알 수 있는 지표입니다. LTV 70%이면 주택의 가격에 70%까지 대출이 가능한 것입니다. 예를 들어, 주택 가격이 1억 원이면 70%인 7,000만 원까지 대출이 됩니다. 비율이 높을수록 많은 대출이 가능해집니다. 반대로 비율이 낮을수록 대출 금액이 줄어듭니다.

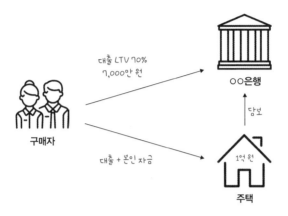

DTI는 연간 소득을 기준으로 돈을 얼마나 갚을 수 있는지 나타내는 지표입니다. 먼저 1년 동안 갚아야 할 주택담보대출 원금과 다른 대출의 모든 이자를 더합니다. 그 금액이 1년 소득에서 얼마큼 비율을 차지하는지 정하면 됩니다. 연간 소득이 아무리 많아도 소득 전부를 대출 원금을 갚는 데 쓸 수 없습니다. 생활도 해야 하기 때문입니다. 그래서 소득의 일부만 대출을 갚는 데 사용합니다. 연봉이 5,000만 원이고 DTI가 40%라면 1년 상환 금액이 2,000만 원을 넘지 않아야 합니다. 역시 비율이 높으면 대출 가능한 금액이 늘어납니다. 반대로

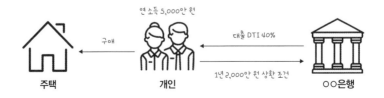

비율이 낮아지면 대출 가능한 금액이 줄어듭니다.

DSR은 연간 소득에서 주택담보대출을 포함한 모든 대출의 원금과 이자를 갚아야 할 비율을 정하는 지표입니다. DTI는 주택담보대출만 포함합니다. 하지만 DSR은 신용 대출, 자동차 할부, 학자금 대출, 카드 론 등 모든 대출의 원금과 이자를 포함합니다. DTI보다 훨씬 까다로 운 대출 기준으로, 대출 한도가 훨씬 낮습니다. 역시 비율이 높으면 대 출 가능한 금액이 늘어납니다. 반대로 비율이 낮으면 대출 가능한 금 액이 줄어듭니다.

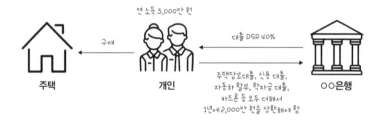

LTV, DTI, DSR 비율을 높인다면 부동산 시장은 과열로 치달을 것 입니다. 정부 정책을 살피지 않고 섣불리 투자한다면 큰 낭패를 볼 수 있습니다. 무리한 대출로 부동산에 투자했는데 금리까지 상승한다면 울며 겨자 먹기로 처분해야 하는 상황이 올 수 있으므로 큰 손해를 볼 수 있기 때문입니다.

생각을 키우는 Q

정책의 목적과 상관없이 시장에서는 부동산 가격이 다르게 반응하는 경우도 있습니다. 어떤 경우일까요?

03

내 돈 없이도 집 장만?
갭 투자가 뭐 길래

#외줄타기 갭 투자 #갭 투자 좋은 거야?
#설마 깡통 전세?

갭 투자는 전세를 끼고 부동산에 투자하는 독특한 투자 기법입니다. 투자금을 은행에서 받는 것이 아니라 전세 제도를 통해 다른 사람으로부터 투자금을 무이자로 받는 것입니다. 우리나라에 '전세'라는 제도가 있고, 부동산이 꾸준히 상승하였기에 생긴 투자 방법입니다.

이를 테면, 5억 원짜리 부동산을 구매하면서 세입자로부터 전세보증금으로 4억 원을 받는다면 실질적으로 부동산을 구입하는 데 들어간 내 돈은 1억 원인 셈이 됩니다. 이런 식으로 큰 목돈 없이도 부동산 투자를 할 수 있는데, 이는 집값 상승 수익이 월세 수익보다 높을 때 매력적인 투자 방법입니다.

때문에 갭 투자로 많은 돈을 벌었고, 몇 십 채의 아파트를 샀다며 투자를 권유하는 무료 강의나 컨설팅들을 주변에서 본 적이 있을 겁니다. 하지만 이러한 갭 투자는 리스크가 굉장히 큰 투자라는 것을 반드시 알아두어야 합니다. 갭 투자는 투자 타이밍을 잘 알아야 성공할 수 있는 투자로, 무턱대고 대출을 받아 갭 투자에 나선다면 큰 낭패를 볼 수 있습니다.

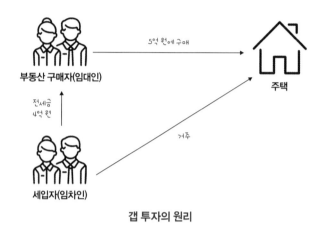

갭 투자의 원리

🪙 이러한 조건이라면 갭 투자, 노려볼 만하다

갭 투자에 성공할 수 있는 첫 번째 조건은 금리 하락입니다. 시중 금리가 낮아지면 유동성이 커지고 자연적으로 부동산으로 자금이 몰릴 가능성이 커집니다. 이럴 때라면 큰 시세 차익을 노려볼 만합니다. 또한 금리가 낮으면 전세가가 높아도 세입자를 쉽게 구할 수 있습니다. 세입자도 전세금을 대출받아서 들어오기 쉽기 때문입니다.

두 번째는 새로운 공급이 없어야 합니다. 내가 부동산을 매매하려는 지역에 새로운 분양 물량이 없어야 한다는 것입니다. 주변에 새로

분양하는 물량이 많다면 세입자들 입장에서는 선택의 폭이 넓어집니다. 집주인은 전세가격을 높여 받을 수 없겠죠. 매매가격과 전세가격의 차이가 커지면 내가 초기에 투자해야 하는 금액도 커집니다. 그만큼 수익률이 줄어들 수 있다는 것입니다.

세 번째는 경기가 호황으로 진입해야 합니다. 전세를 끼고 아파트를 매수했다면, 반드시 아파트 가격이 올라야 합니다. 가격이 하락하면 그만큼 손해를 보기 때문에, 반드시 부동산 상승 초기에 진입해야 합니다. 경기가 좋아진 뒤에 진입하면 자산 가격에 거품이 생길 가능성이 큽니다.

💰 깡통 주택으로부터 세입자가 안전하려면?

갭 투자의 실패 사례가 바로 '깡통 주택'입니다. 투자자가 주택담보대출과 전세보증금을 합하여 부동산을 구매했는데, 집값이 떨어져 집을 팔아도 주택담보대출과 전세보증금을 다 되돌려주지 못한 경우에 '깡통 주택이 되었다'고 말합니다. 이렇게 되면 투자자는 갭 투자로 얻는 수익은커녕 대출을 갚고 보증금을 돌려주기 위해 자신의 호주머니에서 돈을 더 내놔야 합니다.

세입자 입장에서는 어떨까요? 집주인이 돈이 없어 전세보증금을 돌려줄 수 없다고 하면 매우 난감한 일이 아닐 수 없습니다. 실제로 부동산 시장이 전체적으로 하락하던 시기에는 많은 집들이 경매로 넘어가 수많은 세입자들이 피해를 입었습니다. 이렇게 전세 계약 기간 동

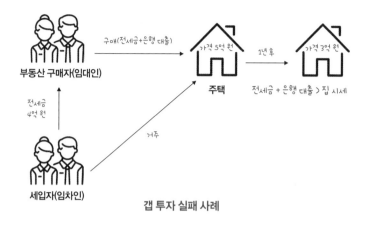

구매(전세금+은행 대출)

부동산 구매자(임대인)

전세금
4억 원

세입자(임차인)

가격 5억 원

주택

거주

1년 후

가격 3억 원

전세금 + 은행 대출 > 집 시세

갭 투자 실패 사례

안 혹은 계약 종료 후 전세금을 돌려받지 못하는 상황에 대비하여 만들어진 상품이 **전세보증금 반환보증보험**입니다. 수도권은 7억 원, 지방은 5억 원 이하의 전세에 대해서 주택도시보증공사가 전세보증금을 보장해줍니다.

깡통 주택이 늘어나면 세입자만 피해를 보는 것이 아닙니다. 은행들도 대출을 해주었기 때문에 피해를 볼 수 있습니다. 은행들이 대출해준 돈을 받지 못한다면, 그 피해는 선량한 예금자에 전달됩니다. 심하면 은행이 파산해서 경제가 크게 위축될 수 있습니다.

생각을 키우는 Q

앞서 설명한 것처럼 부동산 갭 투자는 타이밍이 무엇보다 중요합니다. 그렇다면 현재 국내 경제상황을 미루어볼 때 지금은 부동산 갭 투자로 수익을 내기에 적절한 때일까요?

04

부동산 상승 시그널을 읽으려면?

#돈 되는 미분양 정보 #공급 물량이 신호다 #명당 정보는 어디서? #소액으로도 투자할 수 있다 #리츠

우리나라의 부동산은 그동안 공급자 우위의 시장이었습니다. 특히 인구가 밀집된 수도권은 더욱 심했습니다. 이런 시장을 이용해서 부를 축적한 사람들도 있었습니다. 하지만 대다수의 평범한 소시민은 그렇지 못했습니다. 가격이 많이 오르고 난 뒤에야 급한 마음에 투자하여 손해를 본 사람들도 많습니다.

시장의 제도와 흐름을 미리 알았더라면 하는 아쉬움을 가질 것입니다. 그렇기 위해서는 객관적인 데이터를 읽을 수 있어야 합니다. 부동산은 인구, 경제, 정책 등 여러 가지 요인들이 복잡하게 얽혀 가격이 결정됩니다. 단시간에 체득하기 어렵기 때문에 시간을 두고 공부해야 합니다.

어떤 부동산 투자를 하던 성공하려면 한 가지 조건이 필수적으로 필요합니다. 바로 부동산이 상승해야 한다는 것입니다. 가격이 상승하는 시기를 파악해서 투자하면 어떤 투자를 하던 성공 가능성이 큽니다. 부동산 가격 흐름을 읽을 수 있는 몇 가지 방법을 알아보겠습니다.

돈 되는 미분양 정보

시장에서 주인을 찾지 못한 미분양 집이 늘어난다는 것은 부동산 하락의 신호입니다. 미분양이 많아지면 시공사는 그동안 투자한 돈을 회수하지 못할 수 있습니다. 심하면 파산하게 될 수도 있습니다. 마음이 급해진 시공사는 물량을 빨리 처분하기 위해서 할인을 해서라도 판매하려 할 것입니다. 이렇게 되면 주변 집값에도 영향을 미쳐 부동산 시장이 침체에 빠집니다.

부동산 시장이 하락하기 시작하면 사람들은 겁을 먹고 아파트를 사려 하지 않을 것입니다. 공급 물량이 많은 지역의 미분양은 급격하게 증가하게 됩니다. 어려워진 건설사는 파산하거나 신규로 건설을 하려 하지 않을 것입니다. 시간이 지나면 미분양은 차츰 해소되고 공급량은 감소합니다. 이렇게 되면 가격이 상승으로 돌아설 수 있습니다.

미분양 정보는 국토교통부 사이트의 국토교통뉴스에서 확인할 수 있습니다. 매월 말 보도자료 형식으로 배포가 됩니다. 지도 이미지에 미분양 정보가 담겨 있어 보기에 편합니다. 한국은행 경제통계시스템 사이트에서는 과거의 미분양 정보를 차트 형식으로 편하게 볼 수 있습니다.

💰 미분양이 감소하면 아파트 가격은 상승!

서울과 수도권은 행정구역은 다르지만 사실상 같은 생활권에 있습니다. 지하철이나 광역버스가 잘 되어 있기 때문에 출퇴근이 용이합니다. 이런 이유로 많은 사람들이 출퇴근이 조금 불편해도 수도권에 거주합니다. 이런 현상은 자연스럽게 서울 아파트 가격에 영향을 줄 수 있습니다.

[도표 4-1]은 수도권 미분양 물량과 서울 아파트 가격을 비교한 것입니다. 2000년대 들어서 수도권의 미분양 물량이 몰린 시기가 크게 두 번 있었습니다. 막대그래프가 미분양 물량으로, '상승1' 구간과 '상승2' 구간에는 미분양 물량이 크게 줄어들었습니다.

미분양 물량이 크게 줄어들자 서울 아파트의 가격이 상승하기 시

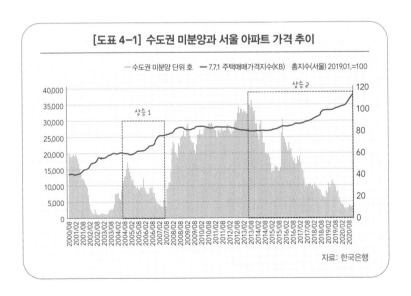

[도표 4-1] 수도권 미분양과 서울 아파트 가격 추이

자료: 한국은행

작합니다. 수요는 크게 변하지 않았지만 공급이 줄어들자 가격이 상승한 것입니다. 미분양 물량인 막대그래프가 높아지자 서울 아파트 가격도 다시 안정을 찾는 것을 볼 수 있습니다.

💰 명당 정보는 어디?

아파트 가격이 앞으로도 계속 오를 곳인지 확인하기 위해서는 가장 먼저 공급 물량을 확인해봐야 합니다. 시장에 공급이 많고 수요가 변함이 없다면 가격은 당연히 하락할 것입니다. 반대로 수요는 일정한데 공급이 감소한다면 가격은 자동적으로 오릅니다.

공급 물량 정보는 국토교통부 통계누리에서 확인할 수 있습니다. 더불어 주택 물량, 인구, 교통 등 부동산에 필요한 많은 통계지표를 확인할 수 있습니다. 첫 화면의 주택 부분에서 인허가 실적, 준공 실적, 착공 실적 통계를 찾을 수 있습니다. 준공 실적은 입주 물량에 가까운 정보입니다. 3~4년 후에 공급량이 얼마나 될지 예상할 수 있는 데이터는 인허가 물량 정보입니다.

또한 아파트 실거래가(http://aptpr.co.kr/) 앱을 통해 기간과 지역별로 편하게 조회할 수 있습니다. 가격 변화를 차트로 편하게 볼 수 있어서 시장의 동향을 쉽게 체크할 수 있습니다. KB부동산(https://kbland.kr)에서도 각종 부동산 관련 소식을 알 수 있습니다. 타 사이트의 기록은 2000년대 이후부터이지만 KB의 자료는 1986부터 있어서 과거 데이터를 분석할 때 유용합니다.

[도표 4-2] '아실'에서 아파트 가격 변화 찾아보기

아파트 실거래가(http://aptpr.co.kr/) 화면

커피 값으로 부동산 투자할 수 있다

부동산 투자를 하고 싶은데 자금이 부족하다면? 여러 사람들이 돈을 모아서 **부동산투자회사**REITs: Real Estate Investment Trusts(이하 '리츠')를 만들어서 투자할 수 있습니다. 부동산투자회사란 다수의 투자자로부터 자금을 모아 부동산 또는 부동산 관련 유가증권에 투자·운영하고, 그 수익을 투자자에게 돌려주는 주식회사입니다. 리츠는 2001년 4월 부동산투자회사법 제정으로 도입되었습니다.

리츠를 통해서 소규모 자금을 가진 개인도 대형 부동산의 투자 기회를 얻을 수 있습니다. 상장된 리츠의 경우는 보유 주식을 팔아 현금화하기 쉽습니다. 또한 전문가들을 통한 충분한 시장 조사와 분석을 바탕으로 투자를 하기 때문에 투자 위험 대비 높은 수익률을 기대할 수 있기도 합니다. 저금리 시대인 2013년에서 2017년 사이에 리츠는 5.6~10.5%의 수익률을 올리기도 했습니다. 하지만 이 또한 금리와 부동산 시장 상황에 따라서 수익률이 달라질 수 있기 때문에 충분히 검토한 뒤 투자를 해야 합니다.

생각을 키우는

부동산 가격은 공급 물량, 수요 등 다양한 요인으로 가격이 오르거나 내립니다. 그렇다면 그밖에 부동산 가격에 영향을 주는 것들은 무엇이 있을까요?

05

환율도 모르고
부동산 투자를 한다고?

#환율과 부동산 #환율이 부동산을 결정한다
#환율과 부동산의 불편한 관계

앞에서 부동산 투자 관련 기본적인 지식을 몇 가지 알아보았습니다. 부동산 투자의 필승은 당연히 부동산 가격이 상승하는 것입니다. 아무리 공부를 많이 한다고 해도 시장의 흐름을 거꾸로 갈 수 없습니다. 그렇다면 시장의 흐름을 읽을 수 있는 지표가 필요합니다. 여러 가지가 있겠지만 '환율'이 부동산의 큰 흐름을 읽는 데 많은 도움이 됩니다.

왜냐하면 환율이 먼저 움직이고 부동산이 따라서 나중에 움직이기 때문입니다. 환율의 방향이 먼저 정해지고 부동산은 반대로 움직입니다. 바로 반응하지 않고 시간을 두고 따라갑니다. 그렇기 때문에 환율이 상승한다고 부동산 하락이 바로 오지 않습니다. 이를 오해해서 안전자산인 부동산으로 자금이 몰리고 있다고 합니다. 하지만 잘

못하면 정말 큰 손해를 볼 수 있습니다. 환율 급등 속에서 나오는 부동산 상승은 마지막 불꽃에 가깝습니다. 부동산 가격의 바로미터인 서울 아파트를 기준으로 자료를 정리해보았습니다.

📒 환율 하락 → 아파트 가격 상승?

[도표 5-1]을 보면 1998년 4월경부터 환율이 하락하기 시작합니다. 환율 하락은 2007년 10월 정도까지 이어집니다. 아파트 가격은 시간이 흐른 2000년대 들어서부터 회복하기 시작합니다. 환율이 먼저 하락하고, 아파트 가격은 시간이 지나 회복하기 시작하는 것을 볼

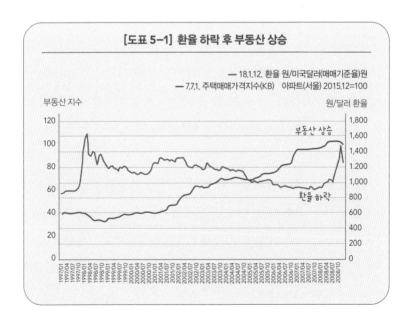

[도표 5-1] 환율 하락 후 부동산 상승

수 있습니다. 급등한 환율이 하락한 것은 우리나라의 수출 기업들이 달러를 많이 벌어왔기 때문입니다. 벌어온 달러가 원화로 바뀌고 대표적 자산 시장인 아파트로 서서히 이동한 것입니다.

만약에 이때 내 집 마련이나 부동산 투자에 관심이 있었다면 환율을 항상 관찰했어야 합니다. 환율이 급등했다가 하락한 것을 확실하게 확인한 후 아파트를 매수해도 늦지 않은 타이밍입니다. 그리고 환율이 서서히 하락하는 동안 아파트를 매도하지 않고 보유했다면 크게 시세 차익을 올렸을 것입니다. 반대로 환율이 상승하기 직전인 1997년 10월 이전에 아파트를 구매했다면 3년 이상 속을 썩었을 것입니다.

2007년 10월부터 환율이 서서히 상승하기 시작하지만 아파트 가격은 하락하지 않습니다. 오히려 조금 상승해서 마치 자금이 몰리고 있다는 착각이 들 수 있습니다. 하지만 2008년 7월 환율이 급등하기 시작하고 가격도 조금 꺾이기 시작합니다. 이때는 절대로 구매나 투자를 생각해서는 안 됩니다. 관망해야 할 타이밍입니다.

💰 환율 급등 → 아파트 가격 하락?

이번에는 환율이 급등했을 때 아파트 가격을 살펴보겠습니다. [도표 5-2]를 보면 2008년 10월부터 2009년 3월 이전까지 환율이 급등하는 모습을 보입니다. 환율이 하락하지만 부동산은 바로 상승하지 않습니다. 환율 하락 이후 부동산의 침체기가 5년 가까이 이어졌

[도표 5-2] 환율 하락 후 부동산 상승

— 18.1.12. 환율 원/미국달러(매매기준율)원
— 7.7.1. 주택매매가격지수(KB) 아파트(서울) 2015.12=100

부동산 지수

원/달러 환율

환율 급등

부동산 하락과 횡보

습니다. 환율이 급등했다는 것은 누군가 원화를 팔고 달러를 샀다는 증거입니다. 우리나라 자산 시장에 관심이 없어지면서, 부동산의 열기도 같이 식은 것입니다.

이번에도 내 집 마련이나 부동산에 관심이 있었다면 환율을 잘 살펴야 했습니다. 환율이 급등하는 시기에는 가급적 관망을 했어야 했고, 환율이 하락한 이후 충분히 기다렸다가 움직였어야 합니다. 환율이 급등한 2008년 전후로 부동산을 매수했다면 5년 이상 속을 썩어야 했을 것입니다.

두 그래프에서 본 것처럼 1997년과 2008년 이후의 환율과 부동산이 정말 비슷하게 움직입니다. 앞으로 부동산 투자나 내 집 마련 계획이 있다면 환율의 큰 흐름을 확인하기 바랍니다. 물론 환율의 방향을 개인이 예측하기 어렵지만 전문가의 의견이라도 살펴본다면 많은 도움이 될 것입니다.

경제 흐름에 따라 부동산 시장도 같이 움직입니다. 그렇다면 부동산 시장에서 어떤 지식들이 구체적으로 나에게 도움이 될까요?

06

경매 시장에 나온
부동산을 찾아서

#경매가 궁금하다 #경매 절차
#경매와 공매

부동산 투자자들에게 또 한 가지 매력적인 투자 수단이 있습니다. 바로 **부동산 경매**입니다. 투자자들이 부동산 경매에 관심을 갖는 까닭은 시세보다 훨씬 저렴한 가격에 부동산을 구입할 수 있기 때문입니다.

경매 시장에 나온 부동산들은 채무자(부동산 소유자) 개인의 사정이 궁박하여 부동산을 더 이상 소유할 수 없거나, 채권자(은행 등)들 간의 복잡한 이해관계 때문에 권리관계가 제대로 정리되지 않는 등의 이유로 국가가 나서 부동산을 압류한 것들입니다. 이렇게 경매 시장에 나온 부동산들은 한 번씩 유찰될 때마다, 즉 주인을 찾지 못할 때마다 경매가가 낮아지기 때문에 타이밍을 잘 노린다면 숨은 부동산을 내 자산으로 만들 수 있는 기회가 되기도 합니다. 하지만 부동산 경매 또한 늘 수익을 안겨주는 것만은 아니므로 항상 전체적인 경제 상황을 잘 지켜보아야 합니다.

그렇다면 부동산 경매에 대한 정보를 간략히 살펴보겠습니다.

경매 절차와 기간은?

경매는 채권자가 신청한 후 매각이 이루어지면서 시작됩니다. 그리고 배당이 되는데, 경매 신청에서 최초 매각 기일까지가 빠르면 4~5개월이 걸립니다. 2주 후 대급 납부와 배당까지 2개월이 소요되므로 약 7~8개월이 걸린다고 볼 수 있습니다. 이해관계가 많이 얽혀 있어서 변수가 존재하기 때문에 기한이 무한정으로 늘어날 수 있습니다. 그래서 보통 최초 매각 기일에 매각이 될 가능성이 많지 않습니다.

부동산이 불황이라면 1회 또는 그 이상 유찰될 수 있기 때문입니다. 또한 권리관계나 임대차 관계에 문제가 있는 물건은 3회 이상 유찰되기도 합니다. 한번 유찰되면 다음 매각 기일까지 1개월 정도가 소요되므로 기간이 지연됩니다. 또한 매수인이 돈을 지불하지 못하여 배당이의신청이 들어오는 경우 등 다양한 변수가 존재합니다. 기본적으로 채권회수(배당)까지 아파트는 8~9개월, 다세대·연립/단독주택/오피스텔/토지 등은 9~10개월, 상가와 공장 등은 10~12개월 정도가 소요됩니다.[5]

🪙 경매 정보는 어디서?

경매 정보는 기본적으로 대법원에서 제공합니다. 이를 바탕으로 민간 경매정보 업체가 부가적인 정보를 제공하고 있습니다. 경매정보 제공 매체는 인터넷 경매 정보, 경매 정보지 및 경매 사건 목록이 있습니다.

인터넷 경매 정보는 경매 물건에 관한 가장 빠르고 정확한 정보를 제공합니다. 대부분 무료로 정보를 제공합니다. 지역, 법원, 감정평가액 등 자신에게 맞는 경매 물건을 쉽게 검색할 수 있습니다. 그리고 경매 통계, 유사 경매 물건, 낙찰 사례, 평균 낙찰가율 및 시세 등 유용한 정보도 제공합니다. 주요 경매정보 제공 업체는 부동산태인, 지지옥션, 인포케어, 굿옥션 등이 있습니다.

🪙 경매와 공매?

최근 경매 시장이 과열되고 물건 수도 감소하고 있어서 **공매**가 주목을 받고 있습니다. 경매와 공매는 공개적인 경쟁을 통해서 매각한다는 점에서 서로 유사하지만 다소 다릅니다. 경매는 법원에서 진행하지만, 공매는 한국자산관리공사에서 진행합니다. 경매는 담보대출 원리금, 카드연체금, 임대차 보증금 등의 회수를 목적으로 실시됩니다. 하지만 공매는 체납된 세금이나 공과금 등 회수를 목적으로 실시됩니다. 당연히 공매가 경매보다 매각 도중에 취하되는 비율이 높습니다.

경매는 지정된 매각 기일에 경매 부동산 관할 법원의 입찰법정에서 매각이 이루어집니다. 공매는 전자입찰로, 입찰보증금 납부, 입찰서 작성 등 모든 과정이 전산화되어 있습니다. 공매 전자입찰을 위해서는 사전에 온비드(www.onbid.co.kr)에 회원가입을 한 후 공인인증서를 등록해야 합니다. 경매는 유찰이 되면 20~30%를 낮추어서 매각을 합니다. 공매는 1주 단위로 최초 감정가격의 10%씩 낮추거나 일정한 비율 없이 낮추기도 합니다.

생각을 키우는 Q

부동산을 임대인이 아닌 임차인의 시각에서 한번 바라봐볼까요?

07

전세·월세 보증금 떼먹이지 않으려면?

#소액 보증금을 지켜라
#상가 보증금을 지켜라!

앞에서 부동산의 큰 흐름을 살펴보았습니다. 부동산에는 큰돈이 들어가는 만큼 다양한 사건이 벌어집니다. 임차인의 전세나 월세 보증금이 걸려 있을 수 있습니다. 그리고 집주인은 집을 담보로 대출을 받을 수도 있습니다. 이렇게 다양한 이익이 한곳에 몰리면 충돌할 수 있습니다. 조금 공부해둔다면 나의 소중한 돈을 지킬 수 있습니다.

💰 소액 보증금을 지켜라

월세 또는 전세를 살고 있던 집의 계약이 만료되어 집을 나가야 하는데, 집주인이 돈이 없어 보증금을 돌려줄 수 없다고 하면 어떻게 해야 할까요? 임차인 입장에서는 매우 난감한 상황이 아닐 수 없습니다. 만약 집주인의 집이 경매로 넘어가버리는 최악의 상황이 벌어진다면 나의 보증금을 일부밖에 돌려받지 못할 수도 있습니다. 이러한 상황에 대비하여 임차인들은 처음에 집을 구하여 이사할 때 주민센터를 통해 반드시 **확정일자**를 받아두어야 합니다. 이것은 나중에 집이 경매로 넘어가는 불상사가 일어났을 때 나의 권리를 최소한이라도 보장받기 위해 필수적으로 거쳐야 하는 절차입니다.

나라에서는 이와 같은 상황으로부터 소액임차인을 보호하기 위해 **주택임대차보호법**을 마련해두고 있습니다. 집에 묶여 있는 소액임차인의 보증금을 주택임대차보호법을 통해 보장받을 수 있는 것입니다. 보호받을 수 있는 기준과 금액은 지역과 법 개정 시기에 따라 조금씩 다를 수 있습니다. 2023년 7월 19일에 개정된 주택임대차보호법에 따르면 다음과 같습니다.

먼저 자신이 소액임차인에 해당하는지 살펴봐야 합니다. 서울특별시 기준 1억 6,500만 원 이하, 세종특별자치시·용인시·화성시 기준 1억 4,500만 원 이하, 광역시·안산시·광주시·파주시·이천시·평택시 기준 8,500만 원 이하, 그 밖의 지역은 7,500만 원 이하입니다. 해당 지역의 보증금이 위의 금액 이하이면 소액임차인에 해당합니다. 위 금액이 넘어가는 보증금이라면 소액임차인에 해당하지 않습니다.

만약 자신이 소액임차인에 해당한다면 얼마까지 먼저 돈을 받을 수 있는지 확인해야 합니다. 서울특별시 기준 최대 5,500만 원, 세종특별자치시·용인시·화성시 기준 최대 4,800만 원, 광역시·안산시·광주시·파주시·이천시·평택시 기준 최대 2,800만 원, 그 밖의 지역은 최대 2,500만 원입니다. 위의 금액까지 먼저 돈을 받을 수 있습니다.

💰 상인을 보호해줘

상인들이 개성이 넘치는 가게를 꾸미고 맛과 멋으로 사람들을 불러 모아서 생업을 이어갑니다. 사람들이 모이고 거리가 활성화되면 자동적으로 땅값과 임대료는 상승합니다. 이렇게 되면 기존의 상인들은 임대료 상승의 압력을 견디지 못하고 가게를 옮기거나 문을 닫을 수밖에 없습니다. 빈자리는 대형 자본을 가진 업체들이 하나씩 차지하게 됩니다. 젠트리피케이션 현상인 것입니다. 이렇게 많은 상인들이 어려움을 겪자 2018년 9월 20일 **상가건물 임대차보호법**이 국회를 통과했습니다. 바뀐 부분 몇 가지를 살펴보겠습니다.

임차상인은, 상가건물 임대차보호법이 정하는 특정 기간에 계약갱신을 요구할 수 있습니다. 물론 임대인은 임차상인의 그 요구를(임차상인이 월세를 3개월 연체하는 등 특정한 사유가 없는 한) 받아들여야 합니다. 기존에는 기간이 첫 계약일로부터 5년이었습니다. 새로운 상가건물 임대차보호법은 그 기간이 첫 계약일로부터 10년으로 변경되었습니다. 주의해야 할 것은 정부가 법을 공포한 이후에 임대차 계약을 체결 및 갱신하는 임차상인만 해당이 됩니다.

권리금 회수기회 보호 기간에 대한 부분도 살펴야 합니다. 권리금은 이미 법제화가 완료된 개념입니다. 2015년에 '권리금 회수기회 보호 기간'이라는 게 생겼습니다. 기존 상인이 임대차 기간이 끝나기 3개월 전부터 계약 종료까지 새로운 상인을 찾아서 권리금을 회수하고 건물주와 계약을 하게 할 수 있었습니다. 건물주는 특정한 사유가 없는 한 기존 상인이 소개한 새로운 상인과 계약해야 합니다. 이 기간이 상인을 위해서 3개월이 아닌 6개월로 늘어났습니다.

그리고 기존에는 전통시장에 권리금 회수기회 보호 기간 규정을 적용하지 않았습니다. 하지만 이제는 전통시장 상가에도 상가건물 임대차보호법의 권리금 관련 규정이 적용됩니다. 기존에는 임대인과 임차상인 사이 갈등을 중재하기 위해 '어떤 기구'를 두어야 한다는 내용이 없었습니다. 이번에 이를 개선하여 대한법률구조공단 지부에 상가건물임대차분쟁조정위원회를 두기로 했습니다.

생각을 키우는 Q

부동산보다 더 접근하기 쉬운 투자 수단은 없을까요?

08

정말 쉬운
'주식 사용설명서'

#주식을 밥 먹듯이 하자 #주식은 자본주의의 꽃
#코스피, 코스닥이란? #주식의 역사

저축을 해도 손해 보는 느낌이 들고, 그렇다고 큰 금액으로 투자를 하자니 돈이 부족할 때, 가장 손쉽게 접할 수 있는 것이 바로 주식입니다. 회사원 3~4명이 모이면 심심치 않게 주식 이야기를 합니다. 그만큼 주식을 하는 방법은 간단합니다. 은행에 가서 주식계좌를 만들면 누구나 상장된 주식을 살 수 있습니다.

단순한 투자 대상 이상의 의미를 가지는 주식은 자본주의의 '꽃'입니다. 농경사회에서는 땅에 씨앗을 심고 길러서 열매를 맺으면 수확해서 생활했습니다. 땅이 없으면 많은 어려움을 겪었습니다. 하지만 자본주의에서는 돈을 심고 회사가 자라서 매출 이익이라는 열매를 같이 공유합니다. 주식시장에서는 돈이 있다면 누구나 좋은 회사에 투자할 수 있습니다. 부를 획득할 수 있는 수단이 수월해진 것입니다.

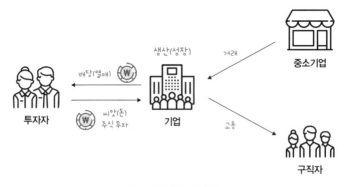

자본주의 씨앗인 '돈'

💰 코스피, 코스닥이란?

주식을 하지 않더라도 뉴스에서 **코스피**KOSPI: Korea Composite Stock Price Index와 **코스닥**KOSDAQ: Korea Securities Dealers Automated Quotation이라는 용어를 많이 들어보았을 겁니다. 둘 다 주식을 사고파는 곳입니다. 기업들은 새로운 사업을 추진할 때 큰돈이 필요합니다. 이때 주식 시장에서 자금을 조달해서 사업을 진행할 수 있습니다. 농부가 열심히 농사를 지어서 수확물을 시장에 팔듯이, 기업의 주인 역시 기업을 열심히 키워서 보유한 주식을 팔고 경영권을 물려줄 수 있습니다.

코스피는 상장된 종목들의 주식 가격을 종합적으로 표시한 수치입니다. 비교하자면 전국에서 제일 큰 백화점과 같습니다. 일정 이상의 품질과 브랜드를 보유한 기업들만 물건을 팔 수 있습니다. 코스피라는 백화점에는 자기자본 300억 원 이상, 영업 활동 기간 3년 이상, 매출액 최근 1,000억 원 이상, 3년 평균 700억 원 이상 등 까다로운 조건을 만족해야 상장할 수 있습니다. 그래서 삼성, LG, 현대 등 이름만 들어도 알만한 기업들이 주로 상장되어 있습니다.

코스닥은 코스닥위원회가 운영하는 장외거래 주식시장으로 미국의 나스닥NASDAQ과 유사한 기능을 합니다. 코스피가 백화점이라면 코스닥은 전국에서 제일 큰 마트로 비유할 수 있습니다. 코스피보다 상장 조건이 덜 까다롭습니다. 그래서 주로 IT기업이나 중소 및 벤처 기업이 많이 상장되어 있습니다. 대표적으로 셀트리온, CJ ENM 등이 상장되어 있습니다.

💰 주식의 역사[6]

근대적 의미의 주식을 사고파는 거래소(당시 대한증권거래소, 현 한국거래소)가 생긴 시점은 1956년 3월 3일로 보고 있습니다. 증권거래소가 처음 문을 열 당시 상장된 회사는 12개에 불과했습니다. 정책적인 목적으로 대한증권거래소와 한국연합증권금융이 상장돼 있었고 조흥은행과 저축은행, 한국상업은행, 흥업은행 등 4개 은행이 상장되었습니다. 일반 기업은 대한해운공사, 대한 조선공사, 경성전기, 남선전기, 조선운수, 경성방직 등 6개에 불과했습니다.

정부가 1968년 자본시장 육성 특별법과 1972년 기업공개촉진법 등을 제정하면서 상장을 독려했던 1970년대에 상장사가 크게 증가했습니다. 하지만 1997년 닥친 외환위기로 1000포인트를 넘겼던 코스피는 1998년 6월 16일 277.37까지 폭락했습니다. 큰 기업들의 상장 폐지가 이어지면서 코스피 시장이 갑자기 얼어 붙기도 했습니다.

코스피는 1989년 3월 31일 사상 처음으로 1000을 돌파했습니다. 1980년대 이른바 '3저 호황(유가, 금리, 달러)' 덕분이었습니다. 코스피는 1983년에 출범했는데, 1980년 1월 4일의 시가총액을 100으로 잡고 얼마나 증가했는지를 계산하는 방식입니다. 주가지수가 2000을 돌파한 것은 2007년 7월 25일입니다. 그리고 14년이 지난 2021년 1월 16일 코스피는 역사상 최초로 3000을 돌파하는 기염을 토했습니다. 코스피 출범 38년 만에 약 30배나 오른 것입니다.

09

주식 한번 해볼까?

#주식 투자 #배당은 뭐야? #기본 분석은 어려워
#계란은 한 바구니에?

미국같이 금융이 안정된 나라는 주식 투자가 대중화되어 있습니다. 미국인은 자산의 70%를 금융 자산으로 가지고 있습니다. 우리나라 사람들이 약 64%를 부동산 자산으로 가지고 있는 것에 비하면 대조적입니다. 그만큼 우리나라는 금융이 발달되지 않았다는 것입니다. 뒤집어 이야기하면 앞으로 금융이 발달할수록 금융 투자의 기회는 더 많아질 것입니다.

금융 투자 중 가장 대표적인 게 바로 주식입니다. 앞으로 부자가 되고 싶거나 안정된 노후를 생각한다면 부동산보다는 주식과 금융 공부를 해야 한다고 생각합니다. 부동산이 이미 많이 발전해서 안정된 시장이라면, 주식과 금융은 앞으로 더욱 발전할 가능성이 많기 때문입니다. 또한 자본주의 동력은 혁신적인 회사와 개인에게서 나오기 때문입니다.

그렇다면 무엇을 어떻게 공부해야 할까요? 주식과 금융은 너무 멀리 있는 분야 같습니다. 하지만 따지고 보면 우리와 매우 가까이 있다는 것을 알 수 있습니다. 생활에서 주식과 금융 근육을 기르는 방법을 몇 가지 소개해드리겠습니다.

🪙 내가 관심 있는 회사의 주식 1주 사기

처음에는 아주 소액으로 주식을 시작해서 관심을 조금씩 가져보는 것입니다. 자신이 좋아하는 물건을 만드는 회사가 있을 것입니다. 평소 맥주를 좋아한다고 해볼까요? 그렇다면 자주 마시는 맥주회사의 주식을 1주 사는 것입니다. 1주에 100만 원 하는 주식도 있지만 처음에는 10만 원 미만으로 찾아보는 게 적당합니다.

사실 1주를 사서는 돈을 많이 벌 수도 없고 잃을 수도 없습니다. 기념품을 가지고 있다는 느낌이 들 것입니다. 하지만 자신의 돈이 걸려 있다고 생각하면 조금씩 관심이 갈 겁니다. 회사 매출은 얼마인지 업황은 어떻게 되는지 궁금해집니다. 관심이 가서 이런저런 정보를 보다 보면 생각보다 모르는 것도 많을 것입니다. 이때 적극적으로 책을 사서 공부하거나 잘 아는 사람을 찾아가서 물어봐야 합니다. 최근에는 유튜브에도 좋은 정보가 올라와 있으니, 이를 적극 활용하는 것도 도움이 될 것입니다.

이렇게 시간이 지나다 보면 회사를 보는 눈과 주식시장을 보는 눈이 조금 생깁니다. 이 회사는 어떻고 저 회사는 어떻고 말할 수 있는 정도의 수준이 될 수 있습니다. 그리고 이때 경제신문을 보면 이해가 잘 될 것입니다.

배당에 더 관심 갖기

우리나라 사람들이 주식을 하는 목적은 바로 시세 차익입니다. 배당 수익은 생각하지 않습니다. 물론 우리나라 기업들은 배당에 매우 인색합니다. 그래도 잘 찾아보면 배당을 주는 회사가 있습니다. 이러한 회사를 찾아 따로 목록을 만들어보기를 권합니다.

배당을 생각하는 이유는 장기투자를 하기 위해서입니다. 많은 사람들이 장기투자를 외칩니다. 하지만 장기투자가 어려운 이유는 배당을 생각하지 않아서입니다. 배당을 받으면 주식을 이자 받는 적금정도로 생각할 수 있습니다. 주식가격이 조금 떨어져도 기다릴 수 있고 배당을 받아서 용돈은 할 수 있습니다.

재미있는 예로, 미국의 코카콜라 주식을 '과부주'라고 부르기도 합니다. 코카콜라는 분기별로 배당을 꾸준히 하기 때문에 주식을 들고 있으면 생활에 보탬이 된다는 것입니다. 자녀가 대학을 가면 주식을 팔아서 등록금에 보탤 수 있습니다. 배당을 받아서 생활에 도움을 받고, 주식을 팔아 매매 차익도 남길 수 있는 것입니다. 우리나라의 금융이 발달하면 앞으로 미국의 코카콜라 같은 주식이 생길 것입니다. 그 전에 미리미리 공부해둔다면 훨씬 높은 수익률을 가져 갈 것입니다.

🪙 계란은 반드시 여러 바구니에?

많은 투자 전문가들이 "계란을 한 바구니에 담지 말라"고 합니다. 계란을 운반할 때에 몇 개의 바구니로 나누어 놓으면, 한 바구니를 떨어뜨려도 다른 바구니의 계란은 깨지지 않고 남아 있기 때문입니다. 다양한 상품이나 주식에 나눠 투자한다면 원금을 안전하게 지킬 수 있겠지요. 하지만 이에 대한 의견이 서로 엇갈리는 경우가 있습니다.

'월가의 영웅'으로 불린 전설적 펀드매니저 피터 린치Peter Lynch는 "10개 종목에 투자하면 2~3개는 10배가 넘는 고수익, 5~6개는 중수익을, 1~2는 손실을 냈다"며 분산투자를 강조했습니다. 반면 워런 버핏은 "분산투자는 무지를 덮기 위한 방어막"이라며 분산투자에 대한 환상을 깨야 한다고 주장하기도 했습니다.

실제로 워런 버핏이 회장인 버크셔해서웨이 회사의 포트폴리오는 소수 종목에 집중되어 있습니다. 애플 51%, 뱅크오브아메리카 8.5%, 아메리칸익스프레스 7.6%, 코카콜라 6.9%, 셰브론 5.6%를 투자해, 상위 5개 종목에 약 80%를 투자했습니다. 특히 꾸준히 배당을 주는 코카콜라 주식은 34년간 보유하고 있습니다. 버핏은 특히 배당주에 집중적으로 투자해서 장기 보유합니다. 리스크를 분산시키기 위해 다양한 주식에 투자하는 것도 안전할 수 있지만 지속적으로 성장하며, 배당을 꾸준히 하는 주식에 집중적으로 장기투자하는 것도 안전할 수 있습니다.

주식을 산다면 어떻게 주식을 평가해야 할까요?

10

웬만해선 동학개미들을 막을 수 없다

#코로나와 코스피 3천 시대 #동학개미운동의 서막
#공부하는 개미 #시장에 등장한 감시와 감독자들

2020년 1월 코로나19 유행으로 전 세계 주가지수가 폭락하기 시작했습니다. 2020년 2월 2200 근방의 코스피는 1달 만에 1457까지 폭락했습니다. 미국의 나스닥지수 역시 9838에서 6631로 1달 만에 30% 넘게 폭락했습니다. 또 외국인 투자자가 2020년 3월에만 약 12.55조 원을 매도하면서 국내 증시가 폭락했습니다. 글로벌 금융위기 때 2007년 8월 외국인이 8조 7,000억 원을 매도한 금액을 훨씬 뛰어넘는 충격이었습니다.

하지만 외국인들이 주식을 팔자 개인들이 적극 매수에 나서기 시작했습니다. 2020년 3월 개인 투자자들이 11조 원을 사들이면서 일명 '동학개미운동'이 시작된 것입니다. 또한, 증시가 폭락하고 경제가 힘들어지자 중앙은행과 정부는 금리 인하, 양적완화라는 정책을 시행했습니다. 이렇게 풀린 돈 역시 증시로 향했습니다. 증시에 돈이 몰리자 코스피는 2021년 1월 최초로 3000을 돌파하는 역사를 썼습니다.

특히, 2020년 증권사 신규 고객 중 20대와 30대가 약 57%를 차지할 정도로, 주식시장에 대한 젊은 층들의 관심이 폭발했습니다. 대출받아 주식에 투자하는 '빚투', 이번 주식 상승에 참여하지 못한 사람을 '벼락 거지'라고 부르는 신조어까지 등장했습니다. 이런 현상을 걱정스러운 시선으로 바라보기도 합니다. 그리고 '어려운 실물과 달리 자산 시장 버블로 경제가 무너질 수 있다'라고 경고하는 전문가도 있습니다. 주식시장에 참가한 동학개미는 성공으로 끝날 수 있을까요? 이런 현상이 우리에게 주는 의미는 무엇일까요?

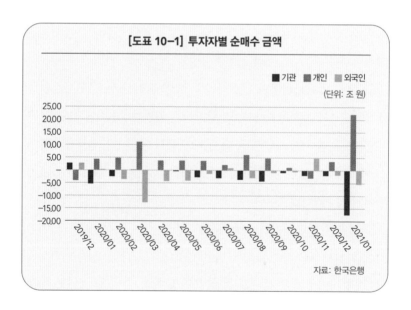

[도표 10-1] 투자자별 순매수 금액

■ 기관 ■ 개인 ■ 외국인

(단위: 조 원)

자료: 한국은행

💰 지금은 자본주의 공부에 열중할 때

이렇게 주식 투자 열풍이 불자 각종 경제, 투자, 주식 관련 책들의 판매가 급격하게 상승했습니다. 자기 돈을 들여 투자하니 관심이 생기고 자연스럽게 공부로 이어진 것입니다. 이것은 아주 좋은 현상입니다. 우리는 살아가다 보면 다양한 지식이 필요해집니다. 공부라는 것이 반드시 토익, 한자, 한국사와 같은 시험을 준비하는 것만은 아닙니다. 어쩌면 우리에게 가장 중요한 공부는 '자본주의' 공부일지 모릅니다.

주식시장은 '자본주의 꽃'입니다. 주식시장을 알기 위해서는 차트를 알아야 하고, 재무제표를 공부해야 합니다. 또, 우리나라 경제 정책과 금융도 알아야 하고, 미국 연준에서 발표가 나오면 환율과 주식시장에 미칠 영향도 공부해야 합니다. 기술 발전으로 기업과 시장에 미칠 영향도 공부해야 하고, 석유나 금 같은 원자재 가격이 왜 오르고 내리는지도 공부해야 합니다. 정말 끝도 없습니다. 사실 앞에 나열한 지식들은 기업에 취직하거나, 사업을 하거나, 경제 활동하는 데 아주 꼭 필요한 지식이기도 합니다.

주식을 공부한다는 것은 험난한 자본주의에서 자신을 지키는 방법을 배우는 것입니다. 과거 '키코KIKO'라는 상품에 가입해 환율 급등으로 부도난 중소기업, 독일 국채 금리 연계 상품에 투자해 엄청난 손실을 본 개인 등 수많은 사례가 있습니다. 주식을 통해 환율과 금리를 공부했다면 분명 피해를 보지 않았을 것입니다.

🪙 시장에 등장한 감시와 감독자들

시장에 참여자가 많아지면 많아질수록 좋은 점도 있습니다. 시장에 감독과 견제가 작동한다는 것입니다. 그동안 경제정책과 기업 운영은 소수 엘리트에 의해서 결정되었습니다. 그에 따른 부작용으로 소수 엘리트들의 결정이 특정 집단의 이익을 대변하는 경우도 생길 수 있습니다. 바로 이것을 감시하고 견제할 수 있다는 것입니다.

2020년 동학개미운동으로 삼성전자는 개인 투자자의 비중이 15%를 넘어 이제 국민 주식이 되었습니다. 2021년 삼성전자 주주총회에 900여 명이 참석할 정도였습니다. 삼성전자의 사장이나 임원과 같은 사람들은 속으로 부담 반, 무서움 반을 느꼈을 것입니다. 잘못 경영해 실적이 나빠지거나, 회사 돈을 잘못 사용했을 때 주주들에게 엄하게 꾸중을 들을 것이기 때문입니다.

그리고 최근에는 각종 SNS에 기업과 경제 정책 소식이 속속 올라오고 있습니다. 그리고 많은 사람이 관심을 두고 토론하는 문화도 자리 잡고 있습니다. 이렇게 시장에 많은 사람이 참여할수록 주주들의 자발적인 감시와 감독의 기능이 작동할 것입니다. 자본시장이 투명하게 돌아가고 기업들이 나쁜 길로 가는 것을 막을 수 있을 것입니다. 이는 동학개미운동이 성공할 수 있는 밑거름이 되어줄 것입니다.

11

저평가 우량주를 찾아라!

#가치투자 #주식시장 개미 #주가는 누가 조종?
#물타기 그만

경제 TV나 책을 보면 주식시장에서 성공하려면 저평가된 우량주를 찾아서 투자하라고 합니다. 최대한 안전하게 돈을 벌 수 있는 비결이기 때문입니다. 그래서 **가치투자**를 공부하려 마음 먹어도 생각보다 쉽지 않습니다. 이유는 가치투자 관련 용어들은 대부분 배경지식이 없다면 이해할 수 없는 전문용어로 되어 있기 때문입니다.

이번 장에는 우량주를 판단할 수 있는 몇 가지 지표에 대해서 설명하겠습니다. 뉴스나 신문에도 자주 등장하는 용어들이니 알아두면 좋습니다. 회계와 밀접한 개념들이기 때문에 회사생활을 하는 데도 많은 도움이 될 것입니다.

🪙 영업이익: 얼마나 성장하는 회사일까?

영업이익은 회사의 성장성을 알 수 있는 지표입니다. 매출총액에서 매출원가와 판매비 및 일반 관리비를 뺀 것을 말합니다. 컴퓨터를 판매하는 회사면 컴퓨터를 판매한 금액이 매출총이익입니다. 컴퓨터 부품 값은 원가이고 직원들 월급은 일반 관리비로 포함될 수 있습니다. 회사의 건물 가격이나 주식이 폭등하는 것처럼 1회성 이벤트는 영업이익에 포함되지 않습니다. 영업이익이 좋은 회사는 앞으로 더욱 발전할 수 있는 가능성이 높습니다.

더욱 중요한 점은 영업이익이 매년 꾸준히 상승해야 한다는 점입니다. 영업이익이 있어도 상승하지 않고 감소하거나 현상 유지만 하는 회사도 있습니다. 시장이 많이 정체되어 있다는 의미입니다. 영업이익이 증가하는데, 주가가 하락한다면 관심을 가질 필요가 있습니다. 저평가 우량주일 가능성이 있습니다.

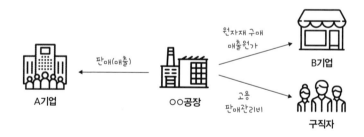

💰 PER: 어느 정도 평가되는 주식일까?

PER Price Earning Ratio는 주가가 저평가인지 고평가인지 알 수 있는 가장 대표적인 지표입니다. 내가 투자한 금액은 적고, 회사는 많은 이익을 내서 나에게 돌려주면 가장 이상적이겠죠? 한 주에 1만 원 하는 회사 주식이, 1년 동안 한 주당 1,000원의 순이익을 낸다면 PER는 10이 됩니다. 만일 한 주당 2,000원의 순이익을 낸다면 PER는 5가 됩니다. 수치가 낮을수록 저평가된 주식입니다. 반대로 수치가 높을수록 고평가된 주식입니다.

다만 절대평가가 아니라 상대평가입니다. 100명 중 1등을 가리는 것은 상대평가로, 내가 실력이 뛰어나도 상대가 뛰어나면 나는 떨어질 수 있습니다. 반대로 99명이 너무 못 해서 내가 실력이 없는데도 1등이 될 수 있습니다. 그래서 PER는 같은 업종의 기업들을 비교해야 합니다.

💰 한국에서는 가치투자가 안 된다고?

흔히들 우리나라 주식시장에서는 가치투자가 어렵다고들 합니다. 개인 투자자들은 그 이유를 공매도가 시장을 왜곡하기 때문이라고 지적합니다. 필자 역시 어느 정도 공감합니다. 하지만 공매도라는 제도보다 더 큰 문제는 우리나라의 주식시장 전체가 미국에 비해 공정한 시장이 아니기 때문이라고 생각합니다. 물론 역사가 짧아서 아직은 부족한 부분이 많은 이유도 있을 것입니다. 이 부분은 뒤에 기업 파트에서 자세히 설명하겠습니다.

또한 기업의 가치를 보여주는 지표는 단순히 숫자에 불과합니다. 매출, 영업이익, 주당순이익 등 단순히 돈으로만 표시됩니다. 하지만 경영진의 마인드와 능력, 노사관계, 소비자들의 기업의 선호도, 브랜드 등 지금은 눈에 보이지 않는 가치 역시 중요해지고 있습니다. 정말 가치를 볼 수 있는 안목은 숫자가 아닌 다른 것일 수도 있습니다.

생각을 키우는 Q

사람을 보는 방법이 다양하듯, 주식을 보고 가치를 평가하는 방법도 다양합니다. 여러분만의 우량주 찾는 방법을 만들어 보세요.

12

공매도 대첩

#공매도의 정체 #백기투항한 엘리트들
#공매도 왜 난리야?

🪙 공매도가 뭐 길래

공매도 때문에 주식이 떨어졌다고 하는 이야기를 자주 들을 수 있습니다. 공매도라는 것은 쉽게 말하자면, 없는 주식을 빌려서 파는 것입니다. 도매시장에서 외상으로 옷을 구매해 시장에 팔아 돈을 먼저 벌고 외상값을 갚는 구조와 비슷합니다. 외상으로 구매한 가격과 시장에 판 가격의 차이가 크면 클수록 이익이 커집니다.

공매도를 하기 위해서는 주식을 먼저 빌려와야 합니다. 가격이 2만 원인 A주식 100개를 3개월간 빌려왔다고 해볼까요? 바로 시장에 A주식 100개를 다 팔아서 현금 200만 원으로 바꿉니다. 1달 뒤 갑자기 주식시장이 하락해서 A주식이 1만 원으로 하락했습니다. 이제

100개의 A주식을 사는 데 100만 원이 듭니다. 그래서 바로 시장에서 100개의 A주식을 100만 원에 사들였습니다. 2달이 지나서 100개의 주식을 다시 돌려주면서 거래는 끝났습니다. 처음에 빌려온 A주식을 팔아서 200만 원을 벌었고 다시 A주식을 사는 데 100만 원이 들었습니다. 차익으로 100만 원을 벌게 되었습니다.

이렇게 공매도는 주식 가격이 하락하면 돈을 버는 구조입니다. 공매도가 많아진다는 것은 주식 가격이 하락한다는 것입니다. 이렇게 주식을 들고 있는 일반 투자자들은 손해를 보게 됩니다.

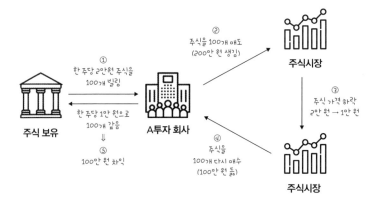

🪙 공매도 전쟁으로 백기 투항한 엘리트

팬데믹 이후 주식시장이 활황이던 때 공매도 전쟁이라 할 만한 대표적인 사건이 일어났습니다. 바로 '게임스탑 공매도 사건'입니다.

2021년 1월 22일부터 게임스탑의 주가는 계속해서 올라 약 65달러로 최고가를 찍고 있었습니다. 이때 헤지펀드들이 게임스탑의 주가가 고평가되었다고 분석하고 공매도를 진행한 것이죠. 그리고 시트론 리서치라는 헤지펀드 SNS에 '게임스탑 주가는 20달러로 빠르게 떨어질 것이다. 지금 게임스탑 주식을 산 사람들은 바보들이다'라는 글까지 올라오기도 했습니다.

하지만 재미있는 일이 벌어집니다. 화가 난 개미 투자자들이 'WallStreetBets_WSB'라는 인터넷 커뮤니티에 모였고 주식을 사서 가격을 올리며 대형 헤지펀드에 대항하기 시작한 것입니다. 테슬라를 창업한 일론 머스크까지 SNS에 '공매도 타도'를 외치자 게임스탑 주가는 급등해 300달러를 넘어서는 모습을 보였습니다.

가격이 하락해야 수익이 나는 헤지펀드들은 주가가 계속 상승하니까 당황하기 시작합니다. 여기서 초유의 사태가 터집니다. 알 수 없는 원인으로 주식을 매매하는 프로그램인 로빈후드에서 '매수' 버튼이 사라진 것입니다. 주식을 살 수 없게 되자 게임스탑 주가가 폭락하기 시작했습니다. 사람들은 헤지펀드들이 매매 프로그램을 조작했다고 의심했습니다.

상황이 과열되고 일반 투자자의 피해가 발생하는 정황이 포착되자 미국의 증권거래소 위원회가 등장합니다. 국회에서는 청문회까지 열렸죠. 하지만 공매도에 투자한 사람들은 이미 막대한 손실을 보고 난 후였습니다. SNS에 글을 올려 게임스탑 사태에 불을 지른 시트론 리서치는 앞으로 공매도 리포트를 발간하지 않겠다고 발표하면서 항복을 선언했습니다.

💰 공매도라는 양날의 검

우리나라의 공매도 상황은 어떨까요? 코로나19로 증시가 무너지자 2020년 3월에 공매도를 일시 금지했습니다. 다시 시행하려 했지만 개인 투자자들의 완강한 반대로 금지가 연장되었습니다. 하지만 2021년 5월 3일부터 코스피 200과 코스닥150 구성 종목에 대해서 적용하기로 했습니다. 그리고 2023년 11월 5일에 수많은 개인 투자자들의 요구로, 8개월간 공매도 전면 금지가 다시 시행되었습니다.

우리나라와 미국에서 공매도 문제가 이슈가 된 것은 금융권에 대한 불신 때문입니다. 우리나라에서 공매도를 하는 개인 비중은 1%가 되지 않는 기울어진 운동장입니다. 공매도를 통해 돈을 벌어가는 투자자는 기관과 외국인이 대부분입니다. 가장 문제가 되는 것은 '불법 공매도'입니다. 2021년 1월 5일 불법 공매도를 하다가 적발되면 부당이득의 3~5배 수준의 벌금이나 1년 이상의 징역형에 처할 수 있는 법이 통과되었습니다. 하지만 형사처벌은 아직 0건으로 솜방망이 처벌 논란이 일고 있습니다.

공매도는 고평가된 주식을 안정시켜 시장의 과열을 식혀줍니다. 하지만 일각에서는 '없는 주식을 파는 것은 말이 안 된다', '수익이 불안한 상장 초기 기업들은 공매도로 인해 주가가 하락하면 기업이 무너질 수 있다'고 우려합니다.

생각을 키우는 Q

공매도는 꼭 필요할까요? 주식시장에 공정한 룰이란 무엇일까요?

13

주가는
환율과 앙숙

#주가를 움직이는 환율 #주가와 환율의
불편한 관계 #이럴 때 주가는 오른다?

날씨가 좋은 날은 영화관이나 공원 등 어디를 가도 재미있게 놀 수 있습니다. 하지만 날씨가 좋지 않으면 외부 활동은 불편합니다. 실내에 있어도 빗물 때문에 미끄러울까 불편합니다. 주식도 마찬가지입니다. 아무리 좋은 주식이라도 주식시장 전체가 좋지 않으면 주식은 빠집니다. 하지만 주가 전체 상황이 좋으면 개별 주식이 조금만 좋아도 금방 오를 수 있습니다.

앞에서는 주식이 무엇인지와 좋은 주식의 기준에 대해서 간단히 알아봤습니다. 그렇다면 이번에는 개별 주식이 아니라 큰 틀에서 주가 전체가 어떻게 움직이는지 알아보겠습니다.

주가의 날씨를 결정하는 것은 바로 환율입니다. 뉴스에서 주식 시장 상황과 항상 같이 나오는 것도 환율입니다. 그리고 절묘하게도 서로 미워하는 것처럼 반대로 움직입니다. 환율과 주식이 어떻게 서로 반대로 움직였는지 알아보겠습니다. 앞으로는 일기예보를 체크하듯 환율 상황을 본 뒤에 주식을 사러 갈지 말지 결정하기 바랍니다.

🪙 환율 상승 – 주가 흐림

다음 그래프를 보면 환율과 코스피의 관계가 확연히 들어납니다. 1997년 9월부터 환율이 급등하기 시작합니다. 1997년 3월부터 하락한 코스피는 9월부터 하락 속도가 더욱 빠르게 진행됩니다. 약간의 시차가 있었지만 환율과 코스피는 서로 반대로 움직였습니다.

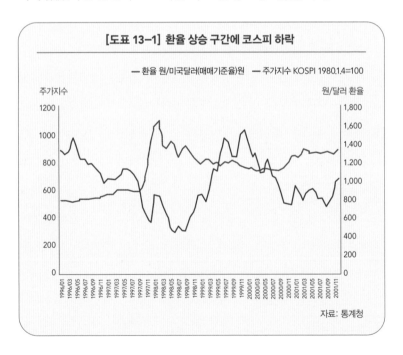

[도표 13-1] 환율 상승 구간에 코스피 하락

자료: 통계청

1997년에만 그런 것이 아닙니다. [도표 13-2]를 보면 2008년 7월부터 환율은 급등합니다. 반대로 코스피는 하락 폭을 더욱 키워가기 시작합니다.

환율이 오른다는 것은 외국인들이 빠르게 우리나라 자산을 처분하고 해외로 나간다는 것입니다. 그 과정에서 주식은 가장 현금화하기 쉬운 자산 중 하나입니다. 주식을 팔아서 원화로 바꾸고 원화를 팔아 달러를 사는 것입니다. 그래서 환율 상승과 주식 하락이 거의 동시에 일어나는 것입니다.

환율이 상승하기 시작하면 아무리 좋은 주식이 있어도 쉬어가는 것이 상책입니다. 아무리 재미있는 놀이공원이라도 비 오는 날 가면 탈 게 별로 없는 것과 같습니다. 이때는 관망을 하면서 날씨가 좋아지기를 기다려야 합니다. 환율이 상승하기 직전에 주식을 샀다면 분명 계좌의 잔고는 반 토막 났을 가능성이 높습니다.

🪙 환율 하락 - 주가 맑음

이번에는 반대의 경우를 살펴보겠습니다. [도표 13-2]를 보면 2009년 3월 환율이 최고점을 찍고 꾸준히 하락하기 시작합니다. 코스피지수도 2009년 3월 최저점을 찍고 점점 상승하기 시작합니다. 마치 한쪽 면을 그대로 뒤집어놓은 것 같다는 느낌도 듭니다. 2009년뿐만 아니라 앞의 [도표 13-1]에서도 1998년 3월 환율이 최고점을 찍고 내려오고 7~8개월 후 코스피가 서서히 회복합니다. 이처럼 환율

[도표 13-2] 환율 하락 구간에 코스피 상승

— 환율 원/미국달러(매매기준율)원 — 주가지수 KOSPI 1980.1.4 = 100

자료: 통계청

이 하락하면 코스피는 반대로 상승합니다.

환율의 하락은 달러의 많은 유입을 의미합니다. 기업들의 수출이 늘어나면 달러가 많이 유입됩니다. 그렇게 되면 기업들의 실적이 좋아지고, 한국의 자산시장에 매력을 느낀 외국인 투자자들이 한국 자산시장에 투자를 시작합니다. 한국에 투자하기 위해서는 달러를 먼저 팔고 원화를 사야 합니다. 이렇게 되면 원화 수요가 상승하고 달러 공급이 많아지겠죠? 즉 달러의 가치는 하락하고 원화의 가치는 상승합니다. 이처럼 원화로 한국 주식을 매수하려는 외국인이 많아질수록 주가는 상승하게 됩니다.

환율이 하락하기 시작하면 주식 하기 좋은 날씨입니다. 맑은 날에는 놀이공원의 모든 놀이기구를 재미있게 탈 수 있듯이 주식도 마찬가지입니다. 그래도 실적이 좋은 기업의 주식을 구매해야 주가 상승의 흐름을 확실하게 탈 수 있습니다. 특히 외국인이 많이 사는 주식에 관심을 가지고 지켜봐야 합니다.

앞으로 환율이 상승할 때 무엇을 준비해야 하는지 생각하고, 환율 하락 초기에는 무슨 주식을 사야 할지 천천히 고민해보세요.

14

많고 많은 펀드 종류…
뭐가 다를까?

#너무 많은 펀드 종류 #ELS, ELD, ELF, ETF
#같은 거야? 다른 거야?

　　은행의 예금, 적금 상품만 가지고 자산을 운용하다보면 금리가 너무 낮은 시기에는 큰 이점이 없어 다른 금융상품을 찾아보게 됩니다. 이때 자주 눈에 띄는 금융상품들이 ELS, ELD, ELF, ETF 등입니다. 이름이 비슷해서 큰 차이가 없어 보이지만 그렇지 않습니다. 고수익을 올릴 수 있다는 추천으로 무턱대고 샀다가 원금 손실을 보는 경우도 종종 있습니다. 그래서 각각의 금융상품이 무엇을 뜻하는지 알아보겠습니다.

🪙 ELS, ELF, ELD

ELS, ELD, ELF 모두 주식과 연동되는 금융상품입니다. 'EL'은 Equity Linked의 줄임말로서 주식과 연결되어 있다는 것입니다. 그래서 '주식 연동 계좌'라 부르기도 합니다. 다만 주식을 사는 비율이 조금 다를 뿐입니다. 그렇다고 전부를 주식에 투자하는 것이 아닙니다. 대부분은 원금이 보장되는 국공채 같은 곳에 투자하고 약간의 비율만 주식에 투자합니다. 요리로 따지자면 짬짜면(짬뽕+짜장)과 같은 상품입니다. 안전한 자산과 위험한 자산에 동시에 투자할 수 있기 때문입니다.

국공채 같은 원금이 보장되는 곳에 투자하면 수익률은 낮지만 고객의 돈은 잃지 않습니다. ELS, ELD, ELF는 주식시장에 따라 수익률이 결정됩니다. 하지만 주식시장과 동일하게 움직이지는 않습니다. 일정한 조건을 걸고 달성하면 수익이 지급되는 방식이기 때문입니다. 예를 들어 '코스피 시장이 10% 이상 하락하지 않으면 수익을 지급한다'와 같은 조건을 만족해야 수익이 생기는 상품입니다. 수익 지급 조건은 상품마다 정말 다양하므로 이 점을 잘 살펴봐야 합니다.

ELS와 ELF는 사실 서로 같은 상품입니다. ELF는 ELS를 담아서 파는 선물세트와 같습니다. 두 상품 모두 원금을 일정 비율로 나누어서 안전한 곳과 주식에 투자하는 것입니다. ELD가 다른 점은 예금자 보호법을 적용받아 5,000만 원까지 보호받는다는 것입니다. 물론 안전한 만큼 수익과 이익 모두 ELS와 ELF에 비해 낮습니다.

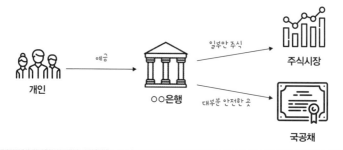

ELS, ELF, ELD 모두 주식에 투자하는 것이며 각각 비율만 다릅니다.

ETF

ETFExchange Traded Fund는 말 그대로 펀드를 사고파는 것입니다. 기존에는 펀드를 가입하려면 은행에 가거나 다른 복잡한 절차를 밟아야 합니다. 이 과정에서 은행에 수수료도 지급해야 합니다. 비용과 시간이 많이 들어갑니다. ETF는 이 비용과 시간이 들어가지 않는 것입니다. 주식시장에서 펀드를 주식처럼 직거래로 사고팔 수 있는 편리한 상품입니다.

은행에 갈 필요 없고 직거래로 거래하기에 비교적 수수료도 저렴합니다. 펀드에 가입해서 중간에 해지하면 잘못하면 위약금도 내야 합니다. 하지만 ETF는 주식처럼 사고팔 수 있기 때문에 위약금 같은 것이 없습니다. 또한 ETF의 장점은 다양한 상품이 있다는 것입니다.

대표적으로 KODEX200 ETF라는 상품이 있습니다. 코스피 상위 200개 종목을 조금씩 조금씩 담아서 사는 것입니다. 삼성, LG, 현대

등과 같은 대기업 주식 200개를 조금씩 덜어서 담는 것입니다. 우리
나라 상위 200개 주식이므로 안전한 분산투자가 자동적으로 되는 장
점도 있습니다. 석유, 달러, 금과 같은 다양한 ETF 상품이 있기 때문
에 경제와 금융에 대한 지식이 있다면 다양하게 활용할 수 있기도 합
니다.

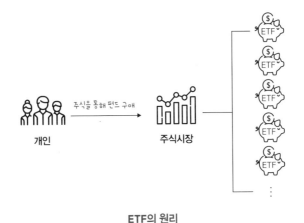

ETF의 원리

15

이자가 따박 따박 '채권'

#부자는 다 하는 채권 #강남 집값보다 더
오른 채권 #금리와 채권은 반대

채권은 정부, 공공기관, 특수법인과 주식회사 형태를 갖춘 사적기업이 일반 대중 투자자들로부터 장기의 자금을 조달하기 위해 발행하는 일종의 차용증서입니다. 여러분이 정부나 기업에 돈을 빌려주고 이자와 원금을 받는 것입니다. 재테크로 채권은 다소 생소합니다. 하지만 금융의 발달이 가속될수록 채권은 안정적이고 확실한 재테크 수단이 될 것입니다.

금융이 발달한 서양 국가에서는 채권이 인기 있는 투자로 자리 잡아 대중화되어 있습니다. 우리나라의 금융 역사는 서양에 비하면 짧지만 빠른 발전을 해온 만큼, 앞으로 금융이 발달할수록 채권 투자는 재테크 시장에서 훨씬 두각을 나타낼 것입니다.

채권의 가장 큰 매력은 '원금 보장'과 '이자'입니다. 안전한 국가나 회사에 투자를 했다면 '원금'을 보장받을 수 있습니다. 여기에 플러스로 '이자'까지 받을 수 있으니 그야말로 '꿩 먹고 알 먹고'입니다. 원금을 잃을 수 있는 주식에 비하면 안전합니다. 또한 현금으로 바꾸기도 매우 유용합니다. 부동산은 집의 일부를 쪼개서 팔 수 없습니다. 하지만 채권은 원하는 만큼 쪼개서 팔아 현금으로 만들 수 있습니다. 현재 채권 투자는 증권사 어플리케이션을 통해서 직접 매매할 수 있습니다. 또한 펀드를 통해서 간접적으로도 투자할 수 있습니다. 참고로 채권과 이자의 관계는 역관계입니다. 안전하고 현금화하기도 쉬운 채권에 대해서 조금 더 알아보겠습니다.

금리와 채권은 역관계

💰 전환사채와 신주인수권부사채

중국집 배달 음식을 주문할 때 흔히 짜장면을 먹을지, 짬뽕을 먹을지 고민하곤 합니다. 재테크를 할 때도, 보다 안전한 채권에 투자할지, 아니면 수익률이 높은 주식에 투자할지 고민할 수 있습니다. 이때 등장한 짬짜면(짬뽕+짜장면) 같은 것이 바로 **전환사채**(CB: Convertible

Bond)와 **신주인수권부사채**(BW: Bond With warrants)입니다. 채권도 하고, 주식도 같이 하고 싶은 사람들을 위해서 만든 새로운 메뉴인 것입니다.

전환사채는 처음에는 채권을 샀지만 나중에 주식으로 바꿀 수 있는 채권을 말합니다. 채권을 살 때보다 회사 실적이 좋아져서 주가가 급등할 수 있습니다. 이렇게 되면 주식을 안 사고 채권을 산 것이 후회되겠죠? 이때 전환사채로 가지고 있다면 주식으로 바꿀 수 있습니다. 회사 입장에서는 부채가 줄어들어서 좋고, 채권을 산 사람 입장에서는 주식으로 바꿔 더 많은 수익을 누릴 수 있어서 좋습니다.

신주인수권부사채는 원 플러스 원 개념입니다. 편의점에서 삼각김밥을 사면 1,000원짜리 음료수를 300원에 살 수 있는 이벤트와 같습니다. 처음에 채권을 사면 나중에 주식을 싸게 살 수 있는 권리를 주는 것입니다. 채권으로 안전하게 원금과 이자를 받고 주가가 급등하면 주가 차익도 얻어 갈 수 있습니다. 신주인수권부사채는 금리가 낮습니다. 그래서 회사는 채권을 발행할 때 낮은 이자로 발행해서 자금을 조달할 수 있어서 좋습니다.

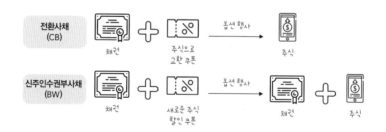

16

재테크 고수의 '금 투자'

#원자재 투자 #금 투자 #원자재는 모두 금이다
#재테크 고수

2008년 전후로 '금' 투자가 한때 유행했습니다. 당시 금값은 정말 금값이었습니다. 금의 매장량은 정해져 있습니다. 어느 날 갑자기 금이 늘어나지 않습니다. 수요가 조금만 증가해도 가격은 폭발적으로 증가할 수 있습니다. 공급은 이미 정해져 있지만 수요는 변동할 수 있기 때문에 가격의 변동이 급격합니다. 은, 석유, 구리 등이 금과 비슷한 성격을 지닙니다. 이런 투자 수단을 통칭해서 **원자재**라고 합니다.

또한 원자재는 경기를 예측할 수 있는 지표이기도 합니다. 경기가 좋아지기 시작하면 사람들은 금은과 같은 사치품을 많이 살 수 있습니다. 자동차도 많이 팔리면 석유 수요도 증가해 자동적으로 석유가격이 상승할 수 있습니다. 덩달아 산업 전반에 필요한 구리의 양도 증가해 구리 가격도 상승합니다. 원가 상승으로 물가가 상승하면 물가 상승을 방어할 수 있는 금이 덩달아 함께 상승하게 됩니다. 이처럼 원자재를 공부한다면 경기의 흐름도 읽을 수 있고 자신에게 유리한 재테크 수단을 찾을 수 있습니다.

　하지만 원자재에 직접 투자하기는 어렵습니다. 금을 사서 집에 놓아두면 위험할 수 있고 석유를 사서 안방에 보관하기 불편한 것처럼 말입니다. 그래서 대부분 은행을 통한 간접 상품으로 투자를 합니다. 알아두면 '금'이 되는 원자재 투자에 대해서 조금씩 알아보겠습니다.

금　　　　　석유　　　　　은

원자재의 다양한 종류

🪙 금 투자하는 방법

　금은 현존하는 가장 안전한 자산입니다. 사치품으로 값어치가 있지만 안전 자산으로도 값어치가 있습니다. 즉 경기가 호황일 때와 불황일 때 모두 안전한 재테크 수단이 될 수 있습니다. 하지만 단기간에 투자 수익을 내기보다는 장기적인 관점이나 비상금 형식으로 가지고 있는 것이 더욱 좋습니다.

　하지만 경제 상황을 잘못 판단하면 금 역시 손해를 볼 수 있습니다. 한국은행은 금을 2011년 40톤, 2012년 30톤, 2013년 20톤이나 집중적으로 사들인 바 있습니다. 이때는 국제 금 가격이 트로이온스(31.1035g·이하 온스)당 1,500달러를 훌쩍 넘었습니다. 이후 2014~2019년 사이 금 가격이 트로이온스당 1,250달러에 머물러 약 30%를 손해 보는 상황이 됐지만, 2023년에는 금 가격이 트로이온스당 1,900달러를 유지하여 약 26%를 이익 보고 있는 상황이 됐습니다. 금은 안전한 투자지만 시기를 잘 맞추고 장기투자하는 것이 중요한 것을 알 수 있습니다.

금 실물은 현금(돈)으로 바꾸기 쉽다는 장점이 있습니다. 하지만 실물로 구매 시 부가세 10%와 은행에서 구매한 경우 5% 수수료도 있습니다. 내가 구매한 가격보다 15% 이상이 상승해야 이익을 볼 수 있는 것입니다. 단기로 차익을 노리기는 어렵습니다.

골드뱅킹을 이용해 금에 투자할 수도 있습니다. 예를 들어 금이 1g 10만 원일 때 100만 원을 골드뱅킹으로 적립하면 통장에 100만 원 대신 금 10g을 예금한 것으로 처리됩니다. 나중에 실물 금으로 인출할 수도 있습니다. 소액 투자가 가능한 것이 장점입니다. 하지만 시세 차익이 난 경우 15.4%의 배당소득세가 부과됩니다. 또한 가격은 달러 환율에 적용되어서 환율에 따라서 가격이 변동할 수 있습니다.

금을 기초로 다양한 파생상품을 구매할 수 있습니다. 주식시장에서 거래되는 ETF를 통해서 투자하는 것이 대표적입니다. 소액으로도 거래를 할 수 있고 주식처럼 사고팔기가 쉽다는 것이 장점입니다. 펀드를 이용해 금광과 같은 기업에 투자할 수도 있습니다. 금을 사고파는 것이 아니라 금과 관련된 기업에 투자하게 됩니다.

🪙 나도 '금'이다! '석유'

국제유가의 가격 변동 뉴스는 자주 접합니다. 그만큼 우리의 생활과 아주 밀접한 관계를 가지고 있기 때문입니다. 뿐만 아니라 석유도 금처럼 투자의 대상이 될 수 있습니다. 하지만 유가는 금과 다르게 국제 정세에 따라서 가격이 심하게 요동칩니다. 100달러가 넘는 유가가 몇 달 만에 30달러가 되기도 하고 다시 100달러가 되기도 합니다. 석유에 투자하기 위해서는 국제 정세에 밝아야 합니다.

석유를 직접 사서 보관하기는 어렵겠지만 충분히 간접적 상품으로 투자를 할 수 있습니다. 금과 비슷하게 ETF를 통해서 석유가격의 변동에 따라 투자할 수 있습니다. 또한 펀드를 통해서 석유 관련 기업에 간접적으로 투자할 수 있습니다.

은, 구리, 곡물도 금처럼 투자의 대상이 될 수 있습니다. 하지만 인기가 없기 때문에 직접이나 간접 투자를 해서 수익을 내기는 어렵습니다. 다만 원자재 가격은 물가, 주가, 부동산 등에 큰 영향을 미칠 수 있습니다. 예를 들어 원자재 가격이 상승하면 원가 증가로 건설시장이 악영향을 받을 수 있기 때문입니다. 그래서 금과 같은 원자재를 공부해야 하는 것입니다.

17

내가 돈을 만든다 '비트코인'

#내가 만든 돈! #비트코인 가즈아 #암호화폐
#천동설과 지동설

한때 **비트코인** 투자 광풍이 일었습니다. 비트코인의 등장을 두고, 어떤 사람들은 새로운 발전이라고 말하는 사람도 있었고 어떤 사람들은 투기 광풍에 불과하다고 말했습니다. 하지만 분명한 것은 사람들 사이에서 새로운 재테크 방식으로 떠오르고 있다는 것입니다.

비트코인은 **암호화폐** 중 한 종류입니다. 비트코인 외에 다른 코인들도 많습니다. 암호화폐 시장에서는 이러한 코인들을 '알트코인'이라 부릅니다. 알트코인은 '대안Alternative'과 '동전Coin'의 합성어입니다. 이런 코인이 우리의 경제나 재테크에 어떻게 영향을 미칠지 조금 알아보겠습니다.

다양한 암호화폐

자료: Freepik

🪙 암호화폐 천동설과 지동설

암호화폐가 우리의 경제 영역에 미치는 영향은 천동설, 지동설과 같습니다. 과거의 사람들은 하늘이 돌고 있다고 생각했습니다. 하지만 수학과 과학기술이 발전함에 따라 지구가 태양을 돌고 있다는 것이 밝혀졌습니다. 모두가 '당연하다'라고 생각했던 어떠한 사실이 완전히 뒤바뀐 겁니다.

암호화폐와 현재 우리가 현실에서 사용하는 돈의 큰 차이점은 '발행 주체'입니다. 우리나라 돈은 한국은행에서 발행합니다. 하지만 암호화폐는 정부가 아닌 '개인'이 발행합니다. 정부가 발행한 돈을 사용하는 것이 아니라 내가 발행한 돈을 사용하는 것입니다. 한국은행(하늘)이 화폐를 발행하는 것이 아니라 내(지구)가 화폐를 발행하는 것입니다. 기준이 180도 변하게 된 것입니다. 비트코인 역시 '나카모토 사토시'라는 익명의 사람이 발행한 것입니다.

암호화폐는 은행을 거치지 않고 개인과 개인이 직접 거래를 합니다. 그리고 거래가 이루어질 때마다 공개된 장부에 기록을 합니다. 이 과정에서 화폐 발행 비용, 이체 비용, 거래 비용이 대폭 절감됩니다. 가상세계에 있기 때문에 보관 비용이 들지 않고, 도난·분실의 우려도 없습니다. 가치저장 수단으로서 기능이 뛰어나다는 것입니다.

우리가 옳다고 생각하는 중앙은행 제도는 사실 200년 정도의 역사밖에 되지 않았습니다. 그리고 수많은 금융위기와 빈곤이라는 부작용이 있었습니다. 아직도 어떤 이유에서 경제위기가 오는지 아무도 모릅니다. 그만큼 불안한 시스템이라는 것입니다. 어쩌면 암호화폐의 등장은 우리 인류에게 금융위기와 빈곤을 퇴치해줄 새로운 대안이 될 수 있을지 모릅니다.

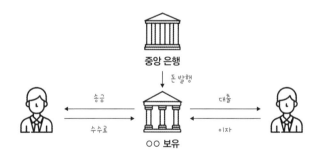

현재 화폐 시스템은 중앙은행을 기준으로 운영되고 있습니다.

수수료 없이
송금

가상화폐 시스템은 은행이 필요 없어도 됩니다.

💰 투자 시 주의할 점

그렇다면 현재 암호화폐가 어디서 어떻게 거래되고 있는지, 과연 안전한 금융 시스템인지 한번 알아보겠습니다. 현재 우리가 사는 암호화폐는 중간에 시장이라는 곳을 통해서 거래가 됩니다. 시중의 암호화폐 거래소에서 다른 사람이 가지고 있는 암호화폐를 사는 것입니다. 실제로 화폐를 발행하는 사람에게서 사는 것이 아닙니다.

하지만 거래소가 주식시장처럼 국가에서 관리와 감독이 이루어지는 것은 아닙니다. 인터넷 카페에서 물건을 사는 것과 비슷합니다. 다양한 카페가 있지만 모두 개인이 운영하는 곳입니다. 갑자기 회사가 문을 닫거나 사기를 당하더라도 피해를 보상받기가 어렵습니다. 그렇기 때문에 투자 시 반드시 거래소가 안전한지 먼저 살펴야 합니다. 암호화폐는 안전하지만 거래소는 위험할 수 있습니다. 실제로 2018년에 일본 '코인체크'에서 5,659억 원어치, 이탈리아 '비트그레일'에서 1,800억 원어치, 한국 '코인레일'에서 400억 원어치, 또 '빗썸'에서 189억 원어치, 일본 '자이프'에서 669억 원어치를 도둑맞았습니다.[7]

또한 암호화폐를 채굴(생산)해 파는 회사는 극소수이기 때문에 가격 담합을 한다면 폭등하기 쉽습니다. 이런 이유로 많은 경제학자들은 가격 변동이 너무 심해서 화폐로서의 가치가 없다고 주장합니다. 이러한 이유로 비트코인을 두고 많은 사람들이 논쟁을 벌이기도 합니다.

워런 버핏은 "비트코인은 가치 창출을 할 수 있는 자산이 아니기 때문에 가치를 평가할 수 없다"라고 말했습니다. 또한 그는 "비트코인의 가치가 얼마나 오를지 말할 수 없는 상황에서 비트코인 가격이 상승하고 있다는 점이 진정한 거품이다"라고 우려를 표했습니다. 하지만 페이팔의 창업자인 피터 틸은 비트코인의 잠재력에 대해 언급했습니다. 그는 "비트코인이 사이버 금에 그친다고 할지라도 엄청난 잠재력이 있다"면서 "사람들은 비트코인을 과소평가하고 있다"고 말하기도 했습니다. 과연 암호화폐가 진보된 기술로서 화폐 시스템의 진화를 이끌어내는 역할을 할 것인지, 아니면 단순 투기 열풍으로 사라질 것인지는 앞으로 눈여겨보아야 합니다.

생각을 키우는 Q

암호화폐가 현재의 화폐 시스템을 대체할 수 있을까요?

18

국민연금에
국민이 없다?

#내기 싫은 국민연금 #받을 수 있는 거야?
#괴물이 된 국민연금

　사람은 시간이 지나면 모두 늙습니다. 불행히도 나이가 들면 경제 활동을 하기 쉽지 않습니다. 수입이 줄어드니 그동안 모아둔 돈을 가지고 생활해야 합니다. 하지만 모아둔 돈이 없다면 생활이 매우 어려울 것입니다. 이때를 대비하는 보험이 바로 **국민연금**입니다. 국민연금은 보험 원리에 따라 운영되는 대표적인 사회보험제도로 노년에 빈곤한 상황을 대비한 강제 가입 보험입니다. 회사에서 받는 급여 명세서를 살펴보면 공제 내역에 '국민연금'이라고 적혀 있습니다. 월급에서 매달 국민연금으로 자동이체가 되었다는 것입니다.

　국민연금의 장점은 국가가 지급을 보장하기 때문에 국가가 존속하는 한 반드시 지급된다는 것입니다. 그리고 물가가 오르더라도 실질가치가 계속 보장됩니다. 연금을 받기 시작한 이후 매년 4월부터 전년도의 전국 소비자물가 변동률에 따라 연금액을 조정하여 지급하기 때문입니다.

이런 좋은 제도를 두고 많은 사람들이 걱정을 합니다. 국민연금 제5차 재정추계에 따르면 국민연금은 2055년에 고갈될 것이기 때문입니다. 국민연금에는 정말 불편한 진실들이 많이 반영되어 있습니다. 도대체 무엇이 문제이고 어디서부터 꼬였는지 살펴보겠습니다. 우리가 꼬박 꼬박 내는 노후자금이니 눈에 불을 켜고 지켜봐야 합니다. 국민연금이 잘못되면 우리의 노후자금이 위험해지기 때문입니다.

국민연금 제5차 재정추계

💰 국민연금은 뭐가 문제일까?

국민연금의 가장 큰 문제는 적게 내고, 많이 받는다는 것입니다. 국민연금은 1988년에 '국민연금법'에 의해 처음 실시되었습니다. 당시에 매달 소득의 9%(근로 소득자 본인 4.5%, 회사 4.5%)를 보험료로 납부하고 나중에 평균소득의 70%를 연금으로 돌려받는 구조로 만들었습니다. 이러한 국민연금은 여러 차례 개혁을 거치며 계속 조정되었고 지금은 40% 비율까지 낮아졌습니다. 하지만 우리나라는 보험료로 9%를 납부하는데, 미국 12.4%, 일본 18.3%, 독일 18.6%에 비해 납부 비

율이 낮다는 점이 지적되고 있습니다.[8]

또 우려되는 점은 국민연금을 납부할 국민이 없어진다는 것과 받는 기간이 길어진다는 것입니다. [도표 18-1]에서 보는 것처럼 2022년 합계출산율은 0.78명입니다. 국민연금을 납부할 수 있는 사람이 줄어들면 젊은 세대의 부담이 점점 더 증가할 것입니다. 이미 낸 사람들은 미래가 불안하고 앞으로 낼 사람들은 불만이 쌓이게 되는 구조입니다.

또한 1988년에는 국민의 평균기대 수명이 여성은 73세, 남성은 64세였습니다. 당시 기대수명으로 국민연금을 설계했습니다. 하지만 지금 100세를 시대를 앞두고 있습니다. 앞으로 의료기술이 발전하면 수명은 더욱 길어질 것입니다. 국민연금을 받아야 할 기간이 계속 늘어난다는 것입니다. 국민연금의 문제는 옷은 그대로인데 덩치는 계속

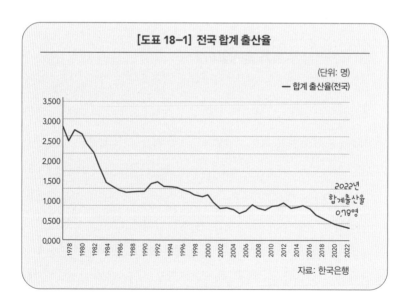

[도표 18-1] 전국 합계 출산율

(단위: 명)
— 합계 출산율(전국)

2022년 합계출산율 0.78명

자료: 한국은행

커지고 있다는 것입니다.

국민연금은 국민연금공단에서 관리하고 있습니다. 2023년 8월 말 기준, 국민연금은 전체 자산 997.4조 원의 14.3%인 142.5조 원을 국내 주식에 투자하고 있습니다. 주식시장에서 수익을 많이 내면 누군가는 수익을 낼 수 없습니다. 그 누군가가 국민이 된다면 문제가 되는 것입니다. 국민연금이 주식시장에서 수익을 많이 내도 문제가 되고 손실을 봐도 문제가 되는 구조입니다. 선진국 같은 경우에는 안전한 국채에 투자하는 경우가 대부분입니다.

분명 국민연금은 해결하기 어려운 문제들로 가득합니다. 그 누구도 고양이 목에 방울을 달고 싶지 않아서 문제가 더욱 커진 것도 있습니다. 하지만 가장 시급한 점은 우리 스스로 문제가 있다는 것을 인식하는 것입니다. 우리의 노후자금을 어떻게 해야 할지 고민해야 할 때입니다.

생각을 키우는 Q

국민연금의 목적과 취지에 맞게 운용하려면 어떻게 해야 할까요?
많이 내고, 많이 받아야 할까요?

19

연말정산을 대하는
우리들의 태도

#13월의 보너스 #13월의 저주?
#더 받아보자 연말정산

　직장인이라면 들어봤을 13월의 보너스 혹은 월급이 있습니다. 바로 내가 낸 소득세 일부를 돌려받는 연말정산입니다. 물론 13월의 보너스는 준비를 철저히 해서 누락 없이 신청해야 받을 수 있습니다. 잘못하면 세금을 더 내야 하는 13월의 저주가 될지 모릅니다. 그렇다면 연말정산이 어떻게 계산이 되는지 간단히 알아보겠습니다.

　직장인이라면 월급 명세에 '소득세'라는 것이 있습니다. 돈을 벌었으니 나라에서는 매달 월급에서 소득세를 걷어갑니다. 처음에는 사람들의 상황을 생각하지 않고 월급의 금액에 따라서 일괄적으로 소득세를 걷어갑니다. 월급을 똑같이 400만 원 받아도 자녀가 없는 사람과 3명인 사람의 생활은 차이가 있을 수밖에 없습니다. 아무래도 자녀가 3명인 사람이 훨씬 부담이 될 것입니다. 그래서 나라에서는 이러한 사람들의 세금의 일부를 연말정산을 통해서 돌려주는 것입니다.

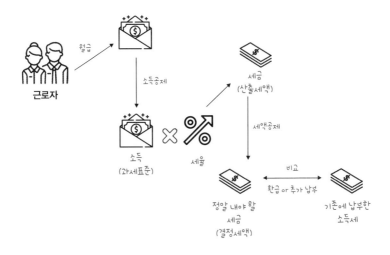

연말정산의 소득공제와 세액공제의 흐름

연말정산은 소득공제와 세액공제, 크게 두 가지로 나뉩니다. 일단 소득이 정해지면 소득 구간에 맞게 세율이 정해집니다. 소득이 많으면 세율이 높아지고, 소득이 낮으면 세율이 낮아집니다. 세율을 낮추기 위해서 소득에서 제외해주는 항목이 '소득공제'입니다.

이렇게 소득과 세율이 정해지면 내야 하는 세금이 측정됩니다. 하지만 여기서 다시 내야 할 세금을 줄여줍니다. 이것을 '세액공제'라고 부릅니다. 두 가지 공제를 모두 받고 나서 내야 할 세금이 정해집니다. 그리고 이 금액과 내가 한 해 동안 낸 세금을 비교합니다. 내가 세금을 더 납부했다면 돌려받게 되지만, 내가 덜 납부했다면 세금을 더 내야 합니다.

🪙 이것은 꼭 챙기자

소득공제가 되는 항목은 매해 법이 바뀜에 따라 달라지므로 연말정산 시즌이 되면 어떤 항목들이 공제되는지 확인해봐야 합니다. 기본적으로 공제되는 항목은 신용카드 및 체크카드 이용 금액, 현금영수증, 연금저축, 의료비, 보장성보험료, 교육비 등입니다. 그리고 청약통장과 월세 납입액, 전세자금대출(주택담보대출) 원리금 상환액과 이자 상환액도 공제되므로 잊지 말고 꼼꼼히 챙겨야 합니다. 간단하게 몇 가지 알아보겠습니다.

소득공제에서 가장 중요한 것은 우리가 소비한 금액입니다. 국세청에서는 연말정산 시 근로자의 지난 1년 동안의 소비 금액에 대해 소득

[도표 19-1] 소득공제 주요 내용

구분	신용·체크·직불카드와 현금영수증 공제 내용	
공제 대상 금액	근로자 및 조건에 맞는 기본 공제 대상자가 사용한 신용·체크카드 및 현금영수증 사용 금액 중 근로자 총 급여액의 25%를 초과하는 금액	
	결제수단	소득공제율
	신용카드	사용 금액의 15%
	체크·선불카드	사용 금액의 30%
	현금영수증	사용 금액의 30%
연간 공제 한도	•총급여 7,000만 원 이하: 300만 원 •총급여 7,000만 원 초과: 250만 원 •근로자 연간 총급여의 20% 한도	

공제 혜택을 제공하고 있습니다. 총급여액의 25%가 넘는 신용카드, 체크(선불)카드, 직불카드, 현금영수증 사용 금액에 대해 각각 일정 비율(15~40%)을 공제해줍니다.

2023년 기준 소득공제 한도는 총급여가 7,000만 원 이하일 경우 300만 원, 총급여가 7,000만 원~1억 2,000만 원일 경우 250만 원, 총급여가 1억 2,000만 원 초과할 경우는 200만 원입니다. 연간 신용카드는 15%, 직불·선불카드·현금영수증은 30%, 도서·공연·박물관·미술관 이용 금액(총급여 7,000만 원 이하) 30%, 전통시장·대중교통 이용 금액은 40%가 적용되고 있습니다.

20

부자들은 '세테크'를 한다

#세테크 #세금을 줄여라
#부자의 핵심은 세금

부자는 '세금을 제하고도 남는 돈이 많아야 진짜 부자다'라는 말이 있습니다. 때로는 세금 때문에 어쩐지 돈을 많이 벌어도 손해 보는 것 같은 기분이 들 때도 있기 때문입니다. 특히 월급을 받아 생활하는 직장인보다는 사업을 통해 수익을 내는 개인사업자와 법인사업자가 이를 절실히 느낄 것입니다.

때문에 진정한 부자들은 세금을 통한 재테크, 즉 '세테크'를 무엇보다 잘 활용하고 있습니다. 세금 시스템이 어떠한 구조로 이루어져 있는지, 어떤 세금을 언제 내야 하는지 잘 파악하고 있으며, 정부의 정책에 따라서 세법이 어떻게 달라지는지를 기민하게 파악하여 합법적으로 내야 할 세금을 줄이고 있기 때문입니다. 특히 부동산으로 많은 수익을 내는 부동산 투자자들은 정부의 세금 정책에 신경을 곤두세우며 매우 예의 주시하고 있습니다. 만약 9억 원짜리 아파트를 투자 목적으로 구입했는데, 세금 전략을 제대로 짜지 못해서 세금으로만 2억 원 정도를 내야 한다면 속이 쓰릴 수밖에 없겠지요.

이처럼 세금은 사업을 운영할 때는 물론이며, 투자를 할 때도 반드시 알아두어야 하는 것 중 하나입니다. 그러나 세법은 전문가가 아닌 일반인들이 개념을 이해하여 적용하기에 너무 어려운 분야이기도 합니다. 하지만 세금은 우리가 살아가는 동안의 모든 경제활동 뒤에 반드시 뒤따라오는 것이기에 피할 수 없습니다. 그러기에 간단한 개념 정도는 알아두는 것이 도움이 될 것입니다.

예비 창업자를 위한 세금 상식

국가는 국민으로부터 세금을 걷어서 나라의 살림살이를 꾸려나갑니다. 그래서 세금은 모든 국민들에게 빠짐없이 부과됩니다. 소득과 수입에 따른 일정 비율을 정해진 기간 내에 나라에 납부해야 하는 것입니다. 이는 모든 국민에게 주어진 의무입니다.

앞서 설명한 것처럼 세테크는 일반 직장인보다는 사업자에게 더욱 필요한 것이므로, 사업자 입장에서 세금 관련 정보를 정리해보도록 하겠습니다.

사업자는 사업 유형에 따라서 '개인사업자'와 '법인사업자'로 나뉩니다. 만약 창업을 계획하고 있는 예비 창업자라면 나중에 부과될 세금을 고려하여 사업자 유형을 선택해야 합니다. 사업자 유형에 따라서 세율이 달라지기 때문입니다. 개인사업자는 6~42%의 세율이 적용되며, 법인사업자는 10~25%의 세율이 적용됩니다. 두 사업자 유형은 과세 체계뿐 아니라 설립 절차 및 운영 방식 면에서도 차이가 있으므로 잘 따져보고 사업자를 선택해야 합니다.

또한 개인사업자는 본인의 사업자 통장에서 개인적으로 출금을 하거나 개인통장으로 이체를 해도 전혀 문제가 되지 않습니다. 하지만 법인사업자는 개인통장처럼 사용할 수 없습니다. 법인통장에서 돈을 인출하면 이자를 내야 하고 법인은 이자소득에 대한 세금도 내야 합니다. 자금을 유용할 일이 많다면 법인이 오히려 불리할 수 있습니다.

요즘은 사업장을 따로 임차하지 않고 SNS를 통한 마켓을 운영하는 경우가 많은데, 이런 경우에도 반드시 사업자 등록을 신청한 뒤에 사업을 시작해야 합니다. 사업 규모가 작다고 해서 사업자 등록을 하지 않은 채 판매를 하다가는 사업자 미등록에 대한 가산세가 부과될 수 있습니다. 사업자 등록은 직접 세무서를 찾지 않아도 국세청의 홈택스 사이트를 통해서 등록하거나 정정하는 것이 가능합니다.

💰 세금을 줄이는 습관

또한 사업자들이 내야 하는 대표적인 세금으로 부가가치세와 종합소득세, 원천세 등이 있습니다. 법인사업자는 종합소득세 대신 법인세를 냅니다. 많은 세금 전문가들은 세금을 줄이는 방법으로 '세금을 기한 내에 제때 납부하는 것'이라고 말합니다. 이러한 세금들은 사업자 유형별로 납부하는 달이 다르기 때문에, 사업자들은 반드시 한 해 동안 납부해야 하는 세금을 날짜별로 체크해두어야 합니다. 세금 신고 기한을 지키지 않으면 가산세를 납부해야 하므로, 이 같은 과태료로 내지 않아도 되는 돈을 절약하는 것이 절세의 첫걸음이기 때문입니다.

또한 현금 매출 등을 누락하거나 순이익을 축소하여 신고하는 등은 결코 절세가 아닌 '탈세'라는 것을 기억해두어야 합니다. 국세청은 매년 세금 신고에 들어간 비용과 정규증빙 형태로 지출된 비용 간의 차액 분석을 통해 세무조사 대상을 선정하고 있습니다. 아무리 기록에 남지 않은 현금 거래라 하더라도 국세청의 감시를 피할 수 없다는 것입니다. 세금을 제대로 신고하지 않으면 종합소득세의 경우 납부세액의 20%가 무신고 가산세로 부과됩니다. 이뿐만 아니라 세무조사 대상자로 지목된다면 과거 7년 치를 추징당할 수 있기 때문에, 사업을 지속해서 꾸려나가기 위해서는 적법한 절차에 따라 세금을 성실하게 신고하는 것이 가장 좋은 방법입니다.

21

유대인의
재테크 비밀 '보험'

#보험의 역사 #위험 관리가 재테크다
#보험의 종류와 구분

보험은 예측하기 힘든 재해나 각종 사고 따위가 일어날 경우, 경제적 손해에 대비하여 만들어진 상품입니다. 공통의 목적을 가진 사람들이 모여 일정한 돈을 함께 적립한 뒤, 피해를 입은 사람에게 일정 금액을 주어 손해를 보상하는 제도입니다.

나라에서도 국민들을 위한 보험을 운영하는데, '4대보험'이라 불리는 건강보험, 국민연금, 산재보험, 고용보험입니다. 이와 같은 보험들은 정부에서 운영하기 때문에 보험료가 저렴하지만 보장 범위에 한계가 있어, 더 다양한 보장을 받고 싶은 사람들은 민간기업에서 판매하는 보험에 가입합니다. 보험마다 성격이 다르기 때문에 어떠한 보험들이 있는지 잠시 살펴보겠습니다.

일반 기업에서 운영하는 보험은 크게 생명보험과 손해보험으로 나닙니다. 생명보험은 보험계약 시 약속한 금액을 보상하는 '정액보상'을 해줍니다. 손해보험은 실제 손해액을 보상하는 '실손보상'을 해줍니다. 생명보험은 사망보험, 연금보험 등 사람과 관련된 위험항목을 보장합니다. 손해보험은 화재보험, 자동차보험, 도난보험 등 재물과 관련된 보험입니다. 혼합보험은 생명보험과 손해보험을 섞은 것입니다.

💰 보험의 역사

14세기 르네상스의 유럽은 문화예술과 함께 항해술을 꽃피웠습니다. 항해용 컴퍼스와 나침반의 등장으로 바닷길 개척자들이 등장했습니다. 덕분에 해상무역과 탐험이 활발해졌습니다. 제아무리 뛰어난 항해술을 갖춘 선장이라도 거대한 풍랑 앞에선 작은 존재입니다. 선원들이 항해 중 사고를 당하면 남겨진 식구들의 생활은 막막해질 수 있습니다. 또한 바닷길이 험해 정해진 기한 안에 교역이 진행되지 못하면 큰 손실을 입기도 했습니다.

이 같은 배경 덕분에 오늘날 보험제도의 기원이라 할 수 있는 형태가 만들어집니다. 해상 무역 종사자들끼리 사고 후 보상 처리에 관한 방법을 논의하기 시작했고, 그 결과 오늘날의 '해상보험'이라는 것이 탄생한 것입니다. 이탈리아를 중심으로 해상보험이 확산되면서 무역은 더욱 활기를 띄었습니다. 15세기 후반부터 18세기 중반까지의 '대항해 시대'에는 영국에서 해상보호법이 제정되었습니다. 17세기 후반 런던에서는 대화재 이후 화재보험이 탄생했습니다.

우리나라에 처음 보험이 들어온 것은 1876년 강화도조약 이후 서방 세력과 무역을 하면서부터입니다. 특히 일제강점기 초 우리나라에는 40여 개에 이르는 보험사들이 영업을 하고 있었습니다. 하지만 당시 보험사들은 모두 일본의 지배 아래 운영했던 만큼 진정한 우리나라 최초 보험회사라고 할 수 없습니다.

우리나라 최초의 보험회사는 1921년 당시 한성은행 전무였던 한상룡 씨를 주축으로 만들어진 '조선생명보험회사'로, 본점을 한국에 둔 최초의 민간 보험사였습니다.[9] 1962년부터 시작된 경제개발 5개년 계획 추진에 필요한 자금을 조달하기 위하여 보험회사를 저축기관으로 활용하면서부터 보험산업이 급격히 성장하였습니다.

🪙 유대인의 재테크 비밀

조그마한 동네 가게에서 거대 재벌에 이르기까지 세계경제를 주무르고 있는 '부자 유대인'들은 보험을 중요시합니다. 사람들은 유대인들을 'WISE MAN'이라고 부릅니다. W_Working 일해서 돈 벌고, I_Insurance 일부 돈으로 보험을 들고, S_Saving 저축하고, E_Enjoy 남는 돈으로 즐긴다는 것입니다. 보험이 인생의 여유를 빼앗는 것이 아니라, 어떤 상황에서도 여유를 만들 수 있는 현명한 방법으로 사용하고 있는 것입니다.

유대인의 격언 중에 '살아서는 다이아몬드, 죽어서는 보험'이라는 말이 있습니다. 유대인들은 어릴 때부터 종신보험*에 가입합니다. 그

종신보험

피보험자가 사망하면 보험금을 100% 지급하는 상품으로, 자살 등의 특별한 사유가 없을 경우 사망 시기·원인 등에 관계없이 보험금을 지급하는 보험.

러다 보니 적은 금액으로 큰 보장을 받을 수 있습니다. 미국으로 이민을 간 유대인들이 자녀들에게 보험을 물려주면서 부를 축적한 일화는 유명합니다. 현재의 부가 다음 세대까지 이어지도록 미리 철저하게 준비한 것입니다.

생각을 키우는

여러분의 인생과 가족의 안정을 위해 만들어둔 안정 장치가 있나요?

역사 속 인물들은 어떻게 투자했을까?

🪙 뉴턴도 예측하지 못한 탐욕

아이작 뉴턴(1642~1727)은 영국의 물리학자이자 천문학자, 수학자로 근대 이론과학 성립의 최고의 공로자입니다. 일반적으로 널리 알려진 '뉴턴 역학'의 체계를 확립하였으며, 수학에서는 미적분학을 창시하였습니다. 인류의 역사가 계속되는 이상, 영원히 기억될 위대한 과학자입니다. 하지만 그러한 위대한 과학자도 인간의 탐욕을 예측하지 못하고 엄청난 재산 손실을 입은 적이 있습니다.

1720년에 뉴턴은 '남해회사'라는 회사의 주식이 한참 오르고 있을 때 7,000파운드를 투자하여 100% 수익률을 올렸습니다. 하지만 뉴턴이 주식을 팔고 나서도 주가가 계속해서 상승했습니다. 남해회사가 스페인과 조약을 맺어 남미 주요 항구에 대한 통상권을 확보했다는 거짓 소문까지 퍼지기 시작하며 회사의 주식이 계속해서 치솟았습니다. 상황이 이러다 보니 귀족, 부르주아, 서민 계층을 불문하고 주식에 대한 충분한 지식도 없는 사람들이 너 나 할 것 없이 남해회사의 주식을 사며 투기 광풍이 분 것입니다.

뉴턴 역시 눈앞에서 벌어지는 투기 광풍에 휩쓸려 재투자에 나섰습니다. 결국 뉴턴은 2만 파운드(원화로 약 20억 원)의 손실을 입었습니다. 그가 열악한 가정환경에서 어렵사리 성공한 끝에 축적한 돈의 대부분을 잃은 것입니다. 그는 "나는 천체의 궤

도는 계산할 수 있지만, 인간의 광기는 계산할 수 없다"라는 말을 남겼습니다. 그리고 죽을 때까지 '남해'라는 말을 듣기만 해도 괴로워했다고 합니다. 시장에서 퍼지는 거짓 정보, 인간의 탐욕, 투기 바람… 그것은 언제나 최고점에서의 하락을 의미합니다.

🪙 투자의 달인, 탈레스

탈레스(기원전 624~545)는 기원전 6세기 전반에 살았던 그리스 최초의 철학자입니다. 최초의 유물론 학파인 밀레토스 학파의 시조이기도 합니다. 그는 이집트에서 수학과 천문학을 배워 피라미드의 높이를 계산하거나 육지의 두 관측 지점에서 바다 위에 떠 있는 배까지의 거리를 계산했습니다. 특히 그가 기원전 585년의 일식을 정확하게 계산해낸 것은 유명한 이야기입니다.

어느 날 그의 친구가 "이 세상은 너무 불공평해. 돈 있는 사람들만 잘살고, 돈 없는 사람들은 못 사는 더러운 세상 같으니라고!"라고 불평했습니다. 탈레스는 "돈을 잘 벌 수 있는 방법은 널려 있어. 머리를 한 번 써봐"라며 조언했습니다. 그러자 그 친구는 "자네는 자신이 있나 보지? 그럼 어디 내가 여행을 다녀올 때까지 돈을 많이 벌어 보게나"라고 말했다고 합니다.

그 후 탈레스는 돈 버는 일에 몰두했습니다. 당시에는 올리브가 쓰이는 곳이 많아 매우 귀했습니다. 그런데 곰곰이 살펴보니 올리브의 생산량이 급격히 줄어들기 시작하는 것이 눈에 띄었습니다. 그는 올리브의 생산량이 날씨에 따라서 좋을 때와 좋지 않을 때가 있으며, 이에 따라 나름의 규칙이 있다는 것을 알게 됐습니다. 이후 탈레스는 올리브 생산량이 감소하는 시기에 마을을 돌아다니며 기름 압축기를 사들이기 시작했습니다. 사람들은 올리브의 생산량이 떨어지는 마당에 자리만 차지하는 기름 압축기를 헐값에 팔았습니다. 그리고 올리브의 생산량이 늘어나는 풍작이 찾아오자, 마을 사람들은 기름 압축기를 찾기 시작했습니다. 이때 탈레스는 기름 압축기를 사람들한테 빌려 주면서 큰돈을 벌 수 있었습니다.

투자는 아무리 많은 전문 지식, 뛰어난 두뇌, 정보력을 가지고 있어도 탐욕에 휩싸이면 모든 것이 무용지물이 될 수 있습니다. 우리는 많은 지식과 정보를 쉽게 접할 수 있는 세상에 살고 있습니다. 그 의미는 정보와 전문 지식이 부족하여 투자에서 성공하지 못하는 것이 아니라는 것입니다. 뉴턴과 탈레스의 경우를 뒤돌아보면서 우리에게 무엇이 부족한지 한번 생각해봐야 할 때입니다.

3

알면 경제기사가
재밌어지는 경제상식

거시경제

01

내 월급 빼고 오르는 물가…
인플레이션이 뭐 길래

#화폐 가치 하락과 인플레이션 #내 돈이 줄어들었다?
#인플레이션의 부작용과 장점

1963년에는 짜장면 가격이 25원이었다고 합니다.[10] 정말 호랑이 담배 피던 시절의 이야기입니다. 지금은 짜장면 가격이 보통 8,000원이 넘습니다. 32배도 아니고 300배나 올랐습니다. 이렇게 시간이 지남에 따라 화폐 가치가 하락하며 물가가 상승하는데, 이런 현상을 인플레이션inflation이라고 합니다.

인플레이션은 사실 도둑입니다. 그것도 합법적으로 내 통장에 있는 돈을 훔쳐 가는 도둑입니다. 하지만 이 도둑이 무조건 나쁜 것은 아닙니다. 이점을 가져오기도 합니다. 인플레이션이 발생하는 다양한 원인과 그로 인해서 무엇이 좋아지거나 나빠지는지 한번 살펴보겠습니다.

💰 인플레이션은 언제 발생할까?

일반적으로 물가가 상승하면 시중에 돈이 많아졌다는 증거입니다. 돈이 많아졌다는 의미는 경기가 좋아졌다고 생각할 수 있습니다. 그래서 경제를 분석하는 많은 사람들이 물가를 기준으로 경기를 판단합니다. 하지만 물가 상승이 반드시 경기가 좋아졌다는 신호는 아닙니다. 주변 상황을 다양하게 살펴봐야 합니다. 인플레이션이 찾아오는 이유는 여러 가지가 있습니다.

시중에 돈이 많이 풀리면 돈의 가치가 떨어지면서 인플레이션이 찾아옵니다. 반대로 말하자면 물건의 가격은 올라갑니다. 시중에 돈이 많아져서 아파트 가격이 많이 올라가면 사람들은 통장에 돈을 놔두는 것이 손해라고 생각합니다. 통장에 있는 돈은 그대로인데 아파트 가격은 하루가 다르게 올라가기 때문입니다. 통장에 돈은 줄어들지 않았습니다. 하지만 전에는 살 수 있었던 부동산이 어느 순간 살 수 없는 가격이 되어 버립니다. 그래서 마치 돈을 도둑맞은 느낌이 드는 것입니다.

비용이 증가했을 때도 인플레이션이 찾아올 수 있습니다. 아파트를 만드는 원자재 가격이 증가했다고 가정해봅시다. 전에는 아파트의 원가가 1억 원이 들었다면 원자재 가격이 상승해서 원가가 1억 2,000만 원으로 상승할 수 있습니다. 이렇게 되면 건설회사는 아파트를 전보다 더욱 비싼 가격으로 팔 수밖에 없습니다. 적어도 상승한 2,000만 원만큼은 가격을 올려야 건설회사도 살아남을 수 있습니다.

화폐 가치 하락
화폐 발행 증가
인플레이션
화폐량 증가
비용 증가
수요 증가
물가 상승

또한 수요가 증가하여 인플레이션이 찾아올 수 있습니다. 물건의 수량은 정해져 있는데 사고자 하는 사람들이 늘어난다면 가격이 상승할 수 있습니다. 대표적으로 석유나 금이 이에 해당됩니다. 지구에 석유와 금의 매장량은 정해져 있습니다. 석유와 금 수요가 늘어난다고 매장량이 늘어나지 않습니다. 수요가 증가했을 때 가격이 상승하기 쉽습니다.

🪙 인플레이션은 양날의 검

인플레이션의 가장 큰 단점은 물건이 비싸진다는 것입니다. 대다수의 사람들은 일을 해서 돈을 법니다. 대부분 소득이 갑자기 늘어나는 경우는 없습니다. 소득은 그대로인데 물가가 계속 올라간다면 실제 소득은 감소할 것입니다. 그렇게 되면 삶의 행복도가 떨어질 수밖에 없습니다.

두 번째 단점은 사람들이 저축을 하려 하지 않게 된다는 것입니다. 저축을 하면 손해라고 느끼기 때문입니다. 인플레이션으로 아파트와 주식이 상승하는 것을 보고 대출을 받아서라도 투자하려 들 것입니다. 잘못하면 무리하게 빚을 내서 투자에 실패할 수 있습니다. 개인 투자자들의 투자 실패와 부채가 급격히 늘어나면 사회적으로도 큰 손실이 될 수 있습니다.

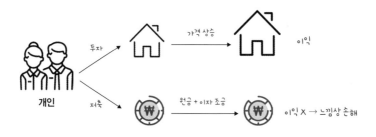

인플레이션의 장점도 있습니다. 물건 가격이 상승하니 기업들은 전보다 돈을 많이 벌 수 있습니다. 이렇게 되면 생산과 고용을 늘리려 할 것입니다. 사람들이 일자리를 찾기가 쉬워질 것입니다.

두 번째 장점은 자산 가격이 증가할 수 있다는 것입니다. 보유하고 있는 부동산이나 주식이 상승함에 따라 자산이 늘어난 사람들은 소비를 늘릴 수 있습니다. 소비가 늘어나면 기업들이 살아나고 일자리도 더욱 많아질 수 있습니다.

세 번째 장점은 빚이 감소한다는 것입니다. 빚이 감소한다니 이상한 소리처럼 들릴지 모릅니다. 예를 들어보겠습니다. 어떤 사람이 100만 원을 이자 없이 빌려서 20년 뒤에 원금을 갚는다고 생각해보겠습니다. 예를 들어 지금의 100만 원은 사무용 컴퓨터 본체와 모니터를 살 수 있는 금액입니다. 하지만 20년 뒤에는 컴퓨터 본체만 살 수 있는 금액이 될 수 있습니다. 100만 원의 가치가 줄어든 것입니다. 인플레이션으로 사실상 빛이 줄어든 효과를 본 것입니다.

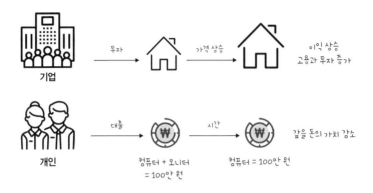

💰 하이퍼 인플레이션

하이퍼 인플레이션은 초超인플레이션이라고도 합니다. 1년에 수백%이상으로 물가 상승이 일어나는 상황을 일컫는 말입니다. 중앙은행이 과도하게 통화량을 증대시킬 경우에 발생할 수 있습니다. 예를 들어, 아침에 5,000원이었던 짜장면 가격이 저녁에 1만 원으로 뛴다면 하이퍼 인플레이션이라 볼 수 있습니다.

하이퍼 인플레이션으로 몸살을 앓았던 대표적인 나라가 '짐바브웨'입니다. 짐바브웨는 상상을 초월하는 인플레이션으로 고통받은 적이 있습니다. 2008년 1월부터 7월까지 인플레이션율이 2억%에 달했는데, 500원 하던 과자 가격이 1년 사이에 10억 원으로 폭등한 것입니다. 걷잡을 수 없이 물가가 상승한 탓에 짐바브웨 정부는 결국 화폐 발행을 금지하고 달러를 통화로 사용하는 것을 택했습니다.

물가가 오르면 어떤 일이 벌어지는지 살펴보았습니다. 그렇다면 물가가 하락하면 어떤 일이 벌어질까요?

02

물가가 내려가면
좋은 거 아니야?

#공포의 디플레이션 #투매로 이어진다
#해결책이 없는 #D의 공포

물가가 하락하는 경우를 **디플레이션**deflation이라고 합니다. 물가가 하락하면 소비자 입장에서는 생활용품, 식료품 등을 더 저렴한 가격에 살 수 있습니다. 지출이 줄어들어 생활이 좋아질 것이라고 생각할 수 있지만, 경제에서 디플레이션은 공포스러울 정도로 무서운 현상인 경우가 많습니다.

바로 총 수요의 감소로 발생하는 디플레이션 때문에 그렇습니다. 이때는 기업들의 실적이 줄어들고 투자와 고용도 같이 감소합니다. 이렇게 되면 실업률이 올라가 소비가 위축되고 기업들은 더욱 힘들어질 수 있습니다. 경제 상황이 나빠지면 사람들은 돈을 더욱 안 쓰려고 할 것입니다. 투자와 소비가 더욱 위축될 수 있습니다. 이런 디플레이션의 악순환이 너무 무서워서 **D의 공포**라고도 합니다. 디플레이션이 정말 무서운 이유는 한 번 빠지면 헤어 나오기 어렵기 때문입니다. 실제로 일본은 디플레이션 늪에서 빠져 나오지 못하고 있습니다. 이런 현상을 우리는 '잃어버린 20년'이라고 부릅니다. 그래서 경제를 분석하는 많은 사람들이 디플레이션이 오면 경기가 나빠진다고 판단합니다.

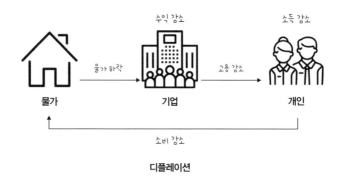

디플레이션

디플레이션이 왔다는 것은 화폐 가치는 상승하고 자산의 가치는 하락한 것입니다. 자산 가치가 하락하면 사람들이 주식이나 부동산을 사지 않을 것입니다. 자산 가치가 하락하니 소비도 줄어듭니다. 돈이 돌지 않는다는 것입니다. 자산 가치가 계속 하락하면 주식이나 부동산 투매로 이어집니다. 투매가 이어지면 주식과 부동산이 더욱 폭락하고 많은 기업들과 사람들이 파산할 수 있습니다.

가격이 계속 상승할 것이라 믿고 부동산과 주식을 매수한 사람들은 공포에 휩싸입니다. 불안한 사람들은 은행으로 달려가 현금을 찾으려 할 수 있습니다. 가격이 하락하는 주식이나 부동산보다는 안전한 현금으로 바꾸려 할 것이기 때문입니다. 이때 은행으로 모두 돈을 인출하러 간다면 은행은 파산할 수 있습니다. 실제로 1929년 미국 대공황 때 이와 같은 최악의 상황이 벌어졌습니다.

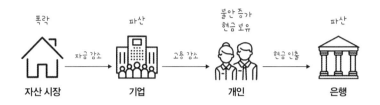

디플레이션은 보통 질병이 아니라 불치병입니다. 인플레이션은 금리 인상으로 잡을 수 있습니다. 하지만 디플레이션은 딱히 해결 방법이 없습니다. 금리를 낮춰서 돈을 공급한다 해도 한계가 존재하기 때문입니다. 바로 일본이 제로 금리를 유지하지만 아직도 디플레이션 늪에서 빠져나오지 못한 것처럼 말입니다.

💰 디플레이션의 순기능

디플레이션도 순기능이 있습니다. 인플레이션이 가져오는 긍정적인 영향이 소비 확대라면, 디플레이션이 가져오는 긍정적인 영향은 소비 균형입니다. 사람들은 인플레이션 시기에는 자산 가격 상승에 도취하여 소비를 늘리기도 합니다. 반대로 디플레이션 시기에는 자산 가격이 하락한 만큼 자신의 소득에 맞추어 소비합니다. 또한 부동산과 주식 등 거품으로 부자가 될 수 있다는 허황된 생각은 사라질 것입니다. 대신 열심히 땀 흘려 일하는 사람들에게 더욱 많은 기회가 주어질 수 있습니다.

또한 디플레이션의 좋은 예로는 '기술 전이'가 있습니다. 대표적으로 '컴퓨터'의 등장이 있습니다. 1995년 컴퓨터가 보급되던 시점에 가격은 지금보다 비쌌습니다. 하지만 기술이 점점 발전하면서 가격은 점점 내려가고 성능은 향상되었죠. 소비자들은 시간이 지날수록 더 좋은 컴퓨터를 저렴한 가격에 살 수 있게 되었습니다. 여기에 컴퓨터의 등장으로 소프트웨어, 반도체, 쇼핑몰과 같은 새로운 산업이 성장했습니다. 컴퓨터의 가격은 내려갔지만 공급자와 수요자가 모두 윈윈하므로 긍정적인 디플레이션 효과라고 볼 수 있습니다.

🪙 스테그플레이션

스테그플레이션은 경기 침체stagnation와 인플레이션inflation의 합성어입니다. 물가가 상승하지만 불황이 찾아오는 최악의 상황입니다. 스테그플레이션에서 벗어나기 위한 가장 좋은 방법은 '기술 혁신'입니다. 기술 혁신에 따른 생산성의 증대는 상품 생산 원가를 감소시켜 상품 가격의 인하를 가져옵니다. 가격이 하락하면 수요가 증가하고 창고에 쌓인 재고가 줄어들어 기업들이 다시 활력을 되찾을 수 있기 때문입니다.

1979~1987년 연방준비제도의 의장인 폴 볼커Paul Volcker는 스테그플레이션과 싸워서 이기고 미국 경제를 살렸다는 평가를 받고 있습니다. 그는 취임 후 물가를 잡기 위해서 미국 기준금리를 평균 11.2%

에서 1981년에는 무려 20%에 이를 정도로 대폭 높였습니다. 덕분에 1979년 13.3%에 달했던 인플레이션율이 1983년 3.2%로 떨어졌습니다. 하지만 실업률은 10% 수준으로 치솟았고 달러 가치가 폭락하여 경제는 1년 이상 위축되었습니다. 덕분에 그는 재직 중에 권총을 몸에 지니고 다녀야 할 정도로 온갖 시위와 살해 위협까지 받았습니다.

이처럼 어렵게 '인플레이션과의 전쟁'에 성공하면서 미국 경제는 1990년대 고도성장과 물가 안정이라는 사상 최대 호황기를 맞을 수 있었습니다. 훗날에 스태그플레이션을 극복한 그의 뚝심은 인정받습니다. 독일 경제학자인 헨리 카우프만Henry Kaufman은 "볼커는 20세기 가장 위대한 중앙은행 총재"라고 칭송할 정도였습니다.[11]

물가가 너무 빨리 올라도 힘들고 떨어져도 힘듭니다. 그렇다면 물가는 어떻게 정해질까요?

03

물건의 가격은
어떻게 결정될까?

#수요와 공급 #보이지 않는 손 #시장에서 가격 결정
#애덤 스미스

우리가 식당에서 밥을 먹고, 마트에서 식료품을 사고, 인터넷으로 컴퓨터를 살 수 있는 이유는 누군가 물건을 팔기 때문입니다. 물론 물건을 파는 사람은 그냥 팔지 않습니다. 판매자에게 이익이 생기기 때문에 물건이나 서비스를 판매하는 것입니다. 그렇다면 이러한 물건이나 서비스의 가격은 누가 어디서 정하는 걸까요?

기본적으로 가격은 시장에서 수요자와 공급자가 서로 만나 흥정을 통해서 정해집니다. 중고 상품을 인터넷 카페에서 팔아본 적 있을 것입니다. 내가 팔려는 물건이 얼마에 거래가 되고 있는지 검색하고 판매 게시글을 올립니다. 이때는 카페 게시판이 가격이 결정되는 장소입니다. 이처럼 세상에는 훨씬 다양하고 복잡한, 수요자와 공급자가 만나는 시장이 존재합니다.

🪙 수요가 고무줄처럼 늘었다 줄었다

　수요란, 경제 주체가 특정 상품에 대해 사고자 하는 의지와 실제로 살 수 있는 구매 능력을 갖춘 욕구를 말합니다. 여기서 중요한 점은 구매 능력이 있어야 한다는 것입니다. 연봉이 5,000만 원인 A가 노트북을 사고 싶다면 수요자입니다. 하지만 돈을 벌지 않는 초등학생이 노트북을 사고 싶다고 수요자로 보지 않습니다. 구매 능력으로 수요자를 평가하는 것입니다.

　상품을 구입할 때 가장 큰 영향을 주는 것은 '가격'입니다. 우리는 세일기간이나 할인 쿠폰이 생기면 평소에 사고 싶은 물건을 할인받아서 삽니다. 반대로 가격이 올라가면 사는 시기를 미루거나 포기합니다. 하지만 가격이 중요하지 않는 상품들도 있습니다. 소위 '명품'이라고 불리는 상품들입니다. 명품 차, 명품 가방, 명품 지갑 등은 우리가 부유함을 과시하기 위한 것이기 때문입니다.

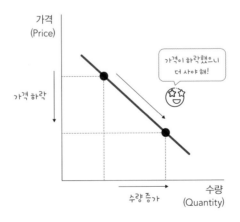

이렇게 여러 가지 요인이 수요에 영향을 미칩니다. 그중 '가격'의 변화를 기준으로 수요의 변화를 설명한 것을 **수요의 법칙**이라고 합니다.

수요는 다른 요인에 따라서 변하기도 합니다. 예를 들어 소고기가 갑자기 비싸지면 삼겹살이나 치킨을 사 먹으러 갑니다. 소고기의 '대체재'가 삼겹살과 치킨인 것입니다. 자동차를 싸게 팔면 석유와 자동차 보험이 많이 팔립니다. 프린터를 싸게 팔면 프린터 잉크가 많이 팔립니다. 이처럼 서로 꼭 필요한 것을 '보완재'라고 합니다.

🪙 공급을 지배하는 자!

공급이란 경제 주체가 상품을 판매하고자 하는 의도를 말합니다. 판매는 돈을 받는 거래입니다. 그래서 돈을 받지 않는 거래는 공급이라고 볼 수 없습니다. 회사에서 일을 해주고 돈을 받기 때문에 노동을 공급한다고 할 수 있습니다. 하지만 주말에 무료로 봉사활동을 한다면 공급이 아닙니다.

공급도 수요처럼 여러 상황에 따라서 공급량이 변합니다. 판매할 수 있는 가격이 높아지면 공급자는 돈을 더 많이 벌기 위해서 더 많이 생산하여 공급할 것입니다. 가격을 높여서 많이 팔면 이익을 많이 남길 수 있기 때문입니다. 아파트 가격이 상승하면 많은 건설사들이 아파트를 많이 지어서 판매하려 하는 것처럼 말입니다. 하지만 모든 재화가 비싸다고 생산이 증가하지 않습니다. 석유나 금 등과 같이 생산량 늘리기 어려운 재화도 있습니다. 또한 명품 같은 경우는 한정판이 더 비싼 경우도 있습니다.

이처럼 '가격'의 변화를 기준으로 공급의 변화를 설명한 것을 공급의 법칙이라고 합니다.

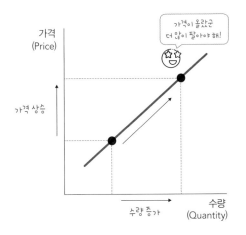

공급자와 수요자가 서로 만나서 거래를 하면 어떤 현상이 벌어질까요?

04

시장에 자유를? 통제를?

#이기심이 좋다? #보이지 않는 손
#시장은 어떤 곳? #애덤 스미스 #존 메이너드 케인스

앞에서 설명한 것처럼 다양한 수요와 공급 요인이 있습니다. 이런 요인들이 만나서 가격이 올라가기도 하며 내려가기도 합니다. 당연히 수요가 많아지면 가격은 올라갈 것입니다, 반대로 공급이 많아지면 가격은 떨어질 것입니다. 하지만 가격이 한없이 오르거나 떨어지지 않습니다. 비싸게 팔려는 판매자와 싸게 구매하려는 구매자는 서로가 이익이 되는 합의점에 도달하게 됩니다.

경제학의 아버지 **애덤 스미스**[*]Adam Smith는 '보이지 않는 손Invisible hand'에 의해 가격이 정해진다고 합니다. 사회의 모든 구성원 각자에게 무엇을 얼마나 살지, 무엇을 얼마나 만들어 팔지 자유로이 선택하도록 맡겨야 한다

> **애덤 스미스**
>
> 정치경제학과 경제학 분야를 개척한 스코틀랜드 철학자. 그가 집필한 『국부론』은 사실상 최초의 근대적인 경제학 저술임.

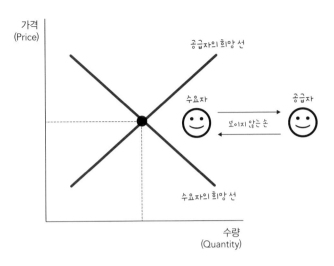

가격
(Price)

공급자의 희망 선

수요자

공급자

보이지 않는 손

수요자의 희망 선

수량
(Quantity)

는 것이 그의 주장입니다. 그렇다면 시장이 모든 구성원들에게 유익한 가격 및 수요와 공급의 균형을 찾아준다고 보았습니다. 시장을 움직이는 원동력은 개인의 이기심self-interest에서 나오고, 경쟁을 통해서 사회 전체의 이익을 가져온다고 본 것입니다.

경제를 움직이는 원동력이 이기심이라니, 너무 삭막하다고 느낄 수 있습니다. 하지만 스미스는 "정의의 법을 위반하지 않는 한 모든 사람은 자신의 방법으로 자신의 이익을 추구하도록 완전한 자유가 주어져야 한다"라고 주장했습니다. 스포츠에서 정당하고 공정한 규칙에서는 최선을 다하는 스포츠맨쉽과 비슷한 것입니다. 상대편을 생각해서 일부러 져준다면 관중과 스포츠에 대한 모욕인 것처럼 말입니다. 시장에서의 경쟁은 스포츠 경기와 동일한 것입니다.

하지만 스미스가 주장한 시장만 추종하는 사람들은 시장을 자유로이 놔두면 보이지 않는 손에 의해 잘 돌아갈 것이라고 굳게 믿습니다. 그래서 정부의 시장 개입을 어리석다고 생각하고 완강히 거부하기도 합니다. 하지만 이런 '보이지 않는 손'도 항상 성공하는 것은 아니라고 주장하는 경제학자가 등장했습니다. 바로 존 메이너드 케인스[*]John Maynard Keynes입니다. 그는 "완전 고용을 실현, 유지하기 위해서 자유방임주의가 아닌 정부의 보완책이 필요하다"라고 주장했습니다. 그는 20세기 초반 정부의 적극적인 시장 개입을 주장하며 경제학은 물론이며 세계사의 한 획을 긋기도 했습니다.

이 둘의 주장은 아직도 첨예하게 대립하고 있습니다. 시장은 자유롭지만 지나치면 방종을 불러옵니다. 정부는 시장의 방종을 억제해야 하지만 지나치면 시장의 자유를 억압할 수 있습니다. 무엇에 중점을 두는 것이 우리의 삶에 도움이 되는지 우리도 한번 생각해보아야 합니다.

우리는 정보의 접근, 자금의 규모, 시장 진입 능력이 등이 양쪽 모두에게 공평하게 주어지는 시장을 **완전경쟁시장**이라고 부릅니다. 사실 이런 조건들을 만족하는, 공급자와 수요자 모두에게 공평한 시장은 세상에 존재하지 않습니다. 우리가 사는 자동차, 아파트, 스마트폰, 심지어 장난감까지 모두 마찬가지입니다. 우리는 완전하지 못한 시장에서 거래를 할 수 밖에 없습니다.

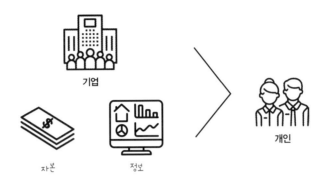

기업

자본　정보

개인

　그렇다고 자본주의 시장이 나쁘니 폐지해야 한다는 것은 아닙니다. 과거 신분사회에서는 좋은 자원을 가질 수 있는 자격은 신분으로 결정됐습니다. 하지만 자본주의는 신분과 상관없이 시장에서 경쟁을 통해서 효율적으로 자원을 분배합니다. 신분과 상관없이 거래를 할 수 있다는 사실 하나만으로 굉장히 진보적인 것입니다. 이렇듯 시장의 등장이 우리의 생활을 한 단계 발전시킨 것은 사실입니다. 시장이 주는 혜택을 받고 있는 우리는 결국 시장이 공정하게 돌아갈 수 있도록 공적인 시스템을 통해 감시해야 합니다.

생각을 키우는 Q

우리가 이용하는 컴퓨터, 자동차, 전기, 도서관 등은 보이지 않는 손으로 움직일 수 있을까요?

05

뭉치면 산다?
착한 독점이란

#독점 시장의 정체 #끼지마라 과점
#우리끼리 뭉치자 카르텔

시장에서 기업들은 이익을 추구하기 위해 기술 혁신을 일으키고 사회를 발전시키는 역할을 하고 있습니다. 하지만 때로는 '이익'만 목적으로 하고 기술 혁신과 사회 발전은 이룩하지 못할 때도 있습니다. 공정하고 효율적으로 자원을 분배하는 시장의 기능이 제대로 작동하지 못한 것입니다. 이때는 정부가 등장해서 시장이 잘 돌아가도록 질서를 바로잡기도 합니다.

사람의 성격이 모두 다르듯이 시장의 성격도 모두 다릅니다. 어떤 시장은 자유를 주면 더욱 발전합니다. 하지만 어떤 시장은 엄격하게 통제를 해야 합니다. 시장을 통제한다고 하니 왠지 거부 반응이 들 수 있습니다. 하지만 예를 들어 '마약 성분의 약물'을 수요자와 공급자가 자유롭게 거래하게 놔둔다면 큰일 날 것입니다. 이처럼 통제가 필요한 시장에 대해서 간단히 알아보겠습니다.

💰 통제가 필요한 독점시장

어떤 기업이 특정 상품을 독점하여 시장을 혼자 차지하는 **독점시장** monopoly market인 경우에는 정부의 통제가 필요합니다. 독점이 가능한 이유는 높은 진입장벽이 존재하기 때문입니다. 대표적인 독점시장은 MS윈도우입니다. 윈도우 소프트웨어를 만드는 곳은 한 곳뿐이기 때문입니다.

이렇게 다른 대안이 없을 경우 소비자들의 선택할 권리가 없어집니다. 만일 우리나라에 커피를 파는 브랜드가 한 곳밖에 없다면 시민들은 커피의 품질이 좋지 않더라도 그 커피를 마실 수밖에 없습니다. 또한 가격을 올리거나 서비스가 좋지 않아도 다른 대안이 없기 때문에 화를 참고 마셔야 할지 모릅니다. 시장이 비효율적으로 돌아가게 되는 것입니다.

하지만 반드시 시장의 효율만 따질 수 없습니다. 독점기업이 필요한 경우가 있습니다. 대표적으로 전기, 수도, 철도, 지하철 등 같은 시장입니다. 초기 투자비용이 막대하기 때문에 한곳에서 대량 생산을 통해 대량 판매하면 평균 가격을 낮출 수 있기 때문입니다. 만약에 같은 노선의 지하철을 S사, L사, H사가 따로따로 만들면 가격은 몇 배 비싸질 것입니다. 또한 기업마다 노선도 멋대로고, 환승도 되지 않아 불편할 수 있습니다.

📚 과점시장도 경쟁이 치열해

과점시장oligopoly market은 소수의 거대 기업이 시장의 대부분을 지배하는 형태입니다. 국내의 대표적인 과점시장은 자동차와 통신입니다. 과점시장 역시 진입장벽이 굉장히 높습니다. 예로 들어, 자동차는 부품의 개수만 약 2만 5,000개입니다. 완성차를 만들려면 대규모 자금과 인력, 설비 등이 필요하기 때문에 이를 운영할 수 있는 사업자는 한정될 수밖에 없습니다.

과점시장에서는 치열한 경쟁이 존재합니다. 비슷한 상품이나 제품을 가지고 몇 개의 기업이 제한된 시장에 있기 때문입니다. 자동차 회사들의 차의 모양과 기능은 대동소이합니다. 그렇기 때문에 브랜드의 이미지나 서비스 등 다른 방면에서 경쟁을 하게 됩니다. 통신사나 자동차 광고를 보면 딱딱한 기능을 설명하기보다 감성을 자극하는 광고가 많은 것도 이 때문입니다.

하지만 경쟁이 치열해지면 상대방을 의도적으로 깎아내리는 방식으로 경쟁이 과격해집니다. 마치 스포츠에서 격해지면 몸싸움을 벌이는 것과 비슷합니다. 때로는 의도적으로 가격을 터무니없이 낮추어서 손해를 보고 물건을 팔기 시작합니다. 경쟁기업을 도산시켜서 시장을 다 차지하려는 것입니다. 일명 '치킨게임'으로 죽기 아니면 살기로 싸우는 것입니다.

	독점	과점
거래자의 수	하나	소수
상품의 질	동질	비슷함
진입장벽	매우 높음	높음
특징	독점 기업이 시장 가격 결정	한 기업의 행동이 다른 기업에 큰 영향을 미침

거대한 담합의 등장

기업들이 치열하게 계속 경쟁만 하는 것은 아닙니다. 싸우는 것이 너무 힘들어서 그만 싸우고 협정을 맺기도 합니다. 상호 간에 치열한 가격 경쟁을 피해서 가격과 공급 물량을 협의하여 결정하는 것입니다. 이런 행위를 **담합**이라고 하고, 가장 강력한 담합을 **카르텔**cartel이라고 부릅니다.

카르텔은 경쟁해야 할 기업들이 담합하여 경쟁을 하지 않고 독점적 지위를 누리는 것입니다. 제품의 상품가격과 공급량을 서로 합의해서 정하기도 합니다. 이렇게 되면 시장을 통한 자원의 효율적 배분이 이루어지지 않습니다. 피해는 소비자들에게 전가됩니다. 그래서 카르텔을 엄격하게 법적으로 규제하고 있습니다.

석유수출기구*OPEC: Organization of the Petroleum Exporting Countries처럼

석유수출기구

OPEC의 설립 목표는 회원국들의 석유정책 조정을 통해 상호 이익을 확보하는 한편, 국제 석유 시장의 안정을 유지하기 위함임.

정부가 나서서 협약을 체결하여 공급량과 가격을 정하기도 합니다. 하지만 서로 합의된 가격과 할당 생산량을 엄격히 지켜야 합니다. 한 기업이 합의를 어기고 자신만의 이익을 위해 행동하면 다른 기업들도 동참하기 시작합니다. 이것이 카르텔이 가지는 한계이기도 합니다.

06

우리나라 소득 수준은 세계에서 몇 위일까?

#GDP 순위 #GDP는 왜 상승할까? #GDP의 함정
#그래서 국민들 살림살이는 나아졌나? #3050클럽

우리는 가구를 살 때 여러 가지 요소를 고려해서 삽니다. 이때 디자인, 기능, 내구성 등도 고려해야겠지만 가장 중요한 것은 크기일 것입니다. 빈 공간의 넓이와 높이를 알아야 알맞은 크기의 가구를 구하여 용도에 맞게 사용할 수 있겠지요.

우리나라의 경제도 마찬가지입니다. 경제의 넓이와 높이가 어느 정도 되는지 알아야 합니다. 그래야 기업과 국민을 위해 알맞은 정책을 펼칠 수 있습니다. 한 나라의 경제 규모를 파악할 수 있는 지표 중 하나가 바로 **국내총생산**GDP: Gross Domestic Product입니다. GDP는 자주 접하는 경제 용어 중 하나이므로, 이에 대해 알아보도록 하겠습니다.

📚 국내총생산의 원리

　GDP란, 일정기간 동안 한 국가에서 가계, 기업, 정부 등 모든 경제 주체가 생산한 제품과 서비스를 시장가격으로 평가한 합계입니다. GDP가 증가한다는 것은 기업들의 매출액이 증가한다는 의미입니다. 그렇기 때문에 주가나 부동산 상승의 신호라고 볼 수 있습니다. 하지만 허와 실을 잘 살펴봐야 합니다.

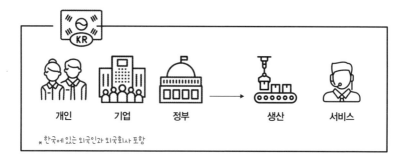

개인　　기업　　정부　　　　　생산　　서비스

※ 한국에 있는 외국인과 외국회사 포함

　국가의 영토 기준이기 때문에 외국인 근로자나 외국회사가 우리나라에 공장을 건설하고 생산한 제품도 GDP에 포함이 됩니다. 그리고 일정 기간이라는 의미는 해당 연도에 생산된 제품만 GDP에 포함된다는 것입니다. 작년도에 생산한 제품은 GDP에 포함되지 않습니다. 만약 해당 연도 생산품이 팔리지 않고 재고로 남을 수도 있습니다. 이때도 해당 연도 GDP에 포함이 됩니다.

　하지만 똑같은 과자라 하더라도 원자재나 인건비 상승으로 가격이 상승할 수 있습니다. 작년에 1,000원이던 과자가 올해 재료비 상승으로 1,200원이 되었다면, GDP가 200원 상승한 효과가 나타납니다.

물론 가격표만 바뀌었지, 과자의 크기나 맛은 그대로입니다. 사실상 성장한 것은 아무 것도 없습니다. 하지만 겉으로는 GDP가 성장한 것처럼 보입니다.

GDP는 왜 오를까?

GDP가 증가해야 기업들이 일자리를 늘리고 국민들의 소득도 상승합니다. 더불어 나라의 세수도 증가해 정책도 잘 펼칠 수 있습니다. 그렇다면 어떤 이유로 GDP가 상승하는지 알아보겠습니다. 많은 요인이 있지만 중요한 몇 개만 살펴보겠습니다.

가장 주효한 요인은 바로 인구입니다. 생산가능인구인 15~64세가 증가하면 GDP는 증가하게 됩니다. 다양한 수요가 늘어 기업들이 생산을 늘리기 때문입니다. 특히 청년층은 집, 결혼, 출산 등으로 소비가 많은 세대입니다. 이들이 증가하게 되면 GDP가 상승할 수 있습니다.

시장에 돈이 늘어나는 경우에도 GDP가 상승합니다. 돈은 한국은행에서 공급하거나 외국에서 유입될 수 있습니다. 이렇게 유입된 돈은 주식이나 부동산과 같은 자산 시장으로 향하게 됩니다. 자산이 상승한 사람들은 소비를 늘릴 수 있어서 GDP 상승에 기여를 합니다.

또, 기술 혁신으로 신제품이 나오면 GDP가 상승할 수 있습니다. 과거에는 스마트폰이 새롭게 등장하자 많은 사람들이 기존의 구형 핸드폰을 버리고 스마트폰으로 바꿨습니다. 새로운 수요가 생겨서 생산이 증가하면 GDP는 상승하게 되는 것입니다.

    우리나라의 GDP는 2022년 기준 2,150조 원으로 세계 13위입니다. 경제가 발전하여 많은 사람들이 풍요로워졌으니 행복도도 높을 것이라 생각할 수 있습니다. 하지만 안타깝게도 국민들의 행복 지수는 95개국 가운데 50위입니다.[12] 많은 이유가 있겠지만 앞만 보고 달려온 우리에게 던지는 경종일 수도 있습니다.

💰 우리와 밀접한 GNI

    국민총소득GNI: Gross National Income은 한 나라의 국민이 국내외 생산 활동에 참가하거나 생산에 필요한 자산을 제공한 대가로 받은 소득의 합계입니다. 국민들이 생산활동을 통해 획득한 소득의 구매력을 나타내는 지표입니다. 해외로부터 국민이 받은 소득은 포함되고 국내 총생산 중에서 외국인에게 지급한 소득은 제외됩니다.

    국민들의 생활수준을 알아보기 위하여 일반적으로 사용되는 것이 1인당 GNI입니다. 한국은행은 2022년에 1인당 GNI가 4,220만 3,000원으로 전년 대비 4.3% 늘었지만, 환율 상승으로 달러 기준 1인당 GNI는 3만 2,661달러로 전년 대비 7.7% 감소했다고 발표했습니다. 2018년 우리나라는 1인당 국민 소득이 3만 달러를 넘는 동시에 인구 5,000만 명이 넘는 '3050클럽'에 가입한 7번째 국가가 되었습니다. 현재 해당 규모의 경제력과 인구를 가진 국가는 미국, 독일, 일본, 프랑스, 영국, 이탈리아, 한국 7개국입니다.

생각을 키우는 Q

그렇다면 다른 나라와 거래하면서 생기는 이익과 손해는 어떻게 측정할까요?

07

국제수지를
아시나요?

#무역 흐름을 한번에 알 수 있는 경제지표들
#경상수지와 자본수지 #불황형 흑자

우리나라는 수출과 수입이 많은 국가입니다. 이렇게 일정 기간 동
안 국제 거래를 통해 발생한 수입과 지출을 **국제수지**라고 합니다. 국제
수지는 다시 경상수지와 자본수지로 나뉩니다. 우리가 뉴스에서 자주
듣는 수지는 '경상수지'입니다.

경상수지는 개인이 물건을 사고파는 기록을 적은 것과 비슷합니다.
상품이나 서비스처럼 일반 상거래를 통해서 외화가 들어오고 나간 차
이입니다. **자본수지**는 개인이 주식이나 부동산을 사거나 친구에게 돈
을 빌려주는 것처럼 돈만 오가는 형태입니다. 국가 간에 투자나 돈을
빌려주는 행위 또한 자본수지로 분류됩니다.

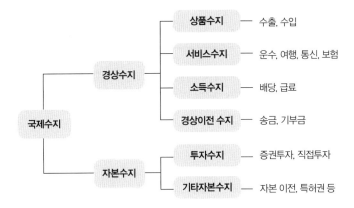

🪙 경상수지

　상품수지는 경상수지 중 가장 중요한 항목입니다. 상품수지는 수출과 수입의 차이로, 흑자면 외화가 유입되고 적자면 외화가 유출됩니다. 반도체, 자동차, 화학, 조선, 철강 수출 중심의 제조업 비중이 높은 우리나라는 상품수지가 매우 중요합니다. 상품수지가 흑자라는 것은 우리나라의 기업들의 상황과 경제가 좋다는 신호입니다. 주식과 부동산 시장에도 긍정적인 영향을 미칠 수 있습니다.

　서비스수지는 제품이나 상품의 거래가 아닌 서비스를 통한 수입과 수출의 차이입니다. 해외여행, 유학과 어학연수, 운수서비스 등이 여기에 속합니다. 우리나라는 해외여행과 유학, 어학연수 등을 많이 가기 때문에 서비스수지는 적자입니다.

　소득수지는 말 그대로 노동이나 투자를 통해서 발생한 소득의 차이입니다. 노동을 통해서 한국인이 해외에서 벌어들인 소득과 외국인

근로자가 한국에서 얻은 소득의 차이가 있습니다. 그리고 이자, 배당 등 투자에 대한 소득의 수입과 지급의 차이도 있습니다. 이와 별개로 경상이전수지라고 하여, 기부금이나 무상원조 등 대가 없이 주고받은 거래의 차이도 있습니다.

🪙 자본수지

자본수지는 돈만 거래하는 자본의 유입과 유출액의 차이입니다. 해외로부터 차입, 투자 등의 방식을 통한 외화 유입과 같은 방식으로 빠져나간 외화의 유출의 차이입니다. 자본수지가 흑자라는 것은 외화의 유입이 유출보다 많았다는 것을 의미합니다.

자본수지는 '투자한 돈'만 계산됩니다. 배당이나 이자는 소득수지로 계산이 됩니다. '투자'와 '투자를 통한 소득'의 발생을 서로 구분한 것입니다. 예를 들어 우리나라 금융기관이 해외에 주식이나 채권에 투자하면 자본수지로 계산됩니다. 하지만 이자나 배당을 받는다면 투자에 대한 소득이므로 소득수지로 계산됩니다.

🪙 흑자의 눈속임

재테크에 중요한 지표는 경상수지 중 '상품수지'입니다. 경상수지가 좋아지면 수출 기업 주식을 중심으로 관심을 갖고 살펴봐야 합니다. 반대로 경상수지가 악화되면 주식시장을 관망하는 것이 좋습니다. 수출의 감소는 달러 부족으로 이어지고, 이는 달러 가치의 상승으로 다시 이어집니다.

달러 가치 상승 시 외화 부채가 있는 기업은 부담이 증가될 수 있습니다. 대한항공처럼 비행기를 리스로 도입한 회사는 외화 부채가 많습니다. 경상수지 악화로 환율이 상승하면 회사는 굉장한 어려움에 처할 수 있습니다.

불황이지만 경상수지에 흑자가 발생하는 경우가 있습니다. 이런 경우를 **불황형 흑자**라고 합니다. 수출이 감소했어도 수입은 더욱 많이 감소해서 경상수지가 흑자가 된 것입니다. 불황이 닥치면 외국인 자금이 빠져나가면서 환율이 급등하게 됩니다. 우리나라의 물건은 가격경쟁력이 높아져 수출이 증가합니다. 반대로 수입 물건의 가격 경쟁력은 떨어져 수입이 줄어들게 됩니다.

생각을 키우는

Q

이렇게 여러 방면을 통해서 돈이 들어오고 나가는 과정에서 경제가 발전합니다. 경제가 성장하고 있는지는 어떻게 알 수 있을까요?

08

실업률 통계는
얼마나 정확할까?

#당신은 '비경제활동인구'입니까?
#청년 실업률의 민낯

일자리는 누구에게나 중요합니다. 한 개인에게 일자리는 사회에서 자신의 가치를 증명하고 정당한 대가를 받을 수 있는 무대입니다. 그리고 경제적으로 자신과 가족을 부양하고 더 나은 생활을 그릴 수 있는 곳이기도 합니다. 이런 소중한 일자리를 정부도 항상 고민해야 합니다.

그래서 정부는 **실업률**이라는 지표를 만들어서 항상 예의주시하고 있습니다. 그러나 이런 실업률이 우리의 현실을 잘 반영하지 못한다는 비판을 받고 있습니다. 한국은행에 따르면 2023년 10월 실업률은 2.6%입니다. 이 숫자가 사실이라면 우리나라는 자발적 실업자를 제외하고 실업자가 없는 사실상 '완전고용' 상태입니다. 자신이 원하면 언제든지 직장을 찾을 수 있는 상태입니다. 하지만 주위를 조금만 둘

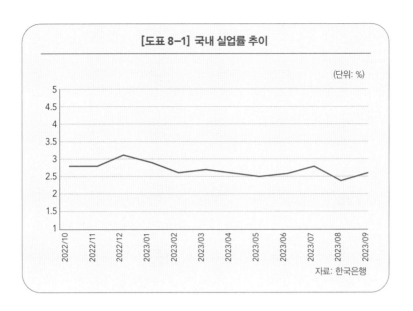

[도표 8-1] 국내 실업률 추이

(단위: %)

자료: 한국은행

러봐도 그렇지 않다는 것을 알 수 있습니다. 왜 지표가 현실을 잘 반영하지 못했는지 살펴보겠습니다.

💰 실업자 되기 힘들다?

실업률이 낮게 나타나는 이유는 실업자가 적은 것이 아니라 실업자가 되기 어렵기 때문입니다. 실업자가 되기 어렵다니, 이게 무슨 소리일까요? 하지만 실업자의 조건을 보면 실업자 되기가 쉽지 않다는 것을 금방 알 수 있습니다.

먼저 만 15세 이상의 인구 중에서 노동을 할 의지와 능력이 있으나 일자리가 없어 실업 상태에 놓인 사람들이 실업자에 포함됩니다.

노동을 할 수 있는 능력이 있어도 일자리를 구하려는 의지가 없는 자는 실업자 명단에서 제외됩니다. 학생, 주부, 군인, 고시생 등은 '비경제활동인구'로서 일자리를 구할 의지가 없는 것으로 판단하고 실업자 명단에서 제외합니다.

또한 통계청이 규정한 실업자의 기준은 고용지표 조사기간 직전 1주 동안 1시간 이상 일을 하지 않아야 합니다. 1주일에 1시간 이상 일하는 사람은 실업자 명단에서 제외됩니다. 그래서 아르바이트를 하면서 구직활동을 하고 있다면 실업자 명단에 제외됩니다. 이렇게 실업자가 되기 위해서는 나름의 힘든 단계를 거쳐야 합니다. 그렇기 때문에 실업률이 2.6%가 나올 수 있는 것입니다. 실업자 되기 힘든, 웃기지만 슬픈 현실인 것입니다.

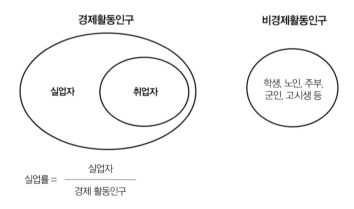

그렇다면 취업 인구 비율을 살펴볼까요? 15세 이상 생산가능인구 중 취업자가 차지하는 비율인 **고용률**이라는 지표가 있습니다. 고용률이 80%라고 하면 10명 중 8명이 취업자라는 것입니다. 그런데 실업률

통계에서 제외된 학생, 주부, 군인, 고시생 등 비경제활동인구가 '고용률'에는 포함되어 계산됩니다. 통계청이 조사한 2023년 9월 고용률은 63.2%입니다. 남자가 71.9%이고, 여자가 54.7%입니다.

지표 중 가장 가슴이 아픈 수치가 바로 청년실업률입니다. 우리나라 15~29세 청년실업률은 2021년 2월 통계 기준 5.2%입니다. 전체 실업률에 비해서 2배 이상 높습니다. 엄격한 통계 기준을 뚫고 해당된 수치가 5.5%이니 실제로는 이보다 더 심각할 것입니다.

어느 분야든 청년들이 취직을 하여 오랜 기간 기술과 업무에 숙련돼야 산업이 발전하고 나라도 같이 발전할 수 있습니다. 이런 구조적인 문제를 청년 개인 책임으로 돌리는 것은 무책임한 태도입니다. 이와 관련된 임금과 노동시간의 문제는 뒤에서 다루도록 하겠습니다.

생각을 키우는 Q

사람들에게 많은 일자리와 경제적 혜택을 주기 위해서는 어떠한 정책과 환경이 마련되어야 할까요?

09

성장이 먼저?
분배가 먼저?

#성장과 분배 #파이를 더욱 키워야지!
#나눌수록 커진다고?

  세상에는 답이 없는 문제와 아직 답이 밝혀지지 않은 문제가 많습니다. 경제에 관련된 문제 역시 마찬가지로 답이 없거나 아직 답을 찾지 못한 문제가 무수히 많습니다. '성장이 먼저냐, 분배가 먼저냐' 하는 문제 역시 마찬가지입니다. 우리는 주입식 교육과 빠른 시간에 정답을 찾는 방식에 익숙합니다. 그래서 당연하듯이 '성장'만이 정답이라고 생각하거나 대답할 수 있습니다.

  물론 성장은 꼭 필요합니다. 다만, 성장만이 정답인 시대는 지났다는 것입니다. 과거 우리나라는 높은 경제성장률을 기록했습니다. GDP의 30% 이상을 투자해서 외적으로 빠르게 성장한 것입니다. 1980년대에는 경제성장률이 10% 전후였습니다. 그래서 당시의 고속 성장 시대를 생생하게 경험한 세대들은 성장과 분배 가운데 성장이

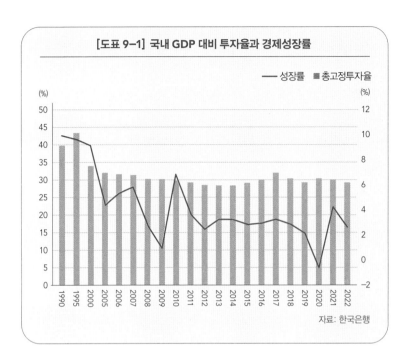

[도표 9-1] 국내 GDP 대비 투자율과 경제성장률

자료: 한국은행

우선되어야 한다고 생각하는 것입니다.

2000년도가 넘어서 아직도 GDP 대비 투자율이 30% 가까이 됩니다. 하지만 경제성장률은 올라갈 기미가 전혀 보이지 않습니다. 투자는 과거와 비슷하게 하는데 성장은 과거에 비해서 많이 떨어집니다. 고성장을 누려보지 못한 세대는 밑 빠진 독에 물을 붓는 것처럼 보일 것입니다. 그래서 3% 경제성장률도 안 나오는 곳에 무리해서 투자하지 말고 다른 곳에 고루고루 쓰는 것이 좋다고 생각할 수 있습니다. 여기서 의견 차이가 발생하는 것입니다.

우리나라는 GDP 대비 투자 비율이 다른 국가에 비해서 월등히 높습니다. 하지만 여기에 함정이 있습니다. 다른 것이 아니라 '부동산'에 투자한다는 것입니다. 그 외에 대부분의 투자는 건설 투자와 설비 투자에 집중되어 있습니다. 물론 필요하다면 투자해야 합니다. 하지만 도시화율이 80%가 넘는 상황에서 건설 투자만으로 지속적인 경제 성장이 이루어질지 의문입니다. 그동안 해왔던, 투자를 통한 외적인 성장은 한계를 맞이한 것이 분명합니다.

🪙 닭이 먼저? 달걀이 먼저?

성장이 먼저인지 분배가 먼저인지는 닭과 달걀의 관계입니다. 어느 것이 먼저인지 알 수 없지만 한 가지 경로만 택하여 유지할 수 있는 것이 아닙니다. 분배 없는 성장은 지속 가능할 수 없습니다. 성장 없는 분배 역시 한두 번으로 끝날 수 있습니다. 성장과 분배라는 두 기둥이 잘 받쳐줘야 우리나라 경제가 더욱 튼튼해질 것입니다.

IMF 소속 3명의 경제학자가 공개한 보고서에서도 "소득 재분배가 성장을 크게 저해한다는 증거를 거의 찾지 못했다"며 "과세와 사회프로그램에서의 적절한 재분배 정책이 성장을 지속시킨다"고 밝혔습니다.[13] 성장과 분배의 적절한 조화가 필요한 때입니다.

> 빠르게 뛰면 빨리 도착하고 천천히 걸어가면 주변을 감상할 수 있습니다. 앞만 보고 빠르게 달려온 우리 경제, 이제 천천히 걸으며 더 많은 것을 볼 수 있지 않을까요?

10

보노보노처럼
성장해서 다행이야

#저성장시대 #수출이 최선입니까?
#성장? 수출? 뭣이 중헌디?

[안녕! 보노보노]라는 만화가 있습니다. 주인공인 보노보노만의 특유의 느릿느릿함과 어눌함이 오히려 정감이 갑니다. 하지만 보노보노가 우리나라 사람들이 사는 것을 보았다면 이상하게 생각할 것입니다. 그동안 우리 경제는 목표를 높게 잡고 수출을 통해서 빠르게 성장해왔습니다. 물론 지금까지는 잘했습니다. 하지만 이제 천천히 다른 방법으로 성장하는 것을 생각해볼 때입니다.

[도표 10-1]의 2020년 각국의 경제성장률을 보면 우리나라는 2.0%였습니다. 지금 고도의 경제성장을 이룩하고 있는 중국을 제외하고는, 영국과 독일 같은 선진국들의 경제성장률을 보면 우리와 비슷한 수준이거나 낮은 것을 알 수 있습니다.

30점을 맞은 학생이 70점까지 성적을 올리기는 쉬울 수 있습니다.

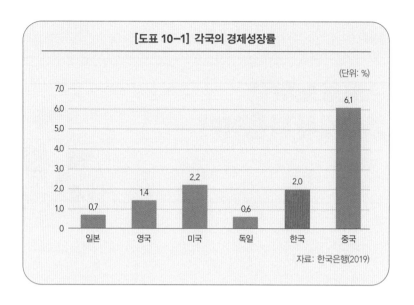

[도표 10-1] 각국의 경제성장률

(단위: %)

일본	영국	미국	독일	한국	중국
0.7	1.4	2.2	0.6	2.0	6.1

자료: 한국은행(2019)

기초를 조금만 공부해도 성적이 10~20점은 오를 수 있기 때문입니다. 하지만 80점 맞는 학생이 조금 공부해서 90점이나 100점을 맞을 수 없습니다. 아주 열심히 공부해도 조금 오르거나 오히려 떨어질 수 있습니다. 참을성을 가지고 많은 시간과 노력을 투자해야 100점 가까이 도달할 수 있습니다.

우리나라 경제도 이와 마찬가지입니다. 과거와 같은 고성장은 분명히 어려울 것입니다. 이 의미는 우리나라가 80점을 맞는 기초가 탄탄한 학생이 되었다는 것입니다. 이제 고득점으로 가기 위해서는 다른 전략이 필요합니다. 기초만 공부할 것이 아니라, 이제는 난이도가 높은 문제를 풀어야 합니다. 이는 더욱 많은 노력이 필요한 일입니다. 성적이 조금 올라도 실망해서는 안 됩니다.

🪙 수출이 최선입니까?

우리는 수출이 잘 돼야만 한다고 생각합니다. 실제로 2021년 GDP 에서 수출이 차지하는 비중(무역의존도)은 약 37.9%에 달했습니다. 2021년 경제성장률 4.1% 중 절반 이상인 2.1%가 수출로 추정될 정도 입니다.[14] 특히 수출은 상장기업에 집중되어 있습니다. 언론에서도 수 출 관련 뉴스를 자주 보도합니다. 그러다 보니 우리의 관심도 온통 수 출에 집중되어 있습니다. 하지만 지금 수출이 잘되는 것만이 최선은 아닙니다. 수출보다 더욱 중요한 것이 있기 때문입니다.

[도표 10-2]는 10억 원을 투자했을 때 발생하는 취업자 수를 나타

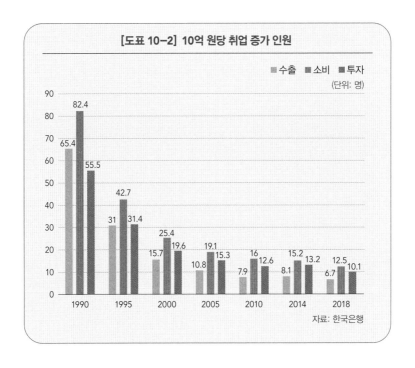

[도표 10-2] 10억 원당 취업 증가 인원

■ 수출 ■ 소비 ■ 투자
(단위: 명)

자료: 한국은행

낸 것입니다. 2018년의 그래프를 보면 10억 원 수출을 통해 발생한 취업자는 6.7명입니다. 하지만 소비와 투자의 10억 원을 통해 발생한 취업자 수는 각각 12.5명과 10.1명입니다. 이러한 통계를 보면 소비정책과 투자정책을 통한 일자리 발생이 더 많았다는 것을 알 수 있습니다. 또 한 가지 눈에 띄는 점은 과거부터 소비정책을 통해 창출되는 취업자 수가 많았다는 점입니다.

전문가들이 수출보다 내수를 더욱 늘려야 한다고 주장하는 것은 이러한 까닭에서입니다. 미국과 일본만 보아도 수출의 비중이 15%가 안 됩니다. 우리나라 또한 장기적으로는 내수 비중을 높이는 쪽으로 가야 합니다.

어떻게 하면 효율적으로 성장할 수 있을까요?

11

자산 시장의 거품을
막을 수 없을까?

#거품이 왜 생겨? #거품의 탄생과 붕괴
#거품 기폭제 #그래도 내 부동산은 올랐으면

부동산이나 주식이 오르면 더 오를까 조바심이 납니다. 하지만 떨어지면 더 떨어질까 걱정이 됩니다. 많은 전문가들이 부동산이나 주식에 거품이 끼거나 빠졌다고 말합니다. 거품이 꺼지면 가격이 하락하니 위험하다고 경고도 합니다. 하지만 반대로 '거품이 아니다'라고 팽팽히 맞섭니다. 하지만 거품은 무엇이고 어디서 생겨서 어떻게 사라지는지 알려주지는 않습니다. 거품이 정말 나쁘면 안 생기도록 할 수 없는지 궁금합니다.

결론을 미리 말씀드리면, 거품은 생길 수밖에 없고 꺼질 수밖에 없습니다. 은행이라는 거울의 방에 들어가 돈이 늘어나는 신용창출을 앞에 설명드렸습니다. 이런 신용창출은 우리에게 더 많은 생산을 가능하게 만든다는 장점이 있습니다. 반면에 거품이 들어오고 나갈 수 있는 가능성 역시 열어두었습니다. '신용창출'의 문을 통해 흘러들어온 돈은 '투기심'과 만나 거품이 되는 것이기 때문입니다.

그렇다고 우리는 현재 시스템을 폐지할 수도 없습니다. 신용창출을 통해서 들어온 생산력 증가로 혜택을 매우 많이 누리고 있기 때문입니다. 결국 들어오는 문이 같기 때문에 들어오지 못하게 할 수 없는 것입니다. 물론 거품만 거를 수 있다면 좋을 것입니다. 하지만 돈을 빌리고 쓰고자 하는 사람의 마음까지 통제하기는 불가능합니다. 좋은 시스템을 악용해서 이익을 취하려 하는 사람은 멀리 있지 않고 언제나 '내 안'에 있기 때문입니다.

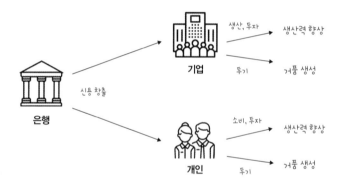

💰 거품 기폭제 '광기와 신용'

거품의 시작은 경제적 풍요에서 출발합니다. 처음에는 많은 사람들과 기업들이 희망과 기대에 부풀어 오르기 시작합니다. 신용이 넘쳐서 투자와 소비가 증가합니다. 돈을 쉽게 가져다 쓸 수 있으니 돈이

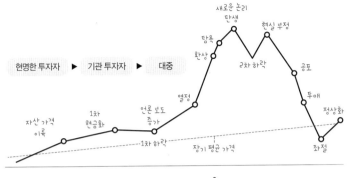

하이먼 민스키 모델*

'공짜'인 것처럼 느껴집니다. 이런 상황이 되면 사람들의 심리 구조상 자산을 생산적으로 활용하는 데 사용하지 않습니다.

부동산 가격과 주가 상승에서 발생하는 자본 이득을 추구하는 기업과 사람들이 늘어나기 시작합니다. 증권회사나 건설회사도 주식과 부동산이 많이 팔리면 좋습니다. 그래서 가격은 더욱 상승할 것이라고 언론을 통해 부채질합니다. 개인들은 차익을 남길 생각에 돈을 이곳저곳에서 빌려오고, 이를 통해 부채가 증가합니다. 이렇게 빌려온 돈으로 부동산이나 주식을 구매하니 거래량은 증가하고 가격도 상승합니다.

슬슬 거품이라는 논쟁이 여기저기서 일어납니다. 영리한 투기 세력들은 가격이 곧 하락할 것을 알고 주식과 부동산을 정리하고 시장을 빠져나갑니다. 일반인들에게 가격이 계속 상승할 것이라 거짓 정보를 흘리면서 말입니다. 부동산이나 주가가 '영원히

하이먼 민스키 모델

미국 경제학자 하이먼 민스키Hyman Minsky가 주장한 이론. 주류 경제학계에서 크게 주목받지 못하다가 2008년 글로벌 금융위기 이후 재조명받고 있음.

하락하지 않는 고원의 경지에 이르렀다'고 광고합니다. 안타깝게도 정보를 분석할 능력이 부족한 일반인들은 매수 기회라고 생각하고 투자를 더 늘립니다.

🪙 붕괴 그리고 투매

일반인들도 돈을 더 이상 빌릴 여력이 없어지면 거품이 절정에 다다릅니다. 거품 붕괴 시작은 정부 정책의 변화 혹은 회사들이 갑자기 파산하는 사건을 통해서입니다. 이렇게 되면 자산 가격의 상승은 멈춥니다. 그리고 시장이 이전 같지 않다고 생각한 사람들이 투자에 보수적 태도로 바뀌면서 거래가 실종됩니다. 많은 돈을 투자한 사람들은 부동산이나 주식을 들고 있지만 현금이 매우 부족한 상황에 처하게 됩니다.

일부 사람들은 투자를 위해 빌려온 돈의 이자를 감당하기 어려운 시점에 도달합니다. 거래가 실종되니 현금으로 바꿀 수도 없고 대출도 어렵게 됩니다. 현금이 급하게 필요하면 매물을 싸게 시장에 내놓기 시작합니다. 하지만 수요자는 가격이 하락한 것을 확인하고 더욱 보수적으로 변합니다.

시장이 얼어붙어서 자신이 매수한 가격 밑으로 떨어지면 사람들은 공포에 휩싸입니다. 결국 투매 현상이 일어나고 시장은 붕괴하기 시작합니다. 여기서 다시 투기 세력이 등장합니다. 가격이 더욱 하락할 것이라고 하며 투매를 더욱 권장합니다. 이들의 속셈은 일반 투자자들을 더욱 공포로 몰아서 가격을 더 떨어뜨리고 이를 싸게 사려고 하는 것입니다.

그렇다면 현재 우리나라의 부동산은 거품일까요? 그렇다면 거품은 언제 붕괴될까요?

12

내 부동산이
거품이라고?

#부동산이 상승? 폭등? #상승의 원동력은?
#가계부채는 폭탄?

우리나라의 부동산 시장이 현재 정상인지 거품인지 한번 살펴보겠습니다. 지표들을 통해 보자면 거품이 끼어 있는 것이 맞습니다. [도표 12-1]를 보면 알 수 있습니다. 2022년 국내 주택 시가총액은 약 6,209조 원입니다. 같은 기간 명목 GDP는 약 2,150조 원입니다. 주택 가격의 총합이 우리가 버는 돈보다 3배나 많습니다. 하지만 여기에 땅값은 포함되지 않았습니다. 2021년 말 기준 대한민국 땅값은 약 1경 680조 원입니다. 만약 땅값을 포함하면 배수는 더욱 크게 상승하게 됩니다.[15]

사실 가격의 차이보다 더욱 중요한 것이 있습니다. 바로 상승의 속도입니다. 2001년을 기준으로 상승 폭을 비교하면 됩니다. 2001년 전에는 주택 가격과 GDP가 일정하게 올라갔습니다. 소득이 상승하는

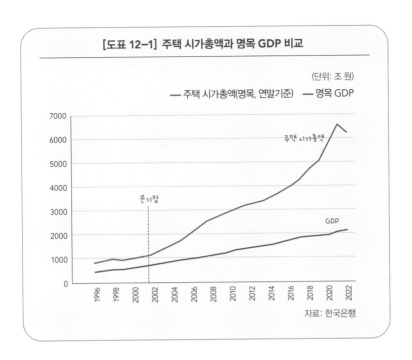

[도표 12-1] 주택 시가총액과 명목 GDP 비교

(단위: 조 원)

— 주택 시가총액(명목, 연말기준) — 명목 GDP

자료: 한국은행

만큼 상승했습니다. 열심히 돈을 벌어서 저축을 하고 내 집 마련을 했다는 것입니다.

하지만 2001년 이후부터는 상승하는 속도가 다릅니다. 주택 가격의 증가 속도가 GDP보다 빠르게 증가하는 것을 한눈에 알 수 있습니다. 시간이 흐를수록 둘 사이의 격차는 더욱 벌어집니다. 열심히 돈을 벌어서 저축을 통해 내 집 마련을 한 것이 아니라는 의미입니다.

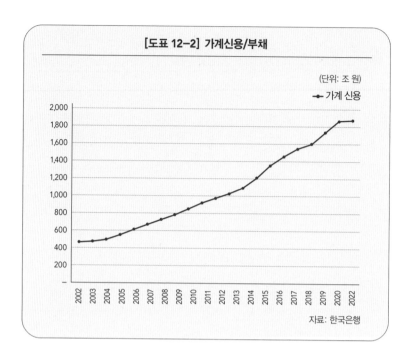

[도표 12-2] 가계신용/부채

(단위: 조 원)

—•— 가계 신용

자료: 한국은행

🪙 부동산은 정말 시한폭탄?

자산 가격이 상승하기 위해서는 반드시 돈이 공급돼야 합니다. 주택 가격 역시 마찬가지입니다. 그렇다면 주택 가격을 상승시킨 돈은 어디서 왔을까요? 바로 '부채'의 증가가 정답입니다. [도표 12-2]는 우리나라 가계부채 증가 현황을 나타낸 것입니다. 2002년 이후부터 조금씩 증가하기 시작합니다. 그리고 2014년부터는 더욱 급하게 증가합니다.

부채 증가 덕분에 그동안 자산가들은 달콤한 수익을 누릴 수 있었습니다. 하지만 동시에 가계부채라는 폭탄을 키워왔습니다. 더 이상

부채를 늘릴 수 없는 상황에 도달할 수 있습니다. 이자 비용을 감당하기 어려운 사람들의 급매물이 나오면 가격이 하락하기 시작합니다. 거래량이 줄어들고 매수자는 실종되면서 더욱 빠른 속도로 하락할 것입니다. 부채로 끌어올린 가격은 모래성과 같아서 한순간에 무너질 수 있습니다. 이렇게 되면 광고에 현혹되어 투자한 선량한 사람들이 열심히 모은 돈을 잃을 수 있습니다.

2023년 기준, 가계대출을 받은 한 가구당 1년 전체 소득에서 40%를 원리금으로 상환(DSR)해야 하는 것으로 나타났습니다. 1년 소득이 4,000만 원이면 은행에 약 1,600만 원을 원리금으로 갚아야 하는 것입니다. 소득의 70%를 대출 갚는 데 쓰는 가구는 15.3%, 소득의 100%를 대출 갚는 데 쓰는 가구는 8.9%로 집계되었습니다.[16] 이렇게 되면 많은 사람들이 원금과 이자를 갚기 힘들기 때문에 소비를 줄일 것입니다. 이로 인해 경기가 위축되고, 자칫 잘못하면 1997년 외환위기와 같은 고통을 다시 겪을 수 있습니다.

생각을 키우는 Q

부동산에 거품이 껴 있다면 정당한 가격은 어떻게 계산해야 할까요?

13

부동산의 적정가격은
얼마일까?

#부동산 10년 주기설 #부동산 싸이클
#경기 싸이클

　거품은 빠졌다가 또다시 생길 수도 있습니다. 그래서 적정가격보다
높으면 보수적으로 접근해야 합니다. 반대로 적정가격보다 낮으면 내
집 마련이나 투자 목적으로 관심을 가질 수 있습니다. 그렇다면 부동
산의 가격이 어디쯤인지 알 수 있는 방법이 있을까요? 부동산을 경제
의 큰 흐름에서 살펴보면 짐작할 수 있습니다.

　한번 부동산을 구매하면 다시 구매할 수 있는 능력을 갖추기까지
시간이 필요합니다. 구매 능력을 갖춘 '수요자'가 줄어드는 것입니다.
구매 의지보다 구매 능력이 생겨야 '수요자'가 될 수 있기 때문입니다.
수요자의 등장은 소득과 대출의 정도로 가늠할 수 있습니다. 수요자
가 등장할 수 있는 조건은 가격이 상승할 수 있다는 증거입니다. 이를
기반으로 적정가격을 생각해볼 수 있습니다.

🪙 수요자의 조건

집 구매를 결정할 수 있게 만드는 가장 중요한 요소는 소득입니다. 소득이 많다면 당연히 집을 구매하기 쉬워질 것입니다. 대출 없이 소득으로 주택을 구입할 수 있는 능력을 측정할 수 있는 지표가 **소득대비 주택가격 비율**˚PIR: Price to Income Ratio입니다. 만약 PIR이 5라고 가정하면 5년간 소득을 합치면 주택을 대출 없이 구매할 수 있다는 의미입니다. 서울의 PIR은 2022년 기준 약 14.2입니다. 약 14년의 소득을 모두 합치면 주택을 구매할 수 있다는 이야기입니다.

이 수치가 높으면 높을수록 부동산 시장은 고평가되어 있을 가능성이 매우 높습니다. 그럼 선진국의 PIR은 어떨까요? 미국의 뉴욕은 7.1, 영국의 런던은 8.7입니다(2022년 기준). 미국이나 영국에 비해 우리나라의 PIR이 과다하게 높은 편입니다. 물론 단순 국가 간 비교로 자산에 거품이 끼어 있는지 판단하기는 어렵습니다. 다만 이러한 지표로 알 수 있는 것은 선진국에 비해 우리나라의 주거 부담이 훨씬 심하다는 사실입니다.

PIR 수치가 높으면 주거에 투자하는 비율이 높은 만큼, 다시 '수요자'로 돌아오는 데 적지 않은 시간이 필요합니다. 즉 PIR 수치가 높을수록 수요자들이 감소한다는 겁니다. 반대로 PIR 수치가 낮으면 수요자로 돌아오는 시간이 짧아져, 수요자들이 증가할 수 있습니다. 수요자가 많아져야 가격이 추가적으로 상승할 여력이 생깁니다. 반대로 PIR 수치가 낮다는 것은 어떻게 생

> **소득대비 주택가격 비율**
> 연평균 소득을 반영, 주택을 구입하는 데 걸리는 시간을 의미.

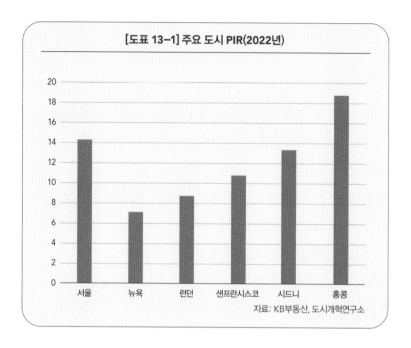

[도표 13-1] 주요 도시 PIR(2022년)

자료: KB부동산, 도시개혁연구소

각해보면 가격이 적당하다는 의미입니다.

🪙 적정가격은 시장에서

부동산 적정가격을 인위적으로 설정할 수 있을까요? 보통 부동산을 활성화하기 위한 정책과 금리 인하 등을 시행하면 부동산 시장 상승을 가져올 수 있다고 생각합니다. 하지만 이것은 반은 맞고, 반은 틀린 이야기입니다. 금리를 인하한다는 것은 이미 경제 상황이 좋지 않다는 뜻입니다. 금리 인하를 통해 돈이라는 산소를 공급하는 것입니다. 쓰러져 있는 환자에게 인공호흡을 실시하는 것과 같습니다.

이를 알 수 있는 가장 좋은 예가, 바로 일본의 부동산입니다. 일본은 1990년대에 자산 가격의 거품이 확 꺼진바 있습니다. 그 이후로 제로금리를 시행했지만 부동산 가격의 하락을 막을 수 없었습니다. 정부가 나서서 부동산 시장을 부양시키려 노력해도 가격은 하락할 수 있다는 것입니다.

그리고 부동산을 활성화하기 위해서만 시행하는 기준금리 인하는 그다지 좋은 결과를 얻지 못할 수 있습니다. 금리가 하락하면 채권 가격은 상승합니다. 그렇게 되면 채권에 투자한 외국인들은 채권을 팔고 장을 빠져나갈 수 있습니다. 또, 달러의 수요 증가로 환율이 일시적으로 급등할 수 있습니다. 이로써 국민들의 실질 소득이 감소하여 부동산 가격이 더욱 하락하는 악영향을 낳을 수 있습니다.

생각을 키우는 Q

유독 우리나라에서만 부동산 열풍이 심한 이유는 무엇일까요?

14

시한폭탄이 된
부동산PF

#부동산PF가 뭐 길래 #부동산 부채의 늪
#진짜 경제위기의 뇌관이 될지 몰라

금리가 상승하면서 부동산 시장은 침체를 겪고 있습니다. 이로 따라 부동산PF 대출 부실 우려가 증가하고, 불안한 소식이 들려옵니다. 부동산PF 대출이 터지면 건설사, 저축은행, 증권사, 카드사, 캐피탈, 새마을금고, 농협 같은 상호금융기관 등이 연달아 무너질 수 있다는 이야기가 나오고 있습니다. 도대체 부동산PF가 무엇이고, 얼마나 위험하길래 금융기관 전체가 긴장에 떨고 있는지 궁금합니다.

부동산PF는 건설사가 금융권에서 아파트, 오피스 등을 건설하기 위해 대출 받은 돈으로 생각하면 됩니다. 건설사가 건물을 완성하기 위해서는 땅을 매입하고, 정부의 허가를 받고, 자재를 매입하고, 사람을 고용하는 등 과정이 필요합니다. 당연히 큰돈이 필요합니다. 그래서 사업 초기에 건설사가 은행에 돈을 빌리는 것입니다. 건물이 완공

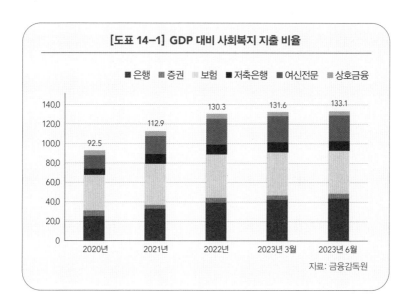

[도표 14-1] GDP 대비 사회복지 지출 비율

은행　증권　보험　저축은행　여신전문　상호금융

92.5　112.9　130.3　131.6　133.1

2020년　2021년　2022년　2023년 3월　2023년 6월

자료: 금융감독원

되고 사람들이 입주해서 돈을 받아서 모두 갚으면 되기 때문입니다.

　건설과 분양이 잘 진행된다면 은행과 건설사 모두 돈을 벌 수 있는 구조입니다. 그래서 은행이 건설사에 대출을 잘해주었습니다. 물론 부동산 시장도 상승해 왔고, 오랜 기간 저금리의 영향으로 자금을 구하기 쉬운 상황이기도 했습니다. 덕분에 금융권PF 대출은 계속 증가하여, 2023년 6월 기준 133.1조 원이 부동산PF로 대출이 되었습니다. 2023년 우리나라 예산 중 가장 큰 국방 예산이 약 57조 원입니다. 실로 엄청난 금액이 부동산PF에 묶인 상황입니다.

📇 진짜 위험한 도미노 폭탄 부동산PF

부동산PF는 건설과 분양이 잘 되면 문제가 발생하지 않습니다. 하지만 문제는 '분양'이 잘 안되면 정말 큰 문제가 생깁니다. 사업 초기에 전체 사업 자금 10% 정도만으로 사업을 시작합니다. 나머지 90%는 금융권 대출과 분양받은 사람들의 돈으로 사업을 합니다. 분양 시장이 어려워 사업 진행 중간에 망하면 대형 사고가 터집니다. 건설사를 믿고 돈을 맡긴 금융권과 개인들이 엄청난 피해를 볼 수 있습니다. 건설사 혼자 망하는 것이 아니라 같이 망하는 구조입니다.

하지만 이것은 첫 번째 도미노가 무너지는 것에 불과합니다. 건설사로부터 돈을 받지 못한 은행들은 심각한 자금난에 빠질 수 있습니다. 이렇게 되면 고객들의 돈을 돌려주지 못하는 사태가 발생할 수 있습니다. 건설과 분양에 전혀 관계가 없는 사람들까지 피해를 볼 수 있습니다. 실제로 2011년에도 부동산PF 부실로 11개 저축은행이 부도가 났고, 뱅크런 사태가 발생해 수많은 사람들이 피해를 보았습니다.

부동산PF 부실이 터져서 건설사와 은행이 어려움에 빠지면 부동산 시장은 크게 하락할 수 있습니다. 은행은 돈을 회수하기 위해 건설사가 가진 토지나 건물을 경매로 붙일 것입니다. 경매로 많은 물량이 쏟아지면 부동산 시장 심리는 크게 꺾입니다. 경매를 통해서 가격이 더욱 내려갈 수 있기 때문입니다. 더욱이 고금리 시대에 대출받아 비싼 부동산을 살 사람이 얼마나 될까요? 결국 부채로 쌓아 올린 모래성이 순식간에 무너지는 것입니다.

🪙 유독 우리나라만?

　금리 상승과 부동산 가격 하락이 세계적인 추세입니다. 그런데 유독 우리나라만 부동산PF가 문제가 되고 있습니다. 여기에는 이유가 있습니다. 우리나라는 건설사가 총사업자금의 5%에서 10% 수준의 적은 자본금으로 사업을 시작합니다. 하지만 미국 같은 경우는 총사업비의 20%에서 30% 정도 수준의 초기 자본금으로 사업을 시작합니다.[17]

　금융이 발달한 미국은 사모펀드, 개인 투자조합, 연기금, 리츠(REITs) 등의 부동산 투자가 활발합니다. 대출도 여러 보증에 가입하고 이루어집니다. 여러 안전장치가 있어 자금 회수가 쉽습니다. 반면 우리나라는 건설사의 신용으로 대출이 이루어집니다. 안전장치도 약속 기간까지 건물을 완공하는 '책임준공확약' 정도가 있습니다. 건설사가 어려워지면 돈을 못 받을 수 있는 구조입니다.

　또한, 미국의 경우는 분양받은 사람들의 자금을 사업비로 활용하지도 않습니다. 사람들은 계약금 5~10%를 지급하고, 중도금 납부가 없습니다. 계약금도 다른 금융기관에 예치되고, 여기에도 보험을 들어 분양받은 사람들의 돈을 안전하게 보호합니다. 하지만 우리나라는 계약금과 중도금 모두 사업비로 사용됩니다. 사업이 중간에 멈추거나 부도가 나면 피해가 고스란히 개인에게 옮겨가는 구조입니다.

15

복지는
포퓰리즘이야?

#복지냐 퍼주기냐? #OECD 1등!
#콘크리트는 복지가 아니다

선거기간에 공약들을 살펴보면 '복지'가 핵심 키워드입니다. 그만큼 복지에 대한 관심이 높아졌다는 것입니다. 사실 우리나라의 복지 수준은 굉장히 낮은 편입니다. 부끄러운 사실이지만 OECD 국가 중에서 하위권에 속합니다. [도표 14-1]을 보면 GDP 대비 12.2%를 복지로 지출하고 있습니다. 분명 우리나라는 경제성장을 거듭하여 선진국에 남부럽지 않은 수준이 되었는데, 어째서 복지만큼은 선진국에 한참 못 미치는 수준인 걸까요? 우리나라 사람들이 그만큼 복지 혜택에 관심이 없는 것일까요?

일반적으로 복지 혜택을 늘리면 세금 부담이 늘어나서 문제가 생길 것이라고 생각합니다. 그리스나 이탈리아처럼 **디폴트***(채무

> **디폴트**
> 공·사채나 은행 융자 등에 대한 이자 지불이나 원리금 상환이 불가능해진 상태.

불이행) 상태에 빠질까 우려하기도 합니다. 하지만 [도표 14-1]에서 보다시피 GDP 대비 복지 비중이 높아도 문제 없는 나라가 더욱 많습니다. 또한 복지정책이 세계 여러 나라가 겪고 있는 경제위기의 근본적인 문제인 것도 아닙니다.

[도표 14-1]을 통해 많은 것을 알 수 있습니다. OECD 국가들 평균 사회 복지지출 비중은 GDP 대비 20%입니다. 100만 원 가운데 20만 원 이상을 복지로 지출하여도 나라 운영에 별 무리가 없다는 것입니다. 우리는 100만 원 가운데 12만 원만큼만 복지에 투자하고 있습니다. 그리고 안타깝게도 OECD 국가 가운데 노인 빈곤률 1위, 자살률 1위라는 불명예를 안고 있습니다. 우리나라의 관심사는 그동안 복지가 아닌 다른 곳에 집중되어 있음을 짐작해볼 수 있습니다. 우리나라가 그동안 주요하게 투자했던 것은 무엇일까요?

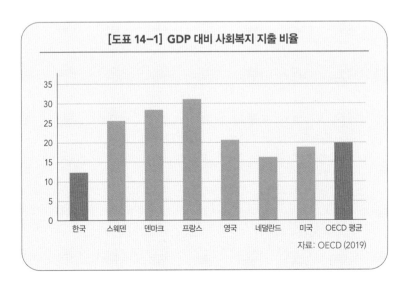

[도표 14-1] GDP 대비 사회복지 지출 비율

자료: OECD (2019)

🪙 부동산이 복지?

　다른 국가보다 우리나라는 GDP 대비 건설투자 비중이 높은 편입니다. 돈을 열심히 벌어서 건물을 짓는 데 많이 쓰고 있다는 것입니다. 2018년에는 GDP 대비 15%를 건설투자에 사용했습니다. 건설투자에 많이 쓰니 다른 곳에 돈을 쓸 여유가 줄어들 수 있습니다. 자연적으로 복지에도 돈이 덜 가게 된 것입니다.

　한때 연령대를 구분하지 않고 월세 받는 것이 꿈이었습니다. 생각해보면 복지보다 부동산에 관심이 많은 것은 당연한 일입니다. 열심히 일해서 번 돈을 투자했으니 당연히 관심이 가는 것입니다. 어떻게 보면 부동산 값이 오른 것이 복지나 다름없었던 것입니다. 물론 부동산

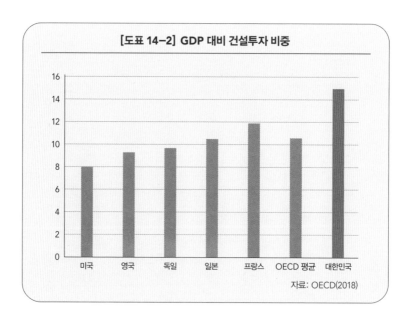

[도표 14-2] GDP 대비 건설투자 비중

자료: OECD(2018)

을 가지고 있지 않으면 부동산 상승이라는 복지 대상에 포함될 수 없습니다.

한 번 더 생각해보면 앞으로 부동산 가격 상승이 멈추거나 하락하면 사람들의 생각은 변할 것입니다. '부동산 복지'가 사라졌으니 진짜 '복지'가 필요하다고 생각하게 될 것입니다. 건설투자에 일부를 덜어서 복지에 사용하자고 요구하게 될 것입니다. 그때는 '포퓰리즘'이라는 단어를 사용할 일이 별로 없을 것입니다.

16

지금은 기본소득을
이야기해야 할 때

#기본소득에 대한 찬반 논쟁 #기본소득은 노동 해방?
#재원 마련은 어떻게?

　　페이스북의 마크 저커버그, 마이크로소프트의 빌 게이츠, 테슬라의 일론 머스크… 세 사람은 세계적인 기업을 창업한 사람들입니다. 이들이 공통으로 주장하고 있는 것이 있습니다. 그것은 바로 '기본소득'입니다. 로봇, 인공지능 등과 같은 기술 발전으로 인간의 일터가 점점 사라지고 대규모 실업 사태가 발생하면 기본소득이 필요해진다는 것입니다. 아이러니한 것은 자본주의에서 가장 성공한 사람들이 기본소득을 주장하고 있습니다. 왜 그런 걸까요?

　　곰곰이 생각해보면, 사람들이 일자리를 잃고 소득이 사라지면 '소비'를 할 수 없게 됩니다. 즉 소비가 사라지면 시장도 같이 사라지는 것입니다. 그러한 까닭에 시장에서 큰 성공을 거둔 창업주들이 시장을 보호하기 위해서 기본소득을 외치고 있는 것입니다.

💰 기본소득을 하면 안 된다는 입장

기본소득을 위험하게 바라보는 시각이 있는데, 바로 '재원' 마련 때문입니다. 아무리 좋은 제도와 정책이라도 재원이 있어야 합니다. 1982년부터 주민들에 기본소득을 지급 중인 미국 알래스카주는 석유 수출을 통한 천연자원 기금이 있어 꾸준한 배당이 가능했습니다. 2016년 6월 스위스의 기본소득 헌법 개정안은 재원 조달 불투명으로 부결되었습니다.

기본소득의 재원이 쟁점이다 보니 관련된 아이디어들도 많습니다. 기존의 불필요한 복지를 줄여 재원을 마련하자, 국가 보유 토지 등 공공의 자산에서 발생하는 수익을 이용하자, 탄소·로봇세를 도입하자, 시민들의 빅데이터를 이용한 수익을 이용하자는 등 다양한 의견이 있습니다.

실제로 기본소득을 도입해 실험에 나선 나라로 핀란드가 있습니다. 무작위로 2,000명을 선정해서 조건 없이 2년간 월 560유로(약 76만 원)을 주는 실험을 했습니다. 결과는 '기본소득을 받은 사람들이 기존 실업급여를 받은 사람들과 고용 측면에서 차이는 없고 더 행복했다' 라는 결과가 나왔습니다.

우리나라도 경기도에 사는 만 24세 청년을 대상으로(3년 이상 계속 거주한 경우 또는 합산하여 10년 이상 거주한 경우) 연간 최대 100만 원을 지급하는 '청년 기본소득'을 진행하고 있습니다. 아직은 걸음마 단계라 성공일지 실패일지는 나중에 판가름해볼 수 있을 것 같습니다.

💰 기본소득이 노동 해방으로 이어질까?

　많은 경제학자들이 인간의 기본적인 욕구는 물질적 갈망이라 주장합니다. 기본소득이 도입되면 노동 의욕이 감소해 국가와 사회 발전 동력이 줄어들지 않을까 걱정합니다. 하지만 물질적 욕구를 채워도 인간은 때로 행복하지 못하고 외로움, 두려움을 느낍니다. 물질이 주는 심리적 보상만으로는 발전 동력을 삼는 데 한계가 존재합니다. 물질적인 것 외에도 인간의 욕구는 다양하므로, 이를 국가와 사회의 발전 동력으로 삼을 수 있을 것입니다.

　그리고 인류가 노동과 돈을 서로 교환해온 역사는 사실 얼마 되지 않습니다. 자본주의 이전 농업사회에서는 노예제도가 있었습니다. 산업화가 일어나면서 다양한 산업에서 노동력이 필요해지자, 노동력을 한곳에 묶어두는 노예제도는 버려졌습니다. 즉 필요에 의해서 노예제도는 사라진 것입니다.

　그렇다면 지금 우리가 시장에서 노동과 돈을 교환하는 제도 역시 필요 없어지면 버려질 수 있습니다. 기본소득으로 생활에 필요한 소득이 보장된다면 좋아하는 일을 하려는 사람들이 늘어날 것입니다. 그리고 미래에는 인생의 대부분의 시간을 돈을 벌기 위해 투입하는, 현재의 삶을 끔찍한 노예제도와 비슷하게 생각할 수도 있습니다.

17

노오력이 부족해?
일자리가 부족해?

#아프니까 청춘? #급여 양극화
#청년을 버리면 노후가 없다

'아프니까 청춘이다'라는 말을 두고 많은 논란이 되었습니다. 젊었을 때는 실수나 방황 또한 자산이 될 것이라는 좋은 의미의 말이었겠으나, 청춘들에게는 힘든 자신들을 외면하고 사회적 책임도 외면하려는 어른들의 변명으로 들렸을지 모릅니다.

청년들이 좋은 말을 좋게 못 받아들이는 이유는 간단합니다. 성격이 꼬여서가 아닙니다. 삶이 정말 팍팍하기 때문입니다. 대기업을 들어가기 힘들다면, 눈을 낮추라고 말할 수 있으나, [도표 16-1]을 보면 기업에 규모에 따라서 임금격차가 존재하는 것을 한눈에 알 수 있습니다.

영리기업에서 중소기업의 일자리 비중은 80.8%입니다.[18] 심지어 중소기업의 일자리는 증가하지만 대기업의 일자리는 감소 추세에 있

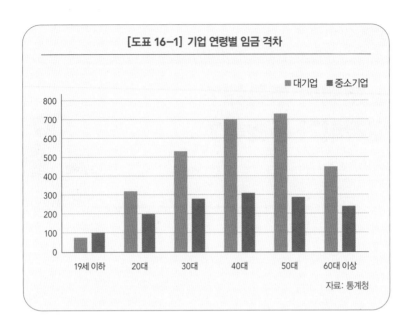

[도표 16-1] 기업 연령별 임금 격차

■ 대기업 ■ 중소기업

자료: 통계청

습니다. 대기업 정규직은 줄어들지만 중소기업의 정규직 혹은 비정규직 일자리는 늘어난다는 것입니다. 이런 상황에서 청년들 보고 무조건 눈을 낮추라고 말하는 것은 무책임한 태도로 보일 수 있습니다.

🪙 청년을 버리면 노후가 없다

청년들을 지원하는 게 많은 비용이 들어가는 문제라고 생각할 수 있습니다. 하지만 기성세대의 노후는 청년들에게 달려 있습니다. 지금의 청년들이 국민연금과 기초연금, 건강보험료를 책임지기 때문입니다. 청년들이 경력을 쌓는 데 실패해 소득 기반을 구축하지 못하여 소비가 줄어들면 경제가 침체됩니다. 그 피해는 청년들에게만 가는 게 아니라 모든 세대에게 찾아옵니다.

1990년대 초반 일본은 불황을 겪으면서 부동산이 폭락했습니다. 정부는 경제를 살리기 위해 건설경기 부양책을 내놓았습니다. 금리를 낮추고 1992년부터 1995년까지 부동산 시장에 우리나라 돈으로 700조 원을 쏟아부었습니다. 이후 일본은 잃어버린 20년을 겪었고 아직도 현재 진행 중입니다.

스웨덴도 1990년대 초반 위기를 겪었지만 대처 방식과 결과는 일본과 달랐습니다. 부동산 부양책에 국가의 재정을 낭비하지 않고, 청년들의 실질적인 소득 기반을 확충하는 데 자원을 집중적으로 투자하였습니다. 그 결과 1994년에 경제성장률은 4%대로 회복했습니다. 2018년 1분기에는 경제성장률이 OECD 1위를 기록하기도 했습니다. 재정건전성 역시 EU에서 가장 좋습니다. 또한 청년들의 소득 기반이 회복되자 부동산에 대한 실질적인 수요가 증가했습니다. 그러자 2000년대 이후부터는 부동산 경기도 다시 좋아지기 시작하였습니다.

일본과 스웨덴의 사례를 통해서 무엇에 더 집중해 투자해야 하는지 알 수 있습니다. 청년들의 일자리 복지는 비용이 아니라 투자입니다. 정말 청년들의 일자리 문제를 해결하기 위해 하늘이 감동할 만큼 노력해야 할 때입니다.

18

저출산이 그렇게
큰 문제라고?

#생산가능인구 감소 #여성 고용률과 출산율
#일본 청년들의 복수?

우리나라의 인구 문제는 어제오늘 일이 아니었습니다. 우리나라의 출산율은 2022년에 0.78명으로 최저치를 갱신했습니다. 결혼을 하고 아이를 낳는 일은 개인의 문제이기 때문에 국가가 개입할 수 없는 영역입니다. 결혼과 출산을 하지 않고 행복할 수 있다면 개인에게 결혼과 출산을 강요할 수 없는 것입니다.

하지만 저출산으로 다가올 경제 상황은 매우 암울합니다. [도표 17-1]에서 알 수 있듯이 이대로 간다면 생산가능인구가 꾸준히 감소하게 됩니다. 일할 사람이 줄어든다는 것입니다. 일할 사람이 줄어들면 소득이 감소합니다. 소득이 감소하면 소비가 감소합니다. 소비가 감소하면 기업이 어려워지고 고용이 감소합니다. 이런 악순환이 반복되면서 경기불황이 지속되는 것입니다. 이웃나라인 일본이 이런 상황을

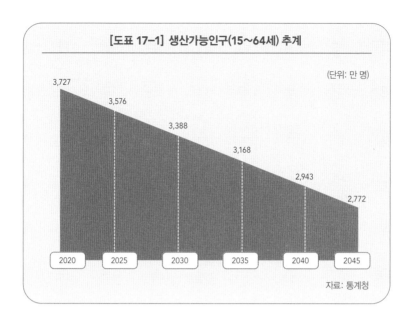

[도표 17-1] 생산가능인구(15~64세) 추계

(단위: 만 명)

3,727
3,576
3,388
3,168
2,943
2,772

2020　2025　2030　2035　2040　2045

자료: 통계청

겪고 있습니다.

　우리나라는 이미 인구 증가로 인한 성장 시대를 마감하고 인구 감소로 인해 성장이 위축 시대로 접어들었습니다. 사회보험·연금보험료를 납부할 인구는 감소하고, 연금을 받을 인구는 늘어나고 있습니다. 2020년 기획재정부는 국민연금이 2041년부터 적자로 돌아설 것이고 2056년에는 고갈될 것이라고 내다봤습니다.[19] 이렇게 되면 정부지출 증가로 재정건전성도 빠르게 악화될 것입니다.

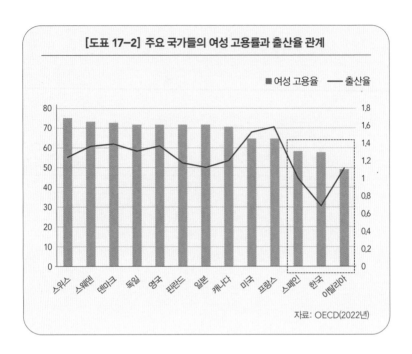

[도표 17-2] 주요 국가들의 여성 고용률과 출산율 관계

■ 여성 고용율 — 출산율

자료: OECD(2022년)

답은 여성 고용률

인구 문제를 해결하기 위해서는 출산율을 끌어올리거나 외부로부터 유입이 있어야 합니다. 외부로부터 유입은 선진국처럼 이민을 받는 것을 말합니다. 주요 선진국은 주로 전문직 고학력 인재들을 적극 유치하는 이민 정책을 시행하고 있습니다. 하지만 이민은 우리나라 정서와 언어 문제로 인해 쉽지 않습니다. 그렇다면 출산율을 끌어올려야 할 것입니다.

우리가 생각하기에 여성의 사회참여율이 높아지면 출산율이 하락할 것으로 생각합니다. 하지만 실상은 이와 반대입니다. [도표 17-2]

를 보면 여성 고용률이 높은 나라들의 출산율이 오히려 높게 나타난 것을 알 수 있습니다. 반대로 여성의 고용률이 상대적으로 낮은 나라인 이탈리아, 스페인, 한국은 출산율이 낮게 나타났습니다. 물론 출산율이 높은 나라는 여성이 일할 수 있도록 다양한 지원이 뒷받침되어 있습니다.

일본은 우리보다 먼저 저출산을 겪었습니다. 1990년대 후반부터 15년 동안 근로자 임금의 15%가 감소했습니다. 청년 3명 중 1명이 비정규직이 되었고, 학교를 다니지도, 일하지도 않는 청년들이 늘어났습니다. 2010년에 이미 남성 5명 중 1명이 결혼을 하지 않게 되었습니다. 그 결과 일본은 저성장의 늪에서 아직도 허우적대고 있습니다. 이런 상황을 '청년들의 복수'라고 표현하기도 합니다.

불행히도 우리나라의 상황은 일본보다 더욱 좋지 않습니다. 출산율은 더욱 낮고 일하는 청년 3분의 1이 비정규직입니다. 설상가상으로 일하지도 학교를 다니지 않는 15~34세 청년이 172만 명으로 추산됩니다.[20] 이제는 일본을 반면교사로 삼아서 더 나은 선택을 해야 할 시간입니다.

전 세계를 충격에 빠뜨린
미국의 대공황

🪙 대공황의 시작, '검은 목요일'

1929년 10월 29일, 미국 월스트리트의 주가가 급작스럽게 폭락하면서 그 여파로 세계 대공황이 시작되었습니다.

6,000개의 은행이 파산하며 일반 예금자들이 저축한 250억 달러의 예금도 사라졌습니다. 시장에서 물건이 팔리지 않자 도매 물가가 40%나 떨어지기도 했습니다. 공황이 시작되었을 당시의 실업자 수는 300만 명이었으나 그 후 매주 10만 명이 일자리를 잃어 1933년 3월에는 전체 노동력의 4분의 1인 1,300만 명에 이르렀습니다. 미국 노동력의 절반가량이 실업 상태에 빠지고 노동 임금도 4년 동안에 40%가 떨어졌습니다.

공황이 시작되면서 많은 손실을 본 미국의 자본가들은 외국에 대한 새로운 대출을 거부했습니다. 또한 만기가 도래한 채권을 더 이상 연장해주지 않았습니다. 더 이상 자금을 얻지 못하게 된 외국의 채무자들이 덩달아 파산하기 시작했습니다.

당시 전 세계가 미국 수출 시장에 크게 의존하고 있었습니다. 그러다 보니 미국의 경제가 무너지자 자연스레 세계 경제에도 큰 타격이 있었습니다. 설상가상으로 미국은 수입을 더 줄이기 위해 1930년에 관세를 인상함으로써 사태를 악화시켰습니다. 결과적으로 전 세계가 온통 경제공황에 휩쓸리고 말았습니다. 증권시장의 붕괴와 함께 급격하게 축소된 국제 무역이 대공황으로 이어졌던 것입니다.

미국의 경제공황으로 유럽에도 큰 타격이 있었는데, 당시 독일의 실업자 수가 1929년 여름에만 하여도 80만 명이었으나, 1930년 12월에는 300만 명이 넘어섰습니다. 1932년 초에는 전체 노동력의 35%인 600만 명이 실업을 겪으며 엄청난 사회 불안을 겪었습니다. 산업 전반의 생산 능력도 50%가 곤두박질쳤습니다. 영국은 1929년에 실업자 수가 120만 명이었으나 1932년에는 노동력의 22%인 270만 명에 이르렀습니다.

1929~1932년 사이에 전 세계적으로 생산량의 38%가 감소했으며, 무역은 66%가 감소했습니다. 수많은 실업자들이 생겨났고, 높은 실업률로 수요가 크게 하락하여, 다시 경제가 나빠지는 악순환이 계속되었습니다.

🪙 대공황은 과연 극복되었나

당시 각국의 정부는 경제란 순환적인 것이므로 불황이 오면 다시 호황이 올 때까지 기다리는 일 외에는 방법이 없다고 생각했습니다. 하지만 국민들의 고통이 너무 컸으므로 어떠한 대책이 필요했습니다. 이때 상황을 반전시킨 구원 투수가 등장했습니다. 1933년에 프랭클린 루스벨트가 대통령에 당선되며 상황이 달라진 것입니다. 그는 공황을 해결하기 위해 '뉴딜정책'을 채택했습니다. 이는 케인스의 경제 이론을 바탕으로 한 것입니다. 케인스는 공황의 근본적인 원인이 불충분한 수요에 있다고 판단했습니다.

이를 통해 각국의 정부가 경제에 직접 개입하여 화폐 공급을 늘리고, 조세 정책을 통해 소득을 재분배함으로써 경기를 부양시킬 수 있도록 나섰습니다. 이러한 과정에서 발생하는 적자 재정도 감수하도록 했습니다. 실업자 구제를 위해 대대적인 공공사업도 실시했습니다. 학교, 도로, 수로, 공원 등을 건설하는 등 많은 사업을 벌여

수백만 명의 실업자를 구제한 것입니다.

뉴딜정책을 통해 미국 경제와 각국의 사회가 1930년대 후반부터 점점 안정을 되찾았습니다. 그러나 1938년에 다시 심각한 불경기가 찾아오며 실업 사태가 벌어졌습니다. 결과적으로 1939년에 2차 세계대전이 발발하고 군수 경기가 살아나며 미국 경제는 회복될 수 있었습니다.

미국의 대공황 이후, 과연 시장이 스스로의 힘으로 회복 가능한 것인지에 대한 의문을 갖게 되었습니다. 그 논쟁은 아직도 이어지고 있습니다.

4

직장인이라면
꼭 알아야 하는 경제상식

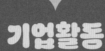

기업활동

01

주식회사와 유한회사는 무엇이 다를까?

#기업의 탄생 #상장기업이란?
#페이퍼 컴퍼니

뉴스를 보면 유한회사, 주식회사 등 다양한 종류의 회사들이 등장합니다. 비슷한듯 하지만 속을 들여다보면 서로 조금씩 다릅니다. 다양한 악기의 소리가 모여 아름다운 음악이 되듯이, 마찬가지로 다양한 종류의 회사들이 모여서 시장을 조화롭게 돌아가게 합니다.

우리가 알고 있는 일반 기업들은 이윤을 추구하는 '영리' 단체입니다. 이윤을 추구하지 않는 학술, 종교, 자선, 기예 등의 목적으로 설립된 단체는 비영리법인이라고 부릅니다. 비영리법인은 고유목적사업에서 발생한 소득에 대하여는 분배를 하지 않고, 발생한 수익을 공익을 위하여 사용하기 때문에 과세하지 않는 것이 원칙입니다.

🪙 주식회사와 유한회사?

회사는 살아있는 사람이 아닙니다. 사람이 아니기 때문에 회사가 잘못하면 벌을 줄 수 없습니다. 어떤 사건에 책임을 지는 데 한계가 존재한다는 것입니다. 그렇기 때문에 책임에 대해서 명확하게 구분을 해야 합니다. 물론 책임에 상응하는 권리도 주어지고, 책임과 권리의 한계에 따라 회사가 구분됩니다.

주식회사와 유한회사의 공통점은 유한책임을 진다는 것입니다. 어떤 사람이 A라는 회사에 100만 원어치의 주식에 투자했는데, 회사가 1,000만 원의 빚을 지고 망해도 투자자는 자신이 투자한 금액인 100만 원만 책임집니다. 투자자의 책임이 한결 가벼워집니다. 나머지 900만 원까지 책임을 진다면 투자자는 다시 창업할 자금과 엄두가 나지 않을 것입니다. 유한책임은 투자를 촉진시키고 새로운 사업에 도전하고자 하는 사람들에게 더욱 많은 기회를 제공합니다.

주식회사와 유한회사의 큰 차이점은 주식의 유무입니다. 유한회사는 주식이나 채권을 발행해서 자본을 모을 수 없습니다. 초기 자본이 많은 외국계 대기업 같은 경우는 유한회사를 설립하기도 합니다. 반대로 주식회사는 주식과 채권을 통해서 대규모로 자금을 모을 수 있습니다. 자금이 부족하거나 큰 규모의 회사를 운영하는 데 적합합니다. 우리에게 익숙한 대기업들은 모두 주식회사 형태입니다.

우리나라의 회사들은 대부분 주식회사의 형태입니다. 주식을 가지면 '주주'가 되고, 경영은 '이사'들에게 맡깁니다. 주식회사는 자본의 모집이 쉽기 때문에 전문 지식이 부족한 투자자들이 피해를 입기 쉽습니다. 그렇기 때문에 외부로부터 감사를 받아야 하고 정보를 공개하는 공시도 해야 합니다.

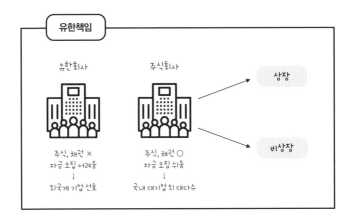

주식회사도 상장과 비상장으로 나뉩니다. 처음 시작은 비상장이었다가 조건을 갖추면 코스피와 코스닥 시장에 상장할 수 있습니다. 처음 상장하는 과정을 **기업공개**IPO: Initial Public Offering라 합니다. 기업공개를 통해서 더욱 많은 사람들에게 자금을 모집해서 사업을 확장할 수 있습니다. 하지만 주기적으로 회계법인으로부터 감사도 받고 공시도 해야 합니다. 엄격한 규칙을 지키지 않으면 상장폐지를 당할 수 있습니다. 우리나라는 1972년 12월 기업공개촉진법이 제정된 이후 기업공개가 활발해졌습니다.

💰 존재하지만 존재하지 않는 회사

회사라는 모습을 떠올리면 사무실에 직원들이 컴퓨터 앞에서 열심히 일하는 모습이 생각납니다. 하지만 이런 것이 전혀 없는 회사가 있습니다. 바로 서류상으로만 존재하는 '페이퍼 컴퍼니'입니다. 언론에서는 부정적인 모습으로 종종 나오기도 합니다. 하지만 전부 불법행위에 이용되는 것은 아닙니다. 영업의 영역이 세계로 넓어지고 금융상품이 복잡해지기에 편리를 위해서 만드는 경우도 있습니다.

기업을 인수하거나 합병할 경우에 편의상 설립되기도 합니다. 우량 기업을 저렴한 가격에 구매해서 비싸게 팔아 많은 이익을 남기기 위해 페이퍼 컴퍼니를 설립한 후, 이익과 모집한 자본금을 모두 돌려주면 회사는 사라집니다. 미국이나 선진국에서는 이런 활동이 활발하게 이루어지고 있습니다. 또한 절차가 복잡한 해외 수출을 위해서 설립한 경우도 있습니다. 또한 최근 유행하는 사무실과 직원이 없는 '1인 기업'도 페이퍼 컴퍼니에 속할 수 있습니다.

하지만 일부 세계 부자들이나 재벌들이 세금을 안 내려는 목적으로 조세 피난처로서 서류상 회사를 설립하기도 합니다. 조세 회피 지역의 국가는 대체로 작은 나라 혹은 지역으로 소득세와 법인세가 없습니다. 대규모 제조업을 하기 어려우니 자금을 끌어와서 파생되는 부가 이익을 얻기 위한 것입니다.

02

내 월급은
어떤 형태일까?

#호봉제 #모럴해저드 #연봉제와 성과급
#스톡옵션

　　총수 일가의 연봉 금액과 연봉 상승률은 일반 직장인들과 비교할
수 없을 정도로 높습니다. 하지만 연봉 인상 근거에 대한 명확한 기준
은 찾아보기 힘듭니다. 그나마 등기임원의 연봉 공개도 2013년부터 시
작되었습니다. 이때 많은 등기임원들이 사임하는 일이 벌어지며 떳떳
하지 못함을 스스로 증명하기도 했죠. 물론 열심히 일해서 성과를 낸
만큼 받아 간다면 아무런 문제가 없을 것입니다. 하지만 기업의 상황
이 어려움에도 불구하고 연봉을 많이 받아 가
는 경우도 있습니다.

　　또한 수조 원의 공적자금(세금)을 수혈받
은 기업들의 경영진과 직원들이 **모럴해저드**
moral hazard에 빠지는 경우도 많습니다. 대우

> **모럴해저드**
>
> 도덕적 해이로 자신의 일
> 에 최선의 의무를 다하지
> 않거나 일부러 게을리하
> 는 행위를 이르는 말.

조선해양은 100% 정부의 돈으로 운영되는 산업은행으로부터 많은 돈을 지원받았습니다. 하지만 2013~2015년 동안 이익을 조작해 임직원들에게 4,960억 원의 성과급을 지급했습니다. 심지어 차장급 직원이 180억 원이나 빼돌리기까지 했습니다. 이러한 곳은 비단 대우조선해양 한 곳만이 아닙니다.

🪙 호봉제가 점점 사라지는 까닭은?

시스템이 '월급 루팡'을 양산하는 경우도 있습니다. 바로 대표적인 것이 호봉제입니다. 호봉제는 성과나 능력, 직무, 역할과 상관없이 해가 바뀌면 자동적으로 임금이 오릅니다. 때문에 오래 버티는 것이 최고의 경쟁력이라는 말이 나옵니다. 호봉제는 1950년대부터 이어져온 낡은 임금 체계입니다. 기술과 자본 없이 가격 경쟁력으로 고성장을 하던 과거에는 직무난이도와 성과 기여도가 크게 중요하지 않았습니다. 그래서 호봉제 적용이 가능했습니다.

하지만 기술과 자본이 발달하고 직무난이도와 성과 기여도 차이가 심한 오늘날에는 호봉제가 어울리지 않습니다. 저성장 시기로 접어드는 기업들은 임금 지불 능력에 한계가 있기도 합니다. 또한 근속연수가 높은 근로자가 많은 과실을 가져간다면 신입직원들의 의욕이 저하될 수 있습니다.

또, 단순히 근속연수에 따라 임금이 오르면 회사는 직원을 어느 시점에 내보내고 싶어 할 것입니다. 이는 중장년 장기근속자의 고용이 불안해질 수 있다는 것입니다. 한번 고용으로 많은 비용이 예상되면 기업들은 신규 채용 자체를 꺼려 할 수 있습니다. 결국에는 상대적으로 해고가 쉬운 비정규직 비율만 늘어나게 됩니다.

🪙 일한 만큼 받을 수 있는 연봉?

우리는 회사에 들어가면 연봉을 받고, 매년 연봉 협상을 합니다. 기존의 연공서열형 임금 체계하에서는 성과와 관계없이 임금 상승이 매년 자동적으로 이루어졌습니다. 그에 비하여, 연봉제는 개개인의 능력, 실적, 공헌도에 대한 평가를 통해 연 단위로 임금액을 계약하는 것입니다. 능력에 따라 임금이 평가되는 시스템이라고 정의할 수 있습니다. 직원이 수행한 성과의 결과에 의해 임금이 결정되니 성과급과 같은 개념입니다.

경영자들이 연봉제를 선호하는 것은 고질적인 고비용·저효율의 체질을 개선할 수 있는 임금관리 모형이라고 생각하기 때문입니다. 모든 구성원들에게 똑같은 임금이 균등하게 배분된다고 하면 아마 회사의 구성원으로부터 열심히 일하고자 하는 동기부여를 기대할 수 없을 겁니다. 그러한 조직은 발전이 정체되거나 도태될 수 있지요. 연봉제는 무엇보다 임금의 개별화와 유연화를 부여할 수 있어 직원들의 동기부여를 끌어올릴 수 있다는 장점이 있습니다.

연봉제 시행의 성패는 다른 무엇보다도 '평가'에 있습니다. 그러다 보니 맹점도 있는 제도입니다. 인사 평가의 객관성과 공정성은 모든 노동자의 동의를 얻기 어렵기 때문입니다. 이로 인해 노동자 간의 갈등과 불화가 생길 수 있습니다. 또한 회사가 연봉제를 실시하면서 개인별 임금을 비밀로 하면, 노동조합의 임금 협상 능력이 떨어질 수 있습니다. 이로써 노동자의 지위는 약화되고 노동자의 임금 수준이 떨어질 가능성이 높습니다.

🪙 기업의 성장 가능성과 함께 움직이는 '스톡옵션'

카카오가 다음커뮤니케이션과 합병하면서 다음과 같은 제목의 뉴스가 나온 적이 있습니다.

'카카오 스톡옵션 1인당 6억 잭팟'.

두 회사의 합병으로 카카오의 스톡옵션을 가지고 있던 직원 한 명당 평균 6억 원 정도의 차익을 올렸다는 내용이었습니다. 이렇게 벤처기업의 직원들이 스톡옵션으로 소위 '대박 났다'는 소식을 종종 들을 수 있습니다. 그렇다면 스톡옵션이란 무엇일까요?

스톡옵션을 주식으로 알고 있는 사람들이 있는데, 엄밀히 말하자면 스톡옵션은 특정 시점에 특정 가격으로 주식을 구매할 수 있는 권리입니다. 스톡옵션은 주로 스타트업들이 많이 지급하고 있는데, 이는 대부분의 스타트업들이 초기에 자금이 부족하기 때문에 많은 급여를 주고 인재들을 끌어들일 수 없기 때문입니다. 당장은 많은 보상을 해주지 못하지만 회사가 지금보다 더 성장할 경우에는 더욱 많은 보상을 해주겠다는 약속의 의미로 스톡옵션을 지급하는 것입니다. 때문에 내가 회사에서 스톡옵션을 받게 된 상황이라면 해당 회사의 성장 가능성을 면밀히 따져보아야 합니다. 만약 회사의 전망이 어두워지고 주식시장도 하락하면, 스톡옵션은 오히려 독이 든 성배가 될 수도 있기 때문입니다.

03

월급에서 빠져나가는
4대 보험료의 정체는?

#4대 사회보험의 의무화? #실업급여를 챙겨라
#퇴직금을 챙겨라!

직장인이라면 기다리는 그날, 바로 월급날입니다. 이날 급여명세서를 잘 살펴보면 다양한 항목으로 돈이 빠져나갑니다. 순수 월급인 기본급, 회사마다 다르지만 우리가 흔히 보너스라고 부르는 상여금, 하는 업무나 회사에 따라서 복리후생비(식대, 유류비) 등이 포함되어 있습니다. 그리고 급여명세서에 차감되는 항목 가운데 4대 보험이 있습니다. 내용을 살펴보면 국민연금, 건강보험, 고용보험, 산재보험이 포함되어 있습니다.

이 같은 4대 보험은 사회적 위험 즉, 질병, 장애, 노령, 실업, 사망 등을 보험 형식으로 대비하여 국민의 경제생활을 안정적으로 보장하는 것이 목표입니다. 한 명의 근로자라도 고용한 회사는 4대 보험에 의무적으로 가입해야 합니다. 가입자와 사용자(회사)가 나누어서 보험에 가입하고 있으니 회사로부터 보험료를 받는다고 생각해도 됩니다.

💰 4대 보험료가 얼마야?

4대 보험료는 회사와 근로자가 같이 부담하고 있으며 산업보험만 100% 회사가 부담합니다. 국민연금의 경우 소득의 9%를 본인과 사업장 사용자가 4.5%씩 부담합니다. 직장에서 가입한 것이 아니라 개별적으로 국민연금에 가입한 지역·임의·임의계속 가입자는 소득의 9%를 본인이 전액 부담합니다.

건강보험료는 '건강보험'과 '장기요양보험'으로 나뉘며, 건강보험은 회사와 근로자가 월급의 3.545%를 각각 부담합니다. 장기요양보험은 건강보험료에서 12.81%를 곱해서 납부합니다. 고용보험은 근로자가 0.9%, 회사가 0.9%를 납부합니다. 산재보험은 전액 회사 부담으로 연

[도표 3-1] 4대 보험 비율

	근로자 부담	회사 부담
국민연금	4.5%	4.5%
건강보험	3.545%	3.545%
고용보험	0.9%	0.9%
산재보험	회사 부담	업종별 상이

자료: 4대 사회보험 정보연계센터

도, 업종, 회사 규모에 따라서 보험료가 다소 차이가 있을 수 있습니다. 자세한 정보는 4대 사회보험 정보연계센터(http://www.4insure.or.kr)에서 확인이 가능합니다. 홈페이지 메뉴 '알림마당'에서 4대 사회보험료를 모의계산해볼 수 있습니다.

💰 실업급여 받아 보자

실업급여는 고용보험에 가입한 근로자에게 실직 후 재취업 기간에 소정의 급여를 지급함으로써 실업으로 인한 생계불안을 극복하고 생활의 안정을 도와줍니다. 재취업의 기회를 지원해주는 제도로서 실업급여는 크게 구직급여와 취업촉진수당으로 나누어져 있습니다. 실업급여는 실업에 대한 위로금이나 고용보험료 납부의 대가로 지급되는 것이 아닙니다.

실업급여를 받을 수 있는 조건은 ① 이직일 이전 18개월간(기준기간) 피보험단위기간이 통산하여 180일 이상일 것 ② 근로의 의사와 능력이 있음에도 불구하고 취업(영리를 목적으로 사업을 영위하는 경우 포함)하지 못한 상태에 있을 것 ③ 재취업을 위한 노력을 적극적으로 할 것 ④ 이직 사유가 비자발적인 사유일 것에 해당돼야 합니다.

실업급여를 받으려면 퇴직 후 거주지 관할 고용센터에 방문하여 실업 신고(구직 등록은 전산망을 통해 직접 신청)를 해야 합니다. 참고로 보험 가입기간 등에 따라 최대 240일까지 지급됩니다. 퇴직 후 1년이 경과하면 지급받을 수 없습니다. 좀 더 자세한 정보는 고용보험 홈페이지

(https://www.ei.go.kr)에서 찾을 수 있습니다.

💰 퇴직금 제도는?

퇴직금 제도가 국내에 처음 도입된 것은 1953년 근로기준법을 제정할 때입니다. 2010년부터는 근로자를 사용하는 모든 사업장에 퇴직금 지급을 의무화했습니다. 퇴직금은 근로기간 동안 적립해뒀던 임금을 나중에 퇴직할 때 수령하는 것으로 보는 것이 보통입니다. 퇴직금을 받기 위해서는 계속근로기간이 1년 이상이어야 하며, 1주 근로시간이 15시간이 안 되는 근로자에게는 퇴직금을 지급하지 않아도 됩니다. 한 직장에서 주 15시간 이상 그리고 1년 이상 계속 일해야 퇴직금을 받을 수 있습니다.

회사에 들어가면 퇴직금을 확정급여형(DB)과 확정기여형(DC) 중 선택하는 경우가 있습니다. DB형은 근로자가 퇴직하게 되면 정해진 액수의 퇴직금을 지급하는 방식입니다. 외부 금융사에 금액을 맡겨놓는 방식으로 원금이 보장되기 때문에 안전한 퇴직금 지급 방식입니다. 그래서 DB형을 많이 선택합니다.

DC형은 법적으로 개인이 계좌를 소유하면서 회사가 해당 계좌에 퇴직금에 해당하는 금액을 매년 지급하는 방식입니다. DB형과는 다르게 본인이 추가적으로 부담금을 납입할 수 있습니다. 추가로 납부하고 다양한 상품에 투자할 수 있기 때문에 이익과 손실이 날 수 있습니다. 잘못하면 퇴직금이 원금보다 줄어들 위험이 있습니다.

퇴직금을 받지 못했을 경우에는 고용노동부 홈페이지(www.moel.go.kr)의 '임금체불 진정서'를 통해서 도움받을 수 있습니다.

04

동상이몽 최저임금제…
해법은 있을까?

#최저임금은 얼마? #다른 나라는?
#최저임금을 폐지하라!

    최저임금제는 1986년 12월 31일 최저임금법을 제정·공포하며 1988년 1월 1일부터 실시되었습니다. 우리나라는 고용노동부에서 매년 8월 5일까지 그다음 해에 시행되는 최저임금을 결정합니다. 근로자위원, 사용자위원, 공익위원 각각 9명 총 27명으로 구성된 최저임금위원회에서 논의를 통해 최저임금을 결정합니다.

    최저임금은 임금의 최소 수준을 법으로 정해 일하는 사람이면 누구나 일정한 소득을 얻을 수 있게 보장하는 제도입니다. 일부 사람들은 최저임금제가 저임금 노동자에게 공정한 임금을 보장하고 소득분배구조를 개선하는 바람직한 제도라고 생각합니다. 하지만 일부 사람들은 '최저임금제는 오히려 저임금 일자리를 감소시키고, 물가를 상승시키고, 소규모 고용주에게 부담을 증가시킨다'고 주장하기도 합니

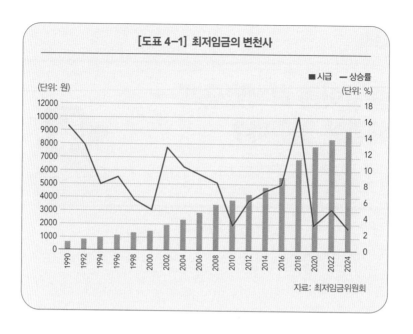

[도표 4-1] 최저임금의 변천사

(단위: 원)

■시급 ─ 상승률

(단위: %)

자료: 최저임금위원회

다. 이렇게 오랜 시간 동안 최저임금을 둘러싸고 뜨거운 논쟁이 계속
되어 왔습니다.

🪙 최저임금을 폐지하라

사실 최저임금제는 슬픈 제도입니다. 무단횡단을 하니까 벌금이 존
재하듯이 누군가 최저임금을 지키지 않으니 최저임금제도가 존재하
는 것이기 때문입니다. 최저임금제도의 존재는 지금 이 시간에도 누군
가 최저임금도 받지 못한 노동을 하고 있다는 증거입니다. 아무런 규
제 없이도 시장에서 공정하게 노동의 대가를 받을 수 있다면 최저임

금은 필요 없을 것입니다.

스웨덴, 덴마크, 스위스, 핀란드 등은 법정 최저임금제가 없습니다. 노동조합(노조)이 실업보험을 관리·운영하고 있어, 이때 노동자는 실업급여를 받기 위해서 노동조합에 가입합니다. 그래서 노조 가입률이 높고 노사 임금 협상 또한 원만하게 이뤄집니다.

노조가 전체 근로자를 대변해 협상할 수 있기 때문에 최저임금을 도입할 필요가 없습니다. 하지만 우리나라는 노조 가입률이 14.2%로 매우 낮습니다. 노조가 없는 약 86%는 스스로를 보호할 수 없기에 최저임금제도가 필요한 것입니다. 최저임금은 결국 노조 문제와 많이 연결됩니다.

생각을 키우는 Q

최저임금제는 사회적 합의가 쉽지 않은 사안입니다. 앞으로 더 많은 논의와 검증이 필요한 사안인데, 여러분은 최저임금제가 이상적인 방향으로 나아가기 위해서는 어떻게 해야 한다고 생각하나요?

05

직장인들이 회계를 폭 알아야 하는 이유는?

#회계는 회사의 얼굴 #회계로 승진과 취업 빡! #영어 대신 회계

회사도 잘 생긴 회사와 그렇지 않은 회사가 있습니다. 회사 건물의 외관을 보고 이를 평가하는 것일까요? 사람을 볼 때 우선적으로 키나 얼굴 같은 외모로 따져보는 것처럼, 회사의 상태를 볼 때 우선적으로 따져볼 수 있는 것은 바로 회계입니다.

그러나 보통 '회계'라 하면 일단 머리부터 지끈거리고, 회계 업무 담당이 아니라면 굳이 알 필요가 없는 것이라고도 생각할 것입니다. 그러나 회계는 회사의 살림살이를 한눈에 파악할 수 있는 지표이기에 직장인이라면 기본 개념 정도는 알고 있어야 합니다. 회계를 잘 아는 직장인과 그렇지 않은 직장인은 회사에 대한 이해도 면에서 큰 차이가 있습니다. 특히 상급 관리자로 진급하기 위해서는 회계 지식을 필수적으로 갖추고 회사의 돈이 어디로 와서 어떻게 흘러가는지 파악할 수 있어야 합니다.

회사를 창업하여 운영하는 경영진도 마찬가지입니다. 회계를 담당하는 직원을 따로 두거나, 회계사에게 회계 업무를 모두 전담시킨다 하더라도 경영진이 회계를 잘 아는 회사와 그렇지 않은 회사는 경쟁력 면에서 큰 차이가 있을 것입니다.

또, 회계 지식은 투자를 할 때도 많은 도움이 됩니다. 투자하고자 하는 기업이 공시한 재무제표를 보고 재무구조가 건전하고 안정적인 회사인지 구분할 수 있기 때문입니다.

💰 회계의 다양한 쓰임새

회계의 가장 중요한 역할은 '의사결정'을 도와주는 정보를 제공하는 것입니다. 기업들은 여러 가지 활동을 합니다. 물건을 파는 영업활동, 새로운 사업이나 공장 등을 짓는 투자활동, 자금을 다양한 곳에서 빌려 오고 갚는 재무활동을 합니다. 우리가 일해서 돈을 벌고, 부동산이나 자격증 취득에 투자하고, 집이나 자동차를 사기 위해 대출을 받는 행위와 비슷합니다.

회계를 통해서 얻을 수 있는 정보는 크게 세 가지입니다.

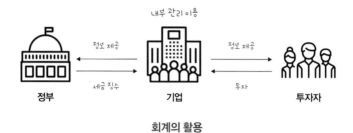

회계의 활용

첫 번째는 내부 관리 목적으로 유용합니다. 회사는 회계를 통해 돈을 어디서 얼마나 벌었고 사용했는지 주기적으로 꼼꼼히 체크할 수 있습니다. 회사 내부에서 취업, 승진, 프레젠테이션 등에 활용할 때도 유용합니다.

두 번째는 외부에 알리기 위해서입니다. 회사의 규모가 커지면 돈이 많이 필요합니다. 은행에서 빌리기도 하고, 주식이나 채권을 발행해 자금을 조달합니다. 이때 돈을 투자하려는 사람들 입장에서는 투자를 하여도 괜찮은 재무 시스템을 갖추고 있는 회사인지 알고 싶습니다. 매출, 자산, 부채 비율 등 다양한 항목을 검토하려고 할 것입니다. 우리가 은행에서 돈을 빌릴 때 소득과 자산을 신고하는 것과 마찬가지입니다.

세 번째는 정부에 알리기 위해서입니다. 정부는 기업들에게 적법한 절차에 따라 세금을 부과해야 하기 때문입니다. 그리고 기업의 독점 및 부당경쟁 행위에 대한 규제활동을 위한 목적으로도 회계를 사용합니다.

🪙 영어 대신 회계

국가 간 자본시장이 개방되어 자본의 유입과 유출이 쉬워지면서부터 통일된 회계기준의 필요성이 등장했습니다. 국가 간 무역 시 서로 회계기준이 다르면 여러 가지 문제가 생깁니다. 그래서 **국제회계기준**˙

IFRS: International Financial Reporting Standards 을 도입하는 국가들이 점차 증가하는 추세입니다. 국제 축구경기처럼 서로 국가와 언어는 다르지만 동일한 규칙으로 경기를 하는 것과 같습니다.

유럽 연합의 국가들은 2005년부터 모두 의무적으로 적용했습니다. 우리나라는 2011년부터 IFRS 기준에 따라 일반 상장기업과 금융회사를 중심으로 IFRS를 도입하였습니다. 2011년부터 자산 2조 원이상 상장기업은 IFRS를 의무적으로 적용했으며, 2013년부터 모든 상장 기업이 IFRS를 적용하고 있습니다.

> **국제회계기준**
> 국제회계기준위원회에서 마련해 공표하는 회계기준.

생각을 키우는 Q

회계기준은 중요합니다. 이를 안 지킨다면 어떤 일이 일어날까요?

06

기업들의 속임수, 회계부정

#분식회계 #선진국에서 회계부정을 하면?
#포상금 받아볼까?

　우리는 SNS에 사진을 올릴 때 살짝 보정을 하기도 합니다. 다른 사람에게 보여주는 사진이니 잘 나온 사진을 올리고 싶기 때문입니다. 보정의 정도가 심하면 실물과 사진을 구분하지 못하는 경우가 종종 있습니다. 기업 역시 자신의 모습을 부당한 방법을 통해서 보정하려고 할 수 있습니다.

　기업은 투자자들에게 잘 보이기 위해서 배당도 하고 주가도 띄우기 위해 노력합니다. 그런 노력이 때로는 엇나가는 경우도 있습니다. 바로 분식회계를 통해서입니다. '분粉'은 가루 화장품, '식飾'은 장식이라는 뜻으로 직역하면 회계장부가 화장을 한다는 것입니다. 장부를 조작해서 회사의 실적을 좋아 보이게 만드는 것입니다. 이런 행위는 중범죄에 해당됩니다. 분식회계라는 명칭은 범죄가 미화된다는 느낌이 있어서 '회계부정'이라는 단어를 사용하겠습니다.

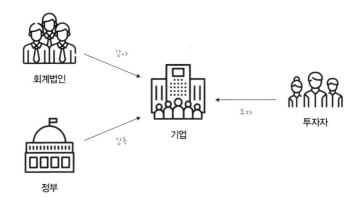

💰 자본주의의 파괴범 '회계부정'

우리에게 잘 알려진 회계부정 사례는 대우조선해양입니다. 경영진은 2012년부터 2014년까지 총 5조 원대 분식회계를 저질렀습니다. 원가는 임의로 축소하고 매출액은 부풀리는 방식이었습니다. 검찰의 조사가 시작되자 대우조선해양은 4,711억 원의 2014년 영업이익을 7,429억 원 적자로 바꾸었습니다. 또한 성과를 부풀려서 5,000억 원 상당의 '성과급 잔치'를 벌이기까지 했습니다.

대기업만 회계부정을 저지르는 것이 아닙니다. 공익성이 큰 비영리 분야에서도 회계부정과 비리가 발생합니다. 불우 아동을 돕겠다는 명목으로 받은 후원금 128억 원 중 126억 원을 탕진한 회계부정 사건도 있습니다. 간부들이 아파트 구입비, 골프 여행, 요트 파티 등으로 흥

청망청 써버려 모두의 공분을 사기도 했습니다.

이런 회계부정이 만연하게 발생하면 자본주의 질서가 파괴될 수 있습니다. 자신의 돈을 안전하게 투자할 수 없다면 아무도 투자하려 하지 않을 것이기 때문입니다. 이렇게 되면 자본시장이 위축돼서 정말 필요한 곳에 투자가 이루어지지 않을 것입니다. 혁신적인 기업이 자라나기 매우 어려운 상황이 되는 것입니다. 정부, 회계법인, 시민단체들이 기업들의 탈선을 감시하는 시스템이 잘 작동한다면 이런 일은 벌어지지 않을 것입니다.

🪙 회계부정 신고 제보자에게 포상금을 준다고?

선진국인 미국은 회계부정에 어떻게 대처할까요?

2001년에 미국의 '엔론'이라는 기업이 15억 달러(1조 7,000억 원) 규모의 회계부정을 저질렀습니다. 당시 CEO 제프리 스킬링은 24년의 징역형을 선고받았습니다. 당시 외부 감사를 맡고 있던 미국의 5대 회계법인 중 하나였던 아서 앤더슨 역시 이로 인해 파산했을 만큼 큰 사건이었습니다.

회계부정은 이처럼 해당 기업은 물론, 관련 기업까지 나락으로 끌고 갈 수 있는 중대한 부정 행위입니다. 하지만 외부에서 해당 기업이 회계부정을 저지르고 있는지 발견하기는 쉽지가 않습니다. 때문에 내부고발자의 존재가 필수적입니다. 미국은 적발한 회계부정 부당이득의 10~30%를 포상금으로 제공합니다. 미국은 매년 5,000여 건의 회계부정 제보가 쏟아지고 있을 만큼 감시 활동이 활발하게 이뤄지고 있습니다. 2017년 3월에만 5,000만 달러의 포상금이 지급되기도 했습니다.[21]

그렇다면 우리나라는 어떨까요? 2021년 중 금감원에 접수된 신고는 92건이고, 5명의 제보자에게 포상금 2억 2,860만 원이 지급되었습니다. 2023년 신고포상금 한도가 10억 원에서 20억 원으로 대폭 상향되어, 그전에 비해 신고에 대한 국민적 관심사는 높아졌습니다. 하지만 건전한 회계 문화를 만들기 위한 제도적 장치는 여전히 부족한 실정입니다.

미국 회계학자 제이컵 솔 교수에 따르면, 한 나라에서 회계를 어떻게 이용하느냐에 따라 국가의 흥망성쇠가 가름된다고 합니다. "회계 교육을 중요시했던 네덜란드는 근대적 자본주의의 기틀을 완성해 오늘날 작지만 강한 나라가 된 반면, 회계 교육을 소홀히 한 스페인은 남미에서 막대한 부를 축적하고도 유럽 중위권 국가에 머물고 있다"라고 말했습니다.

07

우리나라 기업지배구조는 왜 병들었을까?

#일감 몰아주기 #기업은 누구의 것?
#기업지배구조가 뭐야?

영리기업은 영업 활동을 통해서 이익을 추구합니다. 그리고 그 이익은 기업의 주주를 위한 것입니다. 하지만 주주의 이익을 추구하지 않는 기업들이 있습니다. 바로 '일감 몰아주기'를 통해서 말입니다. 이러한 기업들은 주로 이해관계가 밀접한 친인척 등이 운영하는 다른 회사에 일감을 몰아주어 이익이 생기게끔 합니다. 공정한 경쟁을 통해서 자원을 분배하는 자본주의 시장을 교란하는 것입니다.

공정거래위원회가 발표한 '공시대상기업집단 내부거래 현황'에 따르면 2021년 76개 대기업(자산 5조 원 이상) 계열사들의 내부거래 금액은 218조 원이었습니다. 2020년 대비 18.8%나 증가했고, 상위 10대 그룹의 내부거

공정거래위원회

독점 및 불공정거래에 관한 사안을 심의·의결하기 위해 설립된 국무총리 소속의 중앙행정기관이자 합의제 준사법기관.

래 비중은 다른 기업의 3배를 넘었습니다. 내부거래 비중은 총수 일가 비중이 높을수록 증가하는 경향을 보였습니다.

기업은 사유 재산이기에 총수가 마음대로 경영해도 문제가 없는 것처럼 보일 수 있습니다. 하지만 기업을 공개하고 많은 투자자로부터 자금을 모은 기업은 이야기가 다릅니다. 기업의 주인은 총수가 아니라 주주입니다. 주주들 모두가 경영에 참여할 수 없기 때문에 경영자를 뽑은 것입니다.

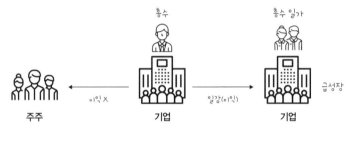

일감 몰아주기 구조

🪙 지배구조가 중요한 이유

우리가 잘 아는 애플의 창업자 스티브 잡스 역시 성과가 저조하자 한때 애플에서 쫓겨난 적이 있습니다. 물론 애플에 복귀한 스티브 잡스는 혁신의 아이콘으로 부활해 애플을 세계 최고의 기업으로 만들었습니다. 미국의 경영 환경은 자신이 창업한 회사에서조차 쫓겨날 수 있고 능력만 있다면 다시 돌아올 수도 있다는 것입니다. 만일 스티브 잡스가 주주들의 반발에도 회사에 끝까지 남아 있었다면 우리는 혁신의 아이콘을 볼 수 없었을지 모릅니다.

1980년대 이후부터 미국을 중심으로 선진국들 사이에서는 좋은 기업지배구조가 기업 경쟁력의 원천이라는 인식이 확산되었습니다. 기업의 규모가 커짐에 따라 기업을 소유한 주주와 기업을 경영하는 경영자의 이해가 서로 다를 수 있습니다. 최고경영자의 독단적 결정에 따라 회사의 이익이 크게 갈릴 수 있고 이로써 다수의 주주가 피해를 입을 수 있기에, 다수가 소수에게 권력을 위임하고 감시하는 시스템으로 진화한 것입니다.

또한 소액 투자 증가와 금융의 발달로 정보 공개 요구의 목소리도 높아졌습니다. 주주들은 경영진이 경영을 잘하고 있는지 알고 싶어 하며, 뛰어난 경영자를 뽑아 회사를 발전시키고 더 많은 이익을 공유하고자 합니다. 때문에 선진국은 주주와 경영자가 공정하게 이익을 누릴 수 있도록 다양한 법 제도와 조직 내의 제도를 통해 감시 시스템을 발전시켜가고 있습니다.

🪙 꼼수 부려도 안 걸려

안타깝게도 우리나라의 상황은 선진국에 비하면 많이 부족한 것이 사실입니다. 사외이사가 경영진의 독단경영을 막는 제도가 있습니다. 하지만 2022년 국내 10대 그룹의 이사회 표결 322건 중 부결은 0건이었습니다. 사외이사들이 반대 의견을 제시한 사례도 겨우 3건밖에 되지 않았습니다.[22] 견제의 기능을 담당하는 사외이사의 역할이

유명무실하다는 것입니다.

소액 주주가 자신의 권리를 행사하기도 어렵습니다. 소액 주주가 주주총회에 시간을 내서 가기 어렵습니다. 사실상 주주의 소중한 한 표를 행사할 수 없는 것입니다. 그래서 미국과 영국, 일본 등 선진국에서는 2000년대부터 전자 투표를 실시했습니다. 하지만 우리나라는 아직 제도적으로 많이 부족한 상황입니다. 한국예탁결제원에 따르면, 2023년 3월 정기주주총회에서 의결권이 있는 주식의 10.2%만 전자 투표로 의결권을 행사했습니다. 아직은 소액 주주들의 참여와 견제가 아쉬운 부분입니다.

생각을 키우는 Q

그렇다면 회사의 돈은 어디에 있을까요? 회사는 자금을 어떤 식으로 보관할까요?

08

회사 곳간을 털어라

#사내유보금이 뭐야? #그렇게나 많아?
#나도 좀 줘!

사내유보금은 사업 확장을 위해 기계, 설비, 건물 등의 형태로 재투자되는 돈을 의미합니다. 한때 기업들의 사내유보금이 많아서 문제가 된 적이 있습니다. 일각에서는 사내유보금을 환수해야 한다고 주장하기까지 했습니다. 시민단체들은 사내유보금이 증가한 배경으로 근로자에 대한 분배가 적었던 것을 지적하기도 했습니다. 또한 투자에 소극적이어서 사내유보금이 늘어나고 있다고 주장하기도 했습니다.

우선 이 문제에 대해 이야기하기 앞서 사내유보금이 모두 현금이라는 오해가 있습니다. 기업 매출액에서 임금 등 각종 비용을 뺀 값이 이익입니다. 이익에서 세금도 내고 주주에게 배당으로 나누어 줍니다. 그 뒤에 남은 돈이 바로 사내유보금입니다. 하지만 이것은 장부상의 돈입니다. 사내유보금은 부동산, 주식, 채권 등 돈으로 바꿀 수 있는 다양한 형태로 존재하는 것입니다.

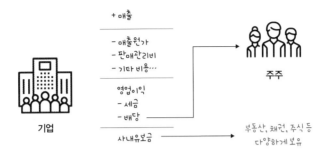

아무리 기업에 대한 불신이 깊어도 사내유보금에 과세를 하거나 환수를 할 수는 없습니다. 이미 한번 세금을 냈기 때문입니다. 다시 세금을 부과한다면 이중과세로 원칙에 어긋납니다. 환수는 더더욱 문제가 될 수 있습니다. 자본주의에서 사유재산을 국가가 함부로 빼앗을 자격은 없기 때문입니다. 그러나 사내유보금을 모은 방법과 성격에 대한 도덕적 비판과 법적 잣대는 조금 다를 수 있습니다.

🪙 쌓아두는 게 왜 문제일까?

기업들의 사내유보금이 쌓이는 원인 중 문제가 될 수 있는 것은 '배당'을 안 해서입니다. 기업의 이익은 배당을 통해서 여러 주주들에게 돌아가야 합니다. 사내유보금이 쌓인다는 것은 여러 주주들에게 이익이 고루고루 돌아가지 않았다는 것입니다.

이런 문제가 발생하는 원인은 소유와 경영이 분리되어 있지 않기 때문입니다. 이 문제는 앞의 지배구조에서 간략히 설명했습니다. 총수가 소유하고 경영하니 다른 누군가와 이익을 공유하기 싫은 것입니다. 다수의 소액 주주에게 배당을 해주면 자신의 회사에서 돈이 빠져나간다고 생각하는 것입니다. 소액 주주를 보호하거나 권익을 지키는 제도가 없으니 견제받을 일도 거의 없습니다.

사내유보금을 너무 많이 모아두면 경영상 문제가 생길 수도 있습니다. 재투자를 해서 손해를 보거나, 물가 상승(화폐 가치 하락)으로 인해서 앉아서 손해를 보게 될 수 있습니다. 주주들에게 신뢰를 잃을 수도 있습니다. 적당한 배당으로 주주들에게 신뢰를 준다면 주가도 띄울 수 있습니다. 기업 가치가 오히려 높아질 수 있는 것입니다. 이로써 다음에 자금을 조달하기 더욱 용이해질 수 있습니다.

철새가 된 외국인 투자자

우리나라의 주식시장은 외국인이 많이 참여합니다. 2008년 경제위기와 2011년 유럽 재정위기 때 순식간에 많은 자금이 빠져나가서 증시가 출렁이기도 했습니다. 외국인들은 배당을 굉장히 중요하게 여깁니다. 주식을 매수할 때 배당 여부를 꼼꼼히 따집니다. 그리고 장기로 보유합니다.

하지만 배당으로 수익을 내기 어려운 우리나라 환경에서는 투자 전략이 달라집니다. 바로 주가를 띄우고 시세 차익을 얻습니다. 장기가 아닌 단기로 움직인다는 것입니다. 이렇게 되면 투자보다는 투기 세력이 더욱 득세할 수 있습니다. 기업에 돌발 변수가 발생하면 해당 주식을 급매도할 가능성이 커집니다. 이런 환경은 기업을 더 불안정하게 만듭니다. 이런 불안한 환경이 코리아 디스카운트*Korea discount로 이어지기도 합니다.

09

말 많은 법인세…
올려야 해? 내려야 해?

#법인세율 얼마야? #법인세 올리면 좋아?
#그럼 세금은 누가?

기업이 납부하는 **법인세**를 두고 항상 엇갈린 의견이 나옵니다. 우리 나라의 법인세 최고세율이 국제기준보다 높기 때문에 기업 측에서는 법인세 인상의 문제점을 제기합니다. 오히려 법인세를 낮추어서 경제 성장을 통한 고용과 투자를 늘리자고 주장합니다. 한편으로는 대기업 실효세율이 중소기업보다 낮아서 인상해야 한다고 주장합니다. 조세 를 통한 재분배 효과를 극대화하기 위해 초대기업에 대한 증세가 필요 하다고 합니다.

들어보면 양쪽의 말이 모두 일리가 있는 것 같습니다. 자신의 주장 에 유리한 지표를 가지고 오기 때문에 설득력 있게 들릴 수도 있습니 다. 그렇다면 같은 우리나라 경제를 두고서 서로 다른 처방을 가지게 된 이유를 살펴보겠습니다.

🪙 우리나라 법인세율 수준은?

그렇다면, 우리나라의 법인세율이 다른 나라에 비해서 낮은지 높은지를 먼저 알아야 합니다. 2017년에 우리나라는 법인세 최고세율을 25%(지방세 포함 27.5%)로 인상했습니다. 하지만 우리나라 법인들의 실효세율은 17.5%로, 호주(29.3%), 프랑스(25.6%), 영국(19.8%)에 비해 오히려 낮았습니다. 우리보다 실효세율이 낮은 나라는 일본(17.3%)과 미국(14.8%)이 있습니다. 세금을 낼 수 있는 법인 중 99.6%가 20% 이하의 세율을 적용받고 있기 때문입니다.[23]

[도표 9-1]에서 보는 것처럼 우리나라의 최고 법인세율은 높은 수준으로 보입니다. 독일과 프랑스는 우리보다 높고 영국과 미국은 우리

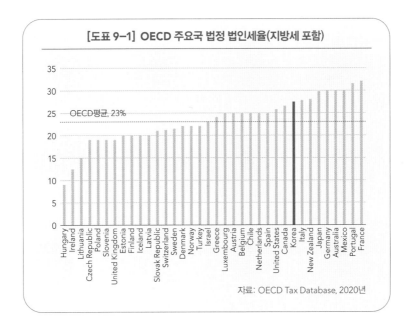

[도표 9-1] OECD 주요국 법정 법인세율(지방세 포함)

자료: OECD Tax Database, 2020년

보다 낮습니다. 법인세를 높이는 것이 좋을까요? 낮추는 것이 좋을까요? 기업과 국민의 복지를 위한 국가의 선택에 따라 생각은 달라질 수 있습니다. 하지만 코로나19 위기로 많은 돈을 풀은 영국과 미국은 법인세 인상의 길을 선택하고 있습니다.

GDP 대비 법인세 비중을 가지고 세율이 높은지 낮은지 비교하기도 합니다. 2019년 GDP 대비 법인세 비중은 4.3%입니다. OECD 국가 중 5위로 상당히 높은 수준입니다. 이렇게만 보면 법인세가 엄청 많은 듯합니다.

하지만 GDP에서 기업이 올리는 소득은 24.5%가 넘고 OECD 평균인 19.1%보다 5% 넘게 높습니다. OECD에서 가장 높은 수치였습니다. 기업이 돈을 많이 벌고 있기 때문에 세금을 많이 낸다는 것입니다. 절대 다른 나라보다 세율이 높아서 비중이 높은 것이 아닙니다.

🪙 적정한 법인세율은?

우리나라에서는 법인세를 낮췄을 경우 어떤 영향이 있는지 살펴보겠습니다. KDI 정책포럼 연구에 따르면 법인세 실효세율을 1% 낮추면 투자율은 0.2% 증가되었습니다. 하지만 우리나라 경영진은 미국에 비해 사익 추구가 9배 높아서 법인세 인하 효과가 28% 정도 감소합니다. 이런 상황에서는 법인세율을 인상하여도 기대하는 만큼의 효과를 거두기 힘들 수 있습니다. 법인세율을 인상하면 경영진이 사익을 추구할 가능성이 더욱 높아져, 고용과 투자가 더욱 악화되고 소득분배 효과도 미약할 수 있기 때문입니다.[24]

　정부가 법인세를 올리거나 내려도 효과를 볼 수 없다는 이야기입니다. 오히려 부당한 기업 경영에 대한 감시와 감독을 강화하는 것이 투자와 고용 여건이 나아질 수 있는 지름길이 될 수 있습니다. 감시와 감독을 강화한 다음에 법인세 인상 혹은 인하를 의논해야 하지 않을까요?

생각을 키우는 Q

회사가 돈을 벌어서 세금 내는 것을 알아보았습니다. 그렇다면 작은 회사가 커지고, 큰 회사가 다시 작아질 수도 있는데 이 경우에는 어떤 일이 벌어질까요?

10

증자와 감자가 뭐야?

#유상증자와 감자 #무상증자와 감자
#자사주 매입

키가 크고 몸무게가 늘어나면 옷이 맞지 않게 됩니다. 그렇게 되면 알맞은 새 옷을 사 입어야 합니다. 혹은 날씨가 변하거나 유행이 변할 때도 옷을 새로 장만하기도 합니다. 기업 역시 마찬가지입니다. 기업의 규모가 커지거나 줄어들면 사람처럼 새로운 옷을 입습니다. 혹은 상황에 따라서 어울리는 옷을 입기도 합니다. 바로 **증자**와 **감자**를 통해서 회사는 알맞은 옷으로 갈아입습니다.

증자와 감자는 자본금의 증가와 감소를 말합니다. 기업은 사업을 하기 위해서 주주에게 주식을 나눠주고 받은 돈이 있습니다. 이 돈을 자본금이라고 합니다. 발행주식 총수에 주식의 액면가를 곱하면 바로 자본금입니다.

💰 증자와 감자는 어떻게?

　기업은 신규 투자, 부채의 상환, 재무구조의 개선, 경영권 안정 등을 위해서 증자를 시행합니다. 증자의 방식은 유상증자와 무상증자가 있습니다. 유상증자는 기업이 돈을 받고 신규 주식을 발행하는 것입니다. 은행에서 돈을 빌리면 원금과 이자를 갚아야 하고 부채비율도 높아집니다. 유상증자는 이런 걱정을 할 필요가 없습니다. 하지만 유상증자는 절차도 복잡하고 정부의 통제를 받기 때문에 아무 때나 할 수 없습니다.

　무상증자는 주주들에게 주식을 무료로 나누어주는 것입니다. 사실 정말 무료는 아닙니다. 이익이 나서 쌓인 돈을 주식으로 나누어 주는 것입니다. 엄밀히 말하면 원래 주주들의 돈이었기에 무료가 아닌 것입니다. 돈이 아닌 주식으로 배당을 해주는 것과 같습니다. 무상증자를 하게 되면 기대감으로 주가가 일시적으로 오를 수 있습니다. 무상증자는 여러모로 주주들에게 보답하는 성격을 지니고 있습니다.

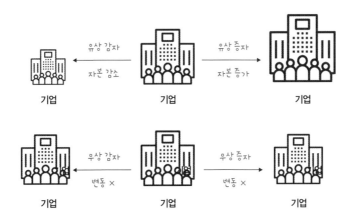

자본이 감소하는 감자 역시 유상과 무상으로 나뉩니다. 유상감자는 자본금을 돈으로 돌려주는 것입니다. 사업이 축소되어 불필요해진 회사의 재산을 주주에게 돌려주는 것입니다. '실질적 감자'라고 부르며 주식시장에서 실제로 일어나는 일은 거의 없습니다. 주식시장에서는 무상감자가 대부분입니다.

무상감자는 회사가 돈을 벌지 못하고 영업이익이 마이너스 상태가 지속될 때 시행됩니다. 회사에 계속 이익이 안 나면 초기에 투자한 자본이 계속 줄어들게 됩니다. 그래서 주주들이 들고 있는 주식 비율에 맞추어 주식을 줄이는 것입니다. 주식 수가 줄어들기 때문에 주식시장에서 악재로 분류되는 경우가 많습니다. 하지만 감자를 통해 재무구조가 건전해지므로 주가가 다시 상승할 수 있습니다.

자사주 매입

자사주 매입이란 기업이 자신의 돈을 들여서 주식시장에서 자신의 주식을 다시 사들이는 것을 말합니다. 기업가치에 비해서 주가가 너무 낮게 평가되면 기업 이미지에 좋지 않기 때문입니다. 혹은 누군가 회사의 경영권을 노리고 주식을 사들일 때 방어하기 위해서 사는 경우도 있습니다. 자사주 매입으로 일단 사들인 주식은 상여금이나 포상용으로 임직원에게 나눠 주기도 합니다. 주식을 시장에 다시 내다 팔면 주가가 하락할 수 있습니다. 이때는 주가를 지탱하기 위해서 주식을 소각하기도 합니다.

11

두 얼굴을 가진 노동조합?

#나는 노조에 가입할 수 있을까? #귀족노조
#북유럽의 노조는?

임금 노동자가 등장한 것은 산업화 이후입니다. 경영자는 기업의 비전과 방향을 제시합니다. 노동자는 그 방향과 비전을 향해서 달려가는 사람들입니다. 둘의 조합이 잘 맞아야 기업이 발전할 수 있습니다. 하지만 노동자는 자본과 전문지식을 갖춘 기업가에 비해서 상대적으로 약자입니다. 그래서 노동자들은 **노동조합**을 만들고 기업가와 협상을 통해 불리할 수 있는 대우를 개선하고 자신들을 보호해왔습니다.

하지만 우리가 각종 매체를 통해서 보는 노동조합의 모습은 뭔가

기업 　　　　협상　　　　 노동조합

이중적인 모습입니다. 약자들을 대변하고 있기에 필요해 보이지만, OECD 조사에서 노동 경직성이 우리나라 경제 성장 발목을 잡는다는 이야기가 들리면 또 생각이 바뀝니다. 그렇다면 무엇 때문에 이렇게 이중적인 모습으로 우리에게 다가오는지 살펴보겠습니다.

노동조합에 노동자는 없다

우리나라 노조 조직율은 14.2%로 10명 중 1명만 노조에 가입되어 있습니다. OECD 최하위권 수준입니다. 우리나라는 낮은 노조 가입률로 인해서 다수의 노동자를 대변하지 못하는 것입니다. 반대로 말하면 노조는 소수의 노동자의 이익만 대변한다고 볼 수 있습니다. 이렇게 되니 '노조'라고 하면 나와 거리가 멀고, 생산 차질, 경제적 손해, 시민 불편 등 부정적인 이미지가 떠오르게 됩니다.

이렇게 낮은 노조 가입률 때문에 우리나라의 노동시장은 이중적인 구조가 되었습니다. 한국의 노동생산성은 OECD 국가 가운데 꼴찌입니다. 그러나 일부 노조는 노동생산성 향상 논의와 소외받는 노동자의 권리 보호보다는 임금 인상과 고용 유지 등을 더욱 중요시하는 태도를 취해오기도 했습니다. 그러다 보니 노동자들로부터도 지지를 이끌어내기 쉽지 않은 상황이 된 것입니다. 더욱이 비정규직과 하청업체 직원, 아르바이트생 등은 노동조합에 가입하여 목소리를 내기 더욱 쉽지 않은 권익 보호의 사각지대에 놓여 있습니다.

이러한 상황이 계속되면 노동시장이 경직되고, 기업들이 사용하기 쉬운 질 나쁜 일자리들만 더 많아질 것입니다. 이로써 가장 큰 피해를 입는 사람들은 노동시장에 새로 진입하는 청년들입니다. 청년들이 자신의 목소리를 내며 안정적으로 일할 수 있는 노동환경이 갖춰지기 위해서는 기업과 노동조합의 체질 개선이 무엇보다 필요해 보입니다.

💰 선진국의 노동조합은 어떠할까?

그렇다면 주요 선진국의 경우에는 어떻게 운영되고 있는지 살펴보겠습니다. 아이슬란드 91.4%, 덴마크 67%, 스웨덴 65.2%, 핀란드 58.8%, 영국 23.4%, 일본 16.8%, 미국 10.3%로 평균적으로 우리나라보다 높습니다. 이런 배경으로 노조는 노동자의 대표성을 가질 수 있습니다. 많은 사람들이 참여한 덕분에 사회적으로 관심과 타협을 이끌어 낼 수 있었던 것입니다.

그리고 북유럽 국가들의 경우 탄탄한 사회 복지가 노조를 온건하게 만듭니다. 만약에 직장을 잃고 실업 상태가 되면 새로운 직장을 찾는 동안 가족들의 생계가 막막해질 것입니다. 복지 제도가 탄탄하게 마련되어 있다면 이때 노동자들의 부담이 훨씬 덜할 것입니다. 하지만 앞에서 본 것처럼 우리나라는 복지 지출에 인색합니다. 복지 제도가 노동자들의 삶을 뒷받침해주지 않기에 노동자들은 기업과 노동조합에 변화를 요구하는 데 소극적일 수밖에 없습니다. 현실에서는 내 자신과 가족의 생계를 꾸려나가는 게 무엇보다 중요하기 때문입니다. 선진국으로부터 무엇을 배워야 하는지 잘 생각해봐야 합니다.

12

한국인
노동 잔혹사

#야근은 축복? #과로사 한국 #주 52시간제
#법정근로시간의 변화 #탄력근로제

우리나라는 어느 나라보다도 근로자들이 장시간 근무하는 국가입니다. 2021년 기준 한국의 노동시간은 연간 1,915시간으로 OECD 36개국 중 네 번째로 길었습니다. 서울의 밤은 자동차와 사무실 건물의 불빛, 가게 간판의 조명이 한데 어우러져서 멋진 야경을 만들어 냅니다. 서울 야경이 멋있는 이유는 야근 덕분이라는 농담이 있습니다. 한편으로 웃기지만 한편으로는 씁쓸한 농담입니다.

물론 열심히 일한다는 것은 중요합니다. 기본적으로 투입이 있어야 결과도 나오기 때문입니다. 하지만 비효율적인 투입은 오히려 역효과를 불러올 수 있습니다. 우리나라의 시간당 노동생산성은 OECD 회원국 중 최저 수준입니다. [도표 12-1]에서 보는 것처럼 우리나라는 1시간 일하면 40달러를 벌 수 있습니다. 미국은 71.8달러, 프랑스는

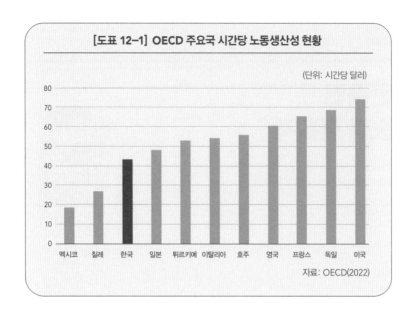

[도표 12-1] OECD 주요국 시간당 노동생산성 현황

(단위: 시간당 달러)

자료: OECD(2022)

67.5달러로 우리보다 1.5배 이상 높습니다. 시간당 노동생산성이 부진한 것은 압도적으로 긴 노동시간 탓이라는 것이 많은 전문가들의 공통적인 의견입니다.

과로사라는 단어는 한국 사회에서 매우 익숙한 단어입니다. 장시간 근무가 건강에도 해로운 것이 학계의 논문과 통계를 통해 이미 증명되었습니다. 연장근무를 하면 하루 8시간만 일할 때보다 심근경색 위험은 3배, 뇌졸중 위험은 33% 증가합니다. 야간근무를 하면 수명은 13년 줄어든다고 합니다.[25] 모든 데이터가 장시간 근무가 좋지 않다고 나옵니다. 우리는 스스로를 괴롭히면서 살고 있는 셈입니다.

🪙 그때는 맞고 지금은 틀리다

한때 한 고위 공직자가 '야근은 축복이다'라는 말을 해서 많은 사람들에게 빈축을 산 적이 있습니다. 과거에는 맞았지만 지금은 맞지 않는 말이라고 생각합니다. 우리나라는 기술도 없고 자본도 없었던 적이 있었습니다. 그때 할 수 있는 전략은 인건비를 낮추어서 가격경쟁력을 가지는 것 외에는 할 것이 없었습니다. 수출을 해야 하는 기업들도 비용을 낮춰 가격을 낮추는 전략이 유일했을 것입니다.

이런 과거의 사고방식으로 생각한다면 '야근은 축복이다'라는 말이 나올 수 있습니다. 그렇기 때문에 아직도 많은 곳에서 야근이 당연시되고 있는지 모릅니다. 하지만 우리나라는 GDP 10위권 국가로서 더 이상 과거처럼 자본과 기술이 부족한 처지도 아닙니다. 과거의 방식이 효율적이지 않다는 것은 [도표 12-1]을 통해서 알 수 있습니다. 새롭게 문제를 푸는 방법을 공부해야 할 때입니다.

🪙 근로시간과 생산성은 비례할까?

KDI에서 조사한 근로시간이 노동생산성에 미치는 영향에서 남성 근로자는 55시간 전후로 노동생산성이 급격하게 하락합니다. 그리고 여성 근로자는 49시간까지 근로시간과 정비례합니다. 하지만 그 이상부터는 생산량이 둔화되고 60시간이 넘으면 오히려 감소합니다.

자본주의가 발전할수록 노동자들이 짧고 편하게 일합니다. 유급휴가 사용률이 100%인 프랑스는 시간당 노동효율이 67.5달러입니다. 대부분의 선진국은 근로시간이 짧을수록 노동생산성이 높습니다. 높은 생산력을 바탕으로 소비를 늘리고 내수를 촉진시킬 수 있습니다. 특히 저출산 고령화 현상을 해결할 수 있는 길 또한 노동시간을 단축하고 효율성을 높이는 것입니다.

법정근로시간의 변화

우리나라 법정근로시간의 시작은 1953년으로 거슬러 올라갑니다. 당시 미군정에 의해 도입된 법정근로시간은 주당 48시간이었습니다. 상호 합의가 있으면 최대 60시간까지 연장근로를 허용했습니다. 그러나 열악한 상황 속에서 노동기준법이 제대로 알려지고 지켜지기 힘들었습니다. 경제가 급속도로 성장하던 1980년대에도 장시간 노동은 계속되었습니다.

민주화운동이 노동운동으로 이어지면서 1989년 법정근로시간이 주 48시간에서 44시간으로 단축되었습니다. 주당 최대 노동시간은 64시간으로 조정되었습니다. 1990년대 국민소득이 5,000달러를 넘어서면서 격주로 토요일에 쉬는 기업이 나오기 시작했습니다. 하루만 쉬던 음력설이 3일 휴일로 바뀌는 등 공휴일도 늘어나기 시작했습니다.

그러나 이 분위기는 1997년 외환위기가 발생하면서 반전되었습니다. 정리해고법이 1998년 2월 시행되면서 해고되지 않기 위해 휴

가도 포기하면서 근무에 매진하기 시작했습니다. 이후 경제가 점차 회복되면서 2004년 7월부터 주 5일 근무제가 시행되기 시작했습니다. 2018년 7월 1일부터는 공공기관과 300인 이상 기업에 주당 최대 52시간(평일 40시간+평일 연장근무와 휴일근무 12시간) 근무제가 시행되었습니다.

그리고 2021년 1월부터는 50~300인 미만 사업장에서, 7월부터는 5~49인 사업으로 확대하여 시행되었습니다.

🪙 탄력근로제 왜 난리?

일이 집중되면 밤을 새워가며 일할 수 있지만 일이 한산할 때는 다소 여유로워집니다. 일이 많을 때는 열심히 일하고 일이 없으면 일찍 퇴근해서 쉰다면 정말 좋을 것 같습니다. 이것이 바로 **탄력근무제**의 기본입니다. 노동시간을 적시에 분배하는 것입니다. 하지만 이에 대한 노동자와 사용자 간에 의견이 서로 다릅니다.

노동자는 일찍 퇴근하거나 쉬는 날이 늘어서 좋을 것 같지만 사용자가 바쁜 시기에만 불러서 일하고 평소에는 근무시간을 줄인다면 수입이 줄어들 것입니다. 그리고 사용자가 고의적으로 일을 집중시킬 수 있습니다. 노동 강도는 증가하지만 수입은 반대로 줄어드는 현상이 벌어질 수 있습니다.

사용자 입장에서는 직원이 출근하면 퇴근할 때까지 종일 근무시킬 수 없습니다. 그렇게 하고 싶어도 주문이 중간에 끊길 수 있고, 원자재

도착이 늦는 등 다양한 사정이 발생할 수 있습니다. 정당하게 임금을 지불하고 노동을 시킬 수 없으니 고민이 생깁니다.

이렇듯 탄력근로제는 어느 한쪽 손만 들어주기 어려운 문제입니다. 하지만 어떻게 이러한 간극을 좁히고 적합한 방안을 찾을 수 있을 것인지 꼭 생각해봐야 하는 문제입니다.

13

낮은 금리가 좀비 기업을 만드는 까닭

#좀비가 된 기업 #한계기업
#대출로 연명하는 기업

'좀비 기업'은 회생할 가능성이 없음에도 정부 또는 채권단으로부터 지원을 받아 연명하는 기업입니다. 정식 명칭은 한계기업*입니다. 영업을 통해 돈을 벌어 이자도 내지 못하는 상황에 처해 있는 기업들입니다. 빌려온 돈의 이자조차 내지 못하는 상황이 3년 지속되면 한계기업이라고 합니다.

장기 성장을 저해하는 좀비 기업은 죽었지만 죽지 못한 기업입니다. 좀비 기업을 퇴출시키기 위해서는 구조조정을 해야 합니다. 이로 인해 많은 사람들이 직장을 잃을 수 있고 지역 경제에도 심각한 타격을 줄 수 있습니다. 하지만 단기적인 고통이 싫기 때문에 구조조정을 미루다 보면 더 큰 고통이 찾아올 것입니다. 마

> **한계기업**
>
> 재무구조가 부실하고 경쟁력이 없어 경영에 어려움을 겪는 기업.

치 썩은 이를 뽑으러 치과에 가기 싫어 버티다 보면 더 큰 병이 생기는 것처럼요.

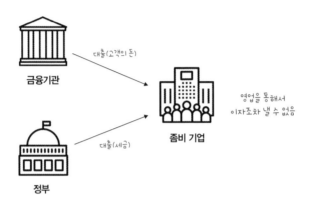

🪙 좀비 기업이 무서운 이유

좀비 기업은 다른 기업에게도 악영향을 미칩니다. 은행이나 나라의 돈이 좀비 기업에 계속 흘러들어가다 보니 필요한 곳에 돈이 갈 수 없습니다. 정작 돈이 필요한 유망한 기업이 사업을 확장하거나 직원을 고용하는 데 어려움을 겪을 수 있습니다. 이런 상황이 지속되면 생산적인 기업이 새로 생겨나기 어려워 경제가 활력을 잃을 수 있습니다.

또한 양질의 일자리가 생겨나지 못하게 됩니다. 부실한 기업에서는 당연히 새로운 일자리를 만들기 어려울 것입니다. 새로운 사업에 투자하기 어렵기 때문에 신규 일자리가 생겨나지 못하기도 합니다. 좀비 기업 자산 비중을 10%p 낮추면 정상 기업의 고용이 11만 명 늘어난

다는 KDI 경제정보센터의 연구 결과도 있습니다.[26]

금융권과 정부의 부실로 선량한 시민들이 피해를 볼 수 있습니다. 잘못하면 돈을 빌려준 금융권과 정부가 타격을 받게 되는 것입니다. 은행이 부실해지면 돈을 저축한 사람들이 피해를 입을 수 있습니다. 또한 정부가 빌려준 돈은 세금이므로 국민들에게 돌아갈 복지가 축소될 수 있습니다.

우리나라의 한계기업은 2016년부터 꾸준히 증가하고 있습니다. 2021년에는 한계기업이 약 4,500개로 약 18%를 차지할 정도입니다. 특히 코로나19와 고금리가 연달아 이어지면서 증가 속도가 더욱 가팔라졌습니다. 제조업에서도 자동차 및 트레일러, 전자부품, 컴퓨터, 영상, 음향 부분에서 한계기업이 증가했습니다. 이는 공장 자동화와 전기차, 4차 산업혁명 같은 변화의 바람이 제조업에 불기 시작했기 때

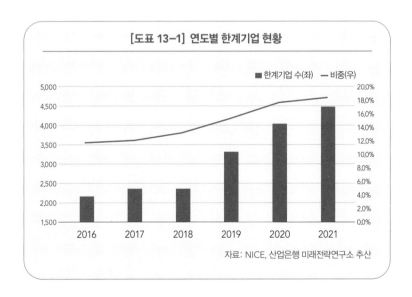

[도표 13-1] 연도별 한계기업 현황

자료: NICE, 산업은행 미래전략연구소 추산

문입니다.

이런 좀비 기업이 많이 생겨날 수 있었던 것은 '저금리' 덕분이었습니다. 저금리는 돈을 쉽게 빌릴 수 있게 해줍니다. 저금리를 통해서 필요한 돈을 수혈받은 기업들은 혁신을 하고 시장을 개척할 수 있기도 합니다. 하지만 돈을 빌리는 것이 쉬워진 분위기에 너무 물들어 버릴 수 있습니다. 기업의 생명인 '혁신'이 사라지고 돈만 좇아 움직이는 좀비가 된 것입니다.

생각을 키우는 Q

기업이 좀비가 되지 않고 다시 정상화되는 방법은 없는 것일까요?

14

회사가 파산하면
뒷정리는 어떻게 될까?

#워크아웃과 법정관리 #기업도 장례식?
#결국에는 파산?

기업도 사람처럼 갑자기 병이 나거나, 사고를 당할 수 있습니다. 사람은 병원을 가지만 기업은 구조조정을 하거나 돈과 인재를 수혈받습니다. 물론 굉장히 고통스러운 과정입니다. 반드시 성공하는 것도 아닙니다. 정상화되지 못하고 파산하는 기업도 많이 있습니다.

기업에는 많은 이해관계자가 얽혀 있습니다. 기업에 투자한 주주, 기업에 돈을 빌려준 은행과 정부, 기업에서 일하고 있는 노동자가 대표적입니다. 이들 모두가 기업의 이익을 같이 공유합니다. 하지만 회사가 수익을 내지 못하는 상황이 오래 지속될 수 있습니다. 이때는 경영진, 주주, 채권자, 노동자 모두가 힘을 합쳐서 기업 구조조정에 동참하게 됩니다.

💰 기업을 살리는 심폐소생술

　기업을 살리기 위한 방법에는 크게 워크아웃과 법정관리가 있습니다. 워크아웃은 금융권이 자금을 떼이지 않기 위해 취하는 조치입니다. 자금을 더 빌려주거나, 상환 기간을 연장해줍니다. 금융권은 직원을 파견해 기업의 재무구조를 면밀히 체크하고 자금사용을 감독하기도 합니다.

　법정관리는 기업이 법원에 도움을 요청하는 것입니다. 이때 기업주의 민사상 책임이 면제되고 모든 채무가 동결됩니다. 그리고 법원은 기업을 파산시킬지 회생 절차를 밟을지를 검토합니다. 법원의 검토가 끝난 후 회생 가치가 있다고 판단되면 회생 절차를 밟게 됩니다.

　두 가지 방식 중 상황과 입장에 따라서 서로 원하는 방식이 다를 수 있습니다. 기업이 법정관리를 신청하면 채권자는 해당 채권을 100% 손실로 인식해야 합니다. 당연히 채권자는 법정관리에 들어가

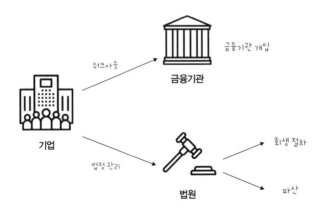

는 것보다 워크아웃을 더 선호합니다. 기업의 대주주 혹은 경영진은 경영권 방어가 중요합니다. 법정관리에 들어가면 경영권을 잃을 수 있습니다. 그래서 채권단으로부터의 추가 자금 지원을 받고 외부 사람 개입을 꺼릴 수 있습니다. 이때 서로의 이해관계가 다르다면 기업구조 조정이 지연될 수 있습니다.

이 과정에서 또 다른 중요한 이해당사자가 있습니다. 바로 금융당국입니다. 부실기업의 구조조정 진행으로 대규모 실업이 발생할 수 있기 때문입니다. 이로써 협력업체가 연쇄 도산하고 주변 상권이 같이 파괴될 수 있습니다. 잘못하면 지역경제가 큰 위험에 처할 수 있고 크게는 나라의 경제까지 흔들릴 수 있습니다. 정부 역시 이런 상황을 원하지 않기 때문에 해결책을 찾기 위해서 고민할 것입니다.

기업 장례식

뉴스에서 한 기업이 청산 혹은 파산 절차에 들어갔다는 기사가 나올 때가 있습니다. 둘 다 기업의 장례식이지만 조금 다릅니다. 청산은 법인이 정상적으로 해산하는 절차입니다. 채무를 먼저 갚고 주주에 대해 잔여재산을 분배하는 등의 절차를 밟게 됩니다.

반면 파산은 회사의 자산보다 채무가 많은 경우입니다. 이때 주주나 채권자들은 온전한 돈을 돌려받지 못합니다. 그래서 법원의 결정을 받아 남은 재산을 공평하게 나누는 절차를 거칩니다. 우리가 흔히 이야기하는 빚잔치입니다.

탐욕이 가져온
2008년 글로벌 금융위기

💰 다시 전 세계로 번진 미국의 경제위기

2008년 9월 15일 새벽 2시, 미국 뉴욕 맨해튼에서 전해진 뉴스 하나가 전 세계 금융 시장을 뒤흔들었습니다. 세계 4위 투자은행IB이었던 리먼 브라더스가 뉴욕 연방 법원에 파산보호 신청을 했다는 소식이었습니다. 신용등급이 낮은 사람들에게 주택 담보대출을 너무 많이 해주었던 게 문제의 발단이 된 것입니다.

리먼 브라더스 사건이 터진 하루 동안에만 미국과 유럽은 물론, 아시아 등 신흥시장의 증시까지 2~4%가 일제히 폭락했습니다. 금융 충격을 이기지 못한 기업들도 줄줄이 무너졌습니다. 일자리 880만 개가 순식간에 사라지고, 부동산 거품 붕괴와 투자 손실로 가계 자산은 19조 2,000억 달러가 증발했습니다. 이에 대한 여파로, 우리나라의 코스피 시장에서는 외국인 투자자의 자금이 2007년부터 2008년 사이 60조 원이 빠져나갔습니다. 2,000을 기록하던 코스피 지수가 단숨에 890정도까지 폭락하기도 했습니다.

리먼 브라더스 사태를 일으킨 금융상품은 '서브프라임 모기지론Subprime mortgage loan'이었습니다. 모기지론은 말하자면, 주택담보대출입니다. 은행에서 집을 담보로 대출을 받고 나중에 이자와 원금을 천천히 갚는 금융상품입니다. 빚을 갚을 수 있는 능력에 따라 등급이 나뉘는데, 이 중 가장 낮은 등급이 서브프라임입니다. 즉, 신용도가 낮은 사람이 대출을 받는 상품이었던 것입니다.

리먼 브라더스 사태가 전 세계적인 경제위기로 커진 이유는, 문제의 대출 상품이 다른 금융상품에 살짝 끼인 상태로 전 세계에 판매되었기 때문입니다. 미국이 파는 금융상품이니 의심하지 않고 덜컥 샀던 것입니다. 그리고 당시에는 주택 가격이 오름세였기 때문에 돈을 돌려받을 수 있다고 생각했습니다. 하지만 미국은 경기 과열을 우려해 2004년부터 금리를 올리기 시작했습니다. 이후 2007년부터 주택 가격이 하락하기 시작하자 각국의 경제가 연쇄적으로 무너진 것입니다.

당시 리먼 브라더스는 회사를 경영하던 경영진의 도덕적 해이가 문제로 지목되었습니다. 고객과 직원들은 회사가 파산하여 알거지가 되었는데, 정작 CEO와 임원들은 보너스 파티를 벌인 것입니다. 이런 사실이 알려지면서 월가의 뻔뻔한 행동에 분노한 사람들이 모여서 월가 점령 시위를 벌이기도 했습니다. 2008년 금융위기는 아직도 현재 진행형 중인 위기입니다.

🪙 서브프라임 모기지론이 우리에게 시사하는 것

2008년에 문제의 핵심이었던 서브프라임 모기지론은 주택담보대출과 비슷하다고 앞에서 설명했습니다. 그렇다면 우리나라 사정은 어떠할까요?

우리나라 가계부채는 2023년 2분기 기준 1,862조 원을 돌파했습니다. 왜 이런 상황이 벌어졌을까요? 2015년에 정부는 부동산을 부양하기 위해서 금리를 내렸습니다. 이렇게 되자 '부동산은 무조건 오른다'는 이야기가 시장을 사로잡았습니다. '집을 사지 않으면 손해'라는 인식이 점차 퍼지며 재테크를 부추기는 사람들이 넘쳐났습니다. 과연 당시의 상황이 2008년의 미국의 경제위기를 불러왔던 상황과 비슷하지 않은지 생각해볼 때입니다. 인간의 욕심은 끝이 없고 같은 실수를 반복합니다. 당시의 정상적이지 않았던 부동산 시장이 어떠한 결과로 나타날지 예의주시해야 합니다.

세계의 돈이 한눈에 보이는 경제상식

글로벌 경제

01

문명의 흥망성쇠 '그린 뉴딜'

#세계는 지금 그린 뉴딜 중 #경이로운 청구서
#뉴딜에 성공하려면?

미국의 46대 대통령으로 민주당의 조 바이든Joe Biden이 2021년 1월 20일 취임식을 했습니다. 그리고 자신의 공약대로 '파리기후변화 협약' 복귀를 위한 행정명령에 서명했습니다. 바이든은 대선 공약으로 기후 위기 대응을 위한 '그린 뉴딜' 정책을 내걸었습니다. 2050년까지 미국 경제를 '탄소 제로'로 바꾸겠다고 선언한 것이죠.

우리나라 정부 역시 2020년 7월 '한국판 뉴딜 종합계획'을 발표했습니다. 2025년까지 총사업비 160조 원을 투자해 일자리 190만 개를 창출하고, 2050년까지 우리나라 탄소 순 배출량이 '0'이 되는 탄소중립을 목표로 하고 있습니다. 또한, 투자의 결실을 국민과 함께 공유하기 위해 '뉴딜 펀드'를 조성하기로 했습니다.

유럽은 이미 2007년부터 탄소를 줄이기 위한 정책을 이미 시행하

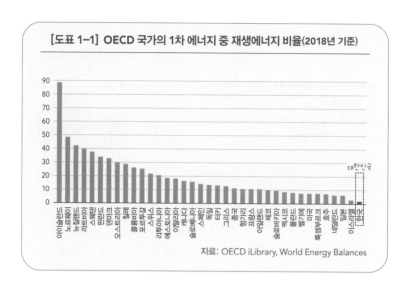

[도표 1-1] OECD 국가의 1차 에너지 중 재생에너지 비율(2018년 기준)

대한민국

자료: OECD iLibrary, World Energy Balances

고 있었습니다. 2020년 이미 재생에너지 발전이 38.2%로, 탄소를 배출하는 석탄·가스 37%를 앞질렀습니다. 2019년 12월 '유럽 그린딜 European Green Deal'을 통해서 2050년 탄소 중립을 목표로 삼고 있습니다.

경이로운 문명 청구서

기온이 1도 상승할 때마다 공기의 수분 보유량은 약 7% 증가해 구름에 보다 많은 물이 집중되고, 이로 인해 극단적인 강수가 발생합니다. 겨울의 극심한 한파와 초대형 폭설, 봄의 파괴적인 홍수, 여름의 장기적인 가뭄과 끔찍한 산불이 일어나는 까닭이기도 합니다. 일부 과학자들은 이대로 간다면 지구상의 생명체가 '대멸종'을 맞이할 것이라 경고합니다. 하지만 이와 다른 문명 청구서가 우리 앞으로 도착했습니다. 바로 '좌초자산'입니다.

좌초자산이란, 사용할 수 있지만 버려지는 자산을 의미합니다. 예상하지 못한 사건으로 자산 가치가 하락해 감가상각하거나 부채로 전환되는 자산입니다. 태양광과 풍력으로 세상이 돌아가면 기존의 석유 관련 인프라는 대부분 쓸모없어지게 됩니다. 기존 화석에너지 설비, 장비, 기술 등은 버려질 수 있습니다. 그렇다면 여기에 투자된 돈역시 회수가 불가능해집니다. 석유와 석탄 산업의 폐업으로 누군가 막대한 손해를 입어야 한다는 것입니다.

2015년 시티그룹Citygroup은 화석연료 좌초자산이 100조 달러에 이를 것이라고 언급했습니다. 100조 달러는 우리나라 돈으로 환산하면 10경이 넘어가는 돈입니다. 현재 연구기관마다 좌초자산의 수치를 다르게 발표하고 있습니다. 한 가지 정확한 것은 슘페터가 언급한 것처럼 기술 혁신에 의해 기존 기술, 제품, 관행 등 낡은 것이 파괴되고 시장 질서에 변화가 일어날 것이라는 점입니다. 혹은 이미 일어나고 있는지 모릅니다.

그린 뉴딜에 성공하려면?

그린 뉴딜이 성공하기 위해서는 태양광이나 풍력과 같은 재생에너지의 가격 경쟁력이 석탄이나 석유를 능가해야 합니다. 발전비용이 석탄이나 석유보다 낮아야 자연스럽게 재생에너지로 전환될 수 있습니다. 우리나라는 2030년이면 재생에너지 발전비용이 석탄 발전보다 30%가량 저렴해질 것으로 예상합니다.

그다음 숙제는 재원 마련입니다. 대규모 인프라를 구축해야 하므로 많은 시간과 비용이 들어갑니다. 당연히 초기부터 수익이 나기 어려울 수 있습니다. 이 문제는 현재 논의 중입니다. 탄소 배출에 세금을 부과하거나, 석탄과 석유 산업 보조금을 가져오거나, 연기금이나 펀드를 마련해 투자를 유도하는 등 다양한 방안이 제시되고 있습니다.

현재 세계 기업들과 국가들이 재생에너지를 100% 사용하는 'RE100Renewable Energy 100%'에 동참하고 있습니다. 심지어 'RE100'에 동참하지 않는다면 거래를 하지 않겠다고 선언하고 있습니다. 수출 비중이 큰 우리나라 입장에서는 자칫 잘못하면 큰 타격을 입을 수 있습니다. 이제 환경 문제는 단순히 다음 세대를 위한 대책 마련이 아닌 기업과 개인의 생존 문제와 연결되고 있습니다.

생각을 키우는 Q

그린 뉴딜이라는 새로운 관문에서 여러분은 무엇을 고민하며 대비하고 있나요?

02

일본이 저성장
늪에 빠진 이유

#잃어버린 20년 #저성장의 나라
#우리도 일본처럼?

  우리나라 경제나 사회 흐름이 일본을 따라간다는 말이 있습니다.
다양한 전문가들이 일본을 예를 들어서 우리나라 경제나 사회 흐름
을 예측하고는 합니다. 하지만 주로 부정적인 예측이 많습니다. 일본처
럼 자산 거품이 붕괴하고 저출산, 고령화로 경제 성장이 멈출 것이라
는 것입니다. 한때 미국을 넘어 세계를 제패할 뻔한 일본의 경제가 어
떻게 저성장에 늪에 빠지게 되었는지 살펴보겠습니다.

  1980년대 일본의 기업들은 우수한 기술력으로 세계시장을 장악
했습니다. 소니가 인텔이나 IBM을 인수할 것이라는 예측까지 할 정도
였습니다. 1988년 시가총액 기준 세계 50대 기업 중 33개가 일본 기
업이었습니다. 당시 한국의 국내총생산은 2,023억 달러로 NTT라는
일본 기업의 시가총액보다 적었습니다. 일본 기업 1개가 우리나라 경

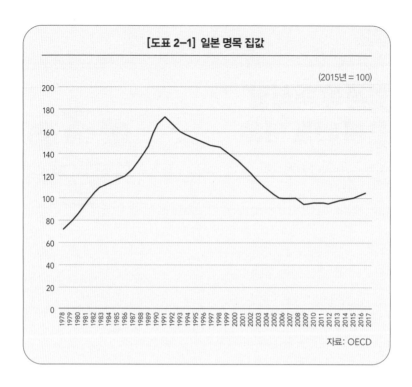

[도표 2-1] 일본 명목 집값

(2015년 = 100)

자료: OECD

제규모보다 컸을 정도입니다. 정말 일본이 세계 경제를 장악할 수 있을 정도로 당시에는 엄청난 성장세였습니다.

🪙 거품과 붕괴

[도표 2-1]은 일본 집값 추이를 나타낸 도표입니다. 거품의 생성과 붕괴를 한번에 알 수 있는 자료입니다. 1991년을 기점으로 확 나뉘는 것을 알 수 있습니다. 당시 일본은 1985년 플라자합의로 환율이 하락

해 수출의 활로가 막히면서 어려움을 겪게 되었습니다. 그래서 일본 정부는 금리를 낮춰 유동성을 공급해 경기를 부양했습니다. 돈을 빌리기 쉬워지자 돈이 부동산과 주식시장으로 향하면서 거품이 생겨났습니다.

당시 일본의 부동산과 주식은 자고 일어나면 상승했습니다. 도쿄만 따지고 본다면 1987년부터 1988년까지 1년 사이 3배나 상승했습니다. 도쿄를 팔아서 미국을 살 수 있다는 농담까지 있을 정도였습니다. 집값이 너무 비싸 실수요자들은 집을 구하지 못해 근교 지역으로 계속 밀려났습니다.

하지만 자산 시장 버블을 걷어내기 위해 일본은행은 기준금리를 1988년 9월 2.50%에서 1990년 12월 6.00%까지 2년 3개월 만에 3.50%나 올렸습니다. 금리를 너무 급하게 올려 부동산과 주식의 가격이 1991년을 기점으로 한방에 무너진 것입니다. 소비심리도 급격하게 얼어붙으면서 자산 가격은 더욱 빠르게 하락했습니다.

📀 '잃어버린 20년'을 가져온 일본 정부의 잘못된 선택

이렇게 부동산 가격이 폭락하자 일본 정부는 다시 악수를 두게 됩니다. 대출을 갚지 못하는 개인, 파산 위기에 몰린 건설사, 그 건설사에 돈을 빌려준 은행의 불량 채권 회수에 미숙하게 대처합니다. 다양한 개발 사업을 통해서 부동산을 다시 살리려고 한 것입니다. 무인도에 다리를 연결하고, 사람이 다니지 않는 도로 등을 만드는 데 세금을 쏟아붓게 됩니다.

엎친 데 덮친 격으로 1992년부터 소비의 중심인 생산가능인구가 감소하기 시작하면서 경기 침체가 장기화되었습니다. 1997년 동남아 금융위기, 2008년 세계 금융위기 등 대외적인 운도 따라주지 않기도 했습니다. 그렇게 일본은 잃어버린 20년이라는 암흑의 터널 속으로 들어갔습니다.

일본이 겪었던 급격한 경제 성장과 자산 시장 버블, 고령화와 경기 침체 등은 우리에게도 시사하는 바가 큽니다. 우리나라 또한 일본처럼 장기적인 저성장 시대에 들어서게 될까요?

03

미국은 어떻게 세계경제 중심이 되었나

#생산과 소비 중심 #기축통화, 마냥 좋지 않다
#금융 강국

2020년 UN 기준 미국은 전 세계 GDP의 약 24.5%를 차지하고 있습니다. 세계경제의 4분의 1을 차지하고 있는 것입니다. 참고로 우리나라의 비중은 1.9%입니다.[27] 어마어마한 격차가 있습니다. 시장이 워낙 크다 보니 모든 나라가 미국의 정책에 관심을 가질 수밖에 없습니다. 미국의 산업 구조는 제조업이나 농업과 같은 1·2차 산업의 비중이 20%를 차지하고, 3차 산업인 서비스 산업이 나머지 80%를 차지하는 산업 구조를 가지고 있습니다.

미국의 동맹국은 지원이나 교역으로 미국에 경제의존을 하고 있습니다. 동맹이 아닌 국가들도 이러한 미국의 경제적 영향력에서 벗어나는 것은 불가능합니다. 대량 생산과 대량 소비가 가능한 나라는 세상에 미국밖에 없기 때문입니다. 미국은 3억 명이 넘는 인구에다 1인당

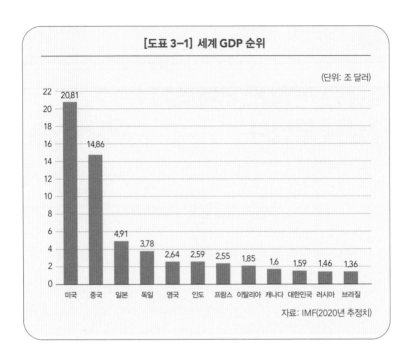

[도표 3-1] 세계 GDP 순위

(단위: 조 달러)

미국 20.81
중국 14.86
일본 4.91
독일 3.78
영국 2.64
인도 2.59
프랑스 2.55
이탈리아 1.85
캐나다 1.6
대한민국 1.59
러시아 1.46
브라질 1.36

자료: IMF(2020년 추정치)

GDP가 6만 5,000달러나 됩니다. 그래서 세계의 모든 기업이 자국 시장보다 미국 시장을 더 중요하게 생각하기도 합니다. 이렇게 인구가 많고 소비가 많은 덕분에 새로운 기술과 상품이 등장하면 신흥 부자들이 대거 등장합니다.

경제 강국의 비밀

미국은 기축통화라는 지위를 가지고 있습니다. 기축통화 지위는 달콤하지만 이를 유지하기 위해서는 철저한 관리가 필요합니다. 마치 헬스로 다져진 멋진 몸을 유지하기 위해서 운동과 식단을 조절하는 것과 같습니다. 달러가 어디든지 쓰이기 때문에 달러를 찍어서 물건을 살 수 있는 장점이 있습니다. 하지만 달러를 이용해 외국에서 수입을 하면 국가의 부가 해외로 유출됩니다.

여기서 딜레마에 빠집니다. 달러를 찍어서 배부르게 물건을 사들일 수 있지만 무역 적자라는 비만에 빠질 수 있는 것입니다. 그렇다고 미국이 수입을 줄이고 수출을 장려한다면 시중의 달러는 증발할 것입니다. 중국, 한국, 유럽 등 미국에 수출을 많이 하는 나라들은 경제가 붕괴될 수 있습니다. 미국은 기축통화의 지위를 이용하기도 하지만 유지하기 위해 보이지 않게 많은 노력을 합니다.

그 비밀은 바로 혁신적인 상품과 서비스를 계속 만들어 경제를 발전시키는 것입니다. 전기, 비행기, 전화기, 인터넷, 스마트폰 등 20세기 이후 등장한 혁신적인 발명의 대부분은 미국에서 일어났습니다. 혁신을 통해서 새로운 기술과 제품이 등장하면 새로운 시장이 열립니다. 새로운 시장에는 수요가 폭발하고 각종 산업이 발전하게 됩니다. 투자와 고용을 통해서 사회 전체로 부가 퍼져 나갑니다.

💰 미국은 금융 강국

금융 산업은 저축과 투자를 중개함으로써 산업자금을 지원하고 경제발전을 촉진합니다. 세계 금융 산업은 월스트리트에 기반을 둔 미국의 주요 금융사에 의해 주도되고 있다고 말해도 과언이 아닙니다.

1980년대 이후 금융 개방, 자유화, 컴퓨터의 발달 등으로 경쟁력 있는 미국 금융기관과 펀드들이 해외에 진출하기 시작했습니다.

미국의 자본이 낙후된 제3국의 경제를 발전시키기도 했습니다. 반대로 세계 여러 나라 경제위기에 깊이 관여하기도 했습니다. 실제로 우리나라의 경제 발전과 1997년 외환위기의 수습에 깊이 관여하기도 했습니다. 하지만 미국의 자본 시장과 금융회사에서 발생한 리스크가 적절히 통제되지 못해 2008년 세계 금융위기가 발생하기도 했습니다.

생각을 키우는 Q

미국 다음으로 경제 규모가 큰 중국은 현재 얼마만큼 경제 성장을 이뤘을까요?

04

미국의 역행인가
변화인가 '리쇼어링'

#리쇼어링이 더 거세진다
#달라진 미국의 공장들 #새로운 변화의 흐름

리쇼어링Reshoring은 기업이 해외에서 생산하던 제품이나 서비스를 국내로 되돌리는 현상을 일컫는 말입니다. 사실 리쇼어링은 꾸준히 진행되었습니다. 2008년 금융위기 이후 오바마 행정부가 제조업 일자리 확대를 위해 리쇼어링 정책을 추진했습니다. 트럼프 행정부 역시 무역수지 개선, 국가안보 강화를 위해 리쇼어링을 추진했고, 바이든 행정부 역시 공급망 재편을 내세우면서 리쇼어링을 추진했습니다. 하지만 최근 들어서 그 추세가 더욱 두드러지고 있습니다.

사실 1990년대, 미국 의류, 신발 등 노동집약적 산업이 생산 기지를 비용이 저렴한 아시아와 남미 지역으로 옮겼습니다. 2000년대 들어 중국 정부가 외국 기업에 다양한 인센티브를 제공하면서 더 많은 외국 기업들이 중국에 진출했습니다. 덕분에 중국은 세계의 거대한

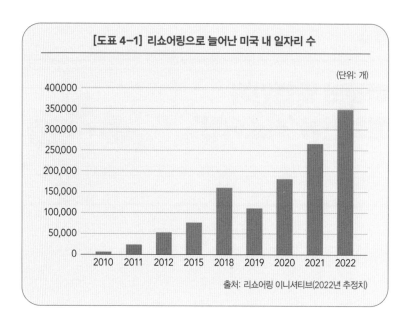

[도표 4-1] 리쇼어링으로 늘어난 미국 내 일자리 수

(단위: 개)

출처: 리쇼어링 이니셔티브(2022년 추정치)

공장으로 도약하게 되었습니다. 물론 미국이나 유럽 기업들 역시 낮은 생산 단가와 중국 내수 시장을 공략하면서 많은 이득을 보았습니다. 이렇게 보면 모두가 이익을 가져가는 상황인데 갑자기 '리쇼어링'이라는 흐름이 거세졌을까요?

💰 코로나19 팬데믹이 가져온 숙제

2020년 코로나19 팬데믹 기간 충격적인 일이 발생했습니다. 세계 경제 초강국 미국에서 휴지와 같은 생필품을 구하지 못하는 현상이 발생했습니다. 코로나 유행 초기, 미국 소비자들이 대유행을 대비해

식료품 및 생필품을 사재기한 것도 원인입니다. 하지만 근본적으로 공장들이 대부분 해외로 나간 상태에서, '코로나'라는 충격에 미국의 취약한 제조업과 공급망의 현실이 드러난 것입니다.

그리고 높은 중국 의존도를 가진 미국의 경제 체질에 문제가 드러났습니다. 미국 내 중국 수입 시장 점유율은 2018년까지 꾸준히 증가했습니다. 2018년에는 21.6%를 차지했고, 16년 연속 1위 자리를 굳건히 지켰습니다. 이런 상황에서 코로나19 팬데믹 기간 중국은 봉쇄로 대응했습니다. 수입 의존도가 높은 미국 공급망은 어려움을 겪을 수밖에 없는 구조였습니다.

결국 미국은 처음 겪는 위기로 발생한 새로운 숙제를 풀어야 할 상황에 부닥쳤습니다. 결국 공급망을 복원하기 위해 리쇼어링을 장려하기 시작했습니다. 2021년 1월 25일 미국 대통령 바이든이 미국산 물품구매 의무 강화 행정명령에 서명까지 할 정도로 강력한 의지를 보여주었습니다. 특히 국가안보와 공급망 강화에 중요한 반도체, 배터리 등 핵심 산업을 중심으로 투자하는 법안도 통과시켰습니다(IRA, 인플레이션 감축법).

💰 '리쇼어링' 역행이 아닌 새로운 변화의 흐름

아무리 좋은 정책이라고 해도 기업들은 이윤을 좇아갑니다. 기업들이 '리쇼어링'을 통해서 다시 돌아오기 위해서는 단순히 세금 감면, 투자 지원 등 같은 정책으로는 한계가 있습니다. 과거 기업들은 낮은 생산 비용을 찾아서 미국(본국)을 떠났습니다. 특히 저렴하고 풍부한 노동력을 찾아 떠났습니다. 반대로 돌아오기 위해서는 저렴하고 풍부한 노동력을 극복할 수 있어야 합니다.

최근, 이 난제가 극복이 가능해지고 있습니다. 로봇과 AI 도입으로 극복할 수 있기 때문입니다. 로봇과 AI는 뒤에서 다시 다루도록 하겠습니다. 다만 로봇과 AI가 발전할수록 기업들은 더 이상 저렴하고 풍부한 노동력을 찾아서 해외로 생산 기지를 옮길 이유가 줄어듭니다. 즉 지금 '리쇼어링'이 역행이 아니라 새로운 변화입니다. 생산기지가 풍부하고 저렴한 노동력을 찾아 옮겨가는 시대에서, 기술과 과학이 발전된 국가로 옮겨가는 시대로 변화한 것입니다. 앞으로 부의 흐름 역시 변화할 것입니다.

생각을 키우는 Q

그렇다면 우리나라는 지금 어디로 가고 있을까요? 과거에 머물러 있는지 아니면 새로운 변화에 적응하고 있는지 생각해봐야 합니다.

05

중국 40년
호황의 종말

#잘나가던 중국 경제의 한계
#중국 부동산 위기 #중국 청년 실업률과 저출산

1978년 덩샤오핑의 개혁개방 조치 이후 중국은 놀라운 속도로 발전했습니다. 2010년에는 중국의 GDP가 일본을 제치고 2위로 올라섰습니다. 2020년에는 3·4·5·6위의 일본, 독일, 영국, 인도의 GDP를 합쳐야 중국과 비슷할 정도로 커졌습니다. 값싼 노동력을 바탕으로 세계의 공장 역할을 하면서 30년 만에 경이로운 성장을 이룩한 것입니다. 놀라운 성장세에 여러 언론이나 연구 등에서 중국이 미국을 추월할 것이라는 예측까지 할 정도였습니다.

중국의 발전은 덩샤오핑의 큰 그림이 있었습니다. 1978년 덩샤오핑은 3단계 계획인 '3보(步) 발전목표'를 제시했습니다. 1단계가 '원바오(溫飽)', 따뜻하고 배불리 먹는다는 뜻으로 '의식주' 해결입니다. 2단계는 '샤오캉(小康)'으로 모든 국민이 풍족하고 편안한 생활이 가능한 중산층이 두터운 국가입니다. 3단계는 '다통(大同)'으로 모두가 잘사는 사회, 즉 선진국을 의미합니다. 중국은 2021년 이미 '샤오캉'을 이룩했다고 발표했습니다. 앞으로는 중국 건국 100주년인 2049년에 '전면적 다퉁 사회 진입'을 계획하고 있습니다.

🪙 40년 호황의 종말의 징조 부동산 위기?

40년 가까이 거침없이 성장한 중국 경제 발전은 멈추지 않을 듯 보였습니다. 하지만 최근 중국 경제도 위험 신호가 나타나고 있습니다. 그 신호는 중국 부동산 시장입니다. 중국의 부동산 시장은 중국 GDP의 30%에 이릅니다. 부동산 매매, 설계, 건축, 철강과 건축 자재, 가전, 인테리어 등 모든 관련 사업을 합한 규모입니다. 또한, 부동산은 중국 가계 자산 비율 중 약 75%를 차지합니다. 중국 부동산의 부진은 곧 중국 내수 시장의 침체를 의미합니다.[29]

하지만 2021년 12월, 중국의 대형 부동산 개발사인 헝다(恒大)그룹 부도 사태를 시작으로 중국 부동산 시장은 혼돈에 휩싸이기 시작했습니다. 2023년 6월에는 또 다른 부동산 개발사인 완다(万达) 그룹이 유동성 위기에 빠졌습니다. 사실 2022년 9월 영국 캐피털 이코노믹스가 발표한 중국 미분양 아파트는 무려 3,000만 가구였습니다. 잔금 미지급 등의 이유로 비어있는 아파트도 무려 1억 가구였습니다. 부동산 기업이 어려움에 부닥칠 수밖에 없는 상황이었습니다.

문제는 중국의 부동산 개발 자금 확보는 대체로 은행의 부동산담보 대출이라는 것입니다. 부동산 기업이 어려워져 대출 상환을 못 하면 은행들도 같이 위험해집니다. 또한, 중국 지방 정부는 정부 보유 토지의 장기 사용권을 부동산 기업에 매각하고 큰 수입을 누려왔습니다. 부동산 시장 부진하게 되면 토지 매각 수입에 크게 의존하고 있는 중국 지방정부 역시 어려움을 겪게 됩니다. 즉 부동산 시장의 부진이 금융 위기와 지방정부 재정 붕괴로 이어질 수 있게 됩니다.

🪙 탕핑족을 만들어낸 중국 청년 실업률

이렇게 중국의 40년 경제 호황이 흔들리면서 많은 문제가 터져 나오고 있습니다. 특히 사회에 진입하는 중국의 청년 실업률이 큰 문제가 되고 있습니다. 2023년 8월 푸링후이 중국 국가통계국 대변인은 기자회견에서 "올해 8월부터 청년실업률 공개를 중단하기로 했다"라고 밝혔습니다. 청년실업률이 계속 사상 최고치를 기록하자 중국 정부가 아예 통계 발표를 중단한 것입니다. 그만큼 경제 둔화로 청년취업난이 심각한 상황을 방증하는 것으로 보입니다.

실제로 2023년 6월 중국의 16~24세 청년실업률은 21.3%로 역대 최고치를 기록했습니다. 중국 청년 5명 중 1명 이상이 실업자라는 것입니다. 여기에 구직단념자 등 공식 통계에 포함되지 않는 미취업 청년까지 포함하면 청년 실업률은 사실상 50%라는 이야기도 나옵니다. 중국 당국도 학업, 취업 준비, 집안일 등을 하며 노동시장에 참여하지 않는 사람을 '비노동력'으로 실업 인구에 포함하지 않는다고 밝혔습니다.

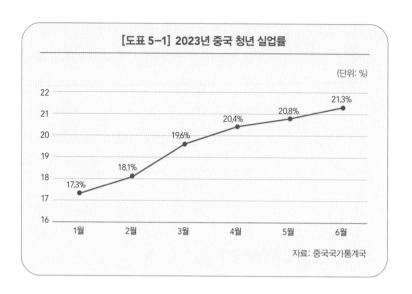

[도표 5-1] 2023년 중국 청년 실업률

(단위: %)

- 1월: 17.3%
- 2월: 18.1%
- 3월: 19.6%
- 4월: 20.4%
- 5월: 20.8%
- 6월: 21.3%

자료: 중국국가통계국

이렇게 높은 청년 실업과 불투명한 미래로 좌절을 겪은 중국 청년들 사이에서 '탕핑(躺平)'이 유행입니다. 탕핑은 '눕는다'라는 뜻으로 결혼과 취직, 소비까지 포기하고 그저 생존만을 유지하는 생활 방식입니다. 중국 젊은이들은 대학 캠퍼스나 길거리에서 드러누운 사진을 찍어 소셜 미디어에 올리며 자포자기의 심정을 표현하고 있습니다.

중국은 부동산과 금융 위기, 미국과 무역 문제, 고령화, 저출산, 청년 실업 등 많은 어려움에 직면했습니다. 중국 경제가 지금 직면하고 있는 여러 문제를 잘 해결할 수 있을지 주의 깊게 지켜봐야 합니다.

생각을 키우는 Q

중국 경제 의존도가 높은 우리나라는 앞으로 어떻게 해야 할까요?

06

러시아, 우크라이나의 미래 에너지 자원 전쟁

#러시아-우크라이나 전쟁은 왜?
#보이지 않는 자원 전쟁 #에너지·자원의 무기화

2022년 2월 24일 러시아의 우크라이나 침공이 시작되었습니다. 그리고 뉴스를 통해 전쟁의 참혹한 현실을 접하게 되었습니다. 전쟁은 2023년 12월이 된 현재 시점에서도 아직 끝나지 않고 계속되고 있습니다. 전문가들은 전쟁의 의미에 대해서 서로 다르게 분석했습니다. 대부분의 전문가들은 전쟁을 러시아 대(vs.) 미국과 EU 국가들 사이 지정학적 대결로 분석했습니다.

원인이 무엇이든 전쟁이 시작되자, 석유와 천연가스 같은 주요 에너지 자원의 가격이 폭등했습니다. 2020년 40~60달러에서 머물던 WTI(서부텍사스유) 가격이 2022년 3월 100달러를 돌파했습니다. 지구촌 곳곳에서 물가 폭등이 발생했고, 급격한 금리 인상까지 이어졌습니다. 저물가와 저금리에 적응해 살던 기업과 개인들은 갑작스러운

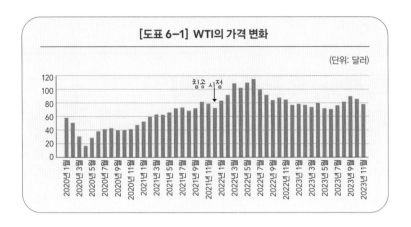

[도표 6-1] WTI의 가격 변화

(단위: 달러)

변화에 적응하지 못하고 큰 어려움에 빠졌습니다.

사실 국제 에너지 가격은 우크라이나에서 전쟁이 시작되기 전부터 가파르게 올랐습니다. 코로나19 백신이 개발되어 바이러스 유행이 진정되고, 공장이 정상적으로 돌아가면서 수요가 늘었기 때문입니다. 또한, 코로나19 기간에 풀었던 돈으로 각종 자원의 수요가 증가하면서 가격도 상승했습니다. 이런 배경 속에서 전쟁이 터지자, 에너지와 자원 가격이 요동치면서 세계 경제를 흔들었습니다.

🪙 미래 에너지 자원 전쟁

2022년 10월 우크라이나 동부 돈바스 지역을 러시아가 점령했습니다. 워싱턴포스트는 러시아가 전쟁을 통해 '커다란 보상'을 얻었다고 전했습니다. 유럽에서 광물이 가장 풍부한 지역을 손에 넣었기 때문입니다. 이곳에는 세계 최대 규모의 티타늄 및 철광석 매장지를 포함해 미개발 리튬 및 대규모 석탄 매장지 등이 포함되어 있습니다.

우크라이나는 풍부한 자원을 가진 나라로, 산업적으로 가장 널리 쓰이는 광물 및 금속 120종 중 117종이 국토 전역에 매장되어 있습니다. 석탄과 같은 화석 연료 외에 금·철광석·석회석·티타늄·지르코늄·스트론튬·리튬·우라늄 등 다양한 광물을 보유하고 있습니다. 하지만 우크라이나는 석탄 매장량의 63%, 석유 11%, 천연가스 20%, 금속 42%, 희토류 및 리튬 등 중요 광물 33%를 이미 러시아에 빼앗겼습니다.

러시아가 우크라이나 자원을 빼앗아 가면 위험한 곳은 서유럽입니다. 그동안 이들은 자원 강국인 러시아·중국에 맞서기 위해, 우크라이나와 자원을 공동 개발해 왔습니다. 전쟁을 계기로 서유럽 국가들의 계획이 무산되면, 각종 자원과 에너지를 러시아와 중국에 더욱 의존해야 합니다. 앞으로 러시아의 에너지·자원 무기화가 더 빠르게 진행될 수 있습니다.

당연히 전쟁은 일어나면 안 됩니다. 하지만 코로나19 회복으로 수요가 늘어나면서 각종 자원의 수요가 증가했습니다. 여기에 전기차, 신재생 에너지, 로봇, 반도체, AI, 가상현실 등 다양한 분야에서 자원이 필요한 상황입니다. 기술의 발전을 뒷받침해 줄 천연자원 확보가 더더욱 중요한 상황이 되었습니다. 미래 패권을 둘러싼 에너지·자원 쟁탈이 안타까운 전쟁과 함께 시작되었습니다.

생각을 키우는 Q

미중 무역전쟁처럼 강대국들이 힘을 겨루는 와중에도 피해를 입지 않는 튼튼한 경제는 어떻게 만들 수 있을까요?

07

유로의 존재가
유로의 위기다

#유로는 왜 등장? #독일, 수혜자와 가해자 사이
#그럴 줄 알았다!

유럽은 많은 나라들이 인접해 있어 나라 간 이동이 쉽습니다. 한국인들이 선호하는 여행지로 손꼽히는 프랑스, 스페인, 이탈리아, 독일 등은 모두 유로를 사용하기 때문에 여행하기 편합니다. 하지만 과거에는 모두 다른 화폐를 쓰고 있어 환전 비용도 들고 매우 불편했습니다. 유럽의 단일통화인 유로가 도입되면서 물자와 사람의 왕래가 저렴해지고 편해졌습니다. 물론 단순히 단일통화를 통한 거래비용 절감을 목적으로 유로가 도입된 것은 아닙니다.

1951년 유럽석탄철강공동체가 유로의 시작점입니다. 프랑스와 독일의 석탄과 철강 자원을 둘러싼 갈등을 해소하기 위한 모임에 회원국이 늘면서 발전한 것입니다. 1990년대 자본 이동이 자유로워지기 시작하면서 환율 안정이 중요해졌습니다. 단일통화로 환율이 안정되면 물가 역시 안정을 찾기 때문입니다. 또한 유럽 지도자들은 민주주의와 경제적 연대를 통해 전쟁을 예방할 수 있다고 생각했습니다. 이렇게 새로운 시대의 요구에 맞춰 2001년 1월 유로가 사용되기 시작했습니다.

유로존

유로를 국가통화로 도입하여 사용하는 국가나 지역을 이르는 말.

출범 후 유로는 승승장구했습니다. 2011년 IMF 발표에 따르면 유로존*은 전 세계 GDP 70조 달러 중 13조 달러(19%)를 차지했습니다. 15조 달러(21%)인 미국의 뒤를 바짝 쫓은 것입니다. 기축통화 달러의 대항마로 급부상했습니다. 2012년에는 유럽연합$_{EU}$이 유럽 평화·화합에 기여해서 노벨 평화상을 받기까지 했습니다.

🪙 수혜자와 가해자 사이

유로 도입의 최대 수혜자는 독일입니다. 독일의 제조업 경쟁력 지수는 세계 최고입니다. 우리가 잘 아는 세계의 명품 자동차 역시 대부분이 독일 자동차입니다. 경쟁력을 가지고 있는 독일의 제품은 유로 회원국들의 시장을 점령하기 충분합니다. 관세가 없고 환전비용도 들지 않으니 기술과 가격 경쟁력을 동시에 가질 수 있었습니다. 덕분에 독일은 유로 도입 후 연속해서 흑자를 내고 있습니다. 또한 흑자 폭 역시 증가하고 있습니다.

경상수지에 흑자가 나면 자국의 통화 가치는 상승합니다. 반면 무역 상대국의 화폐 가치는 떨어집니다. 이렇게 되면 수출이 줄어듭니다. 하지만 모두 같은 통화를 사용하면 환율이 변동하지 않습니다. 독일은 유로 덕분에 환율 걱정 없이 수출을 할 수 있다는 것입니다. 우리나라는 환율의 변동이 수출에 영향을 주기 때문에 항상 뉴스에 나옵니다. 그만큼 환율의 변동이 중요하다는 것입니다. 아마 우리 수출 기업들은 독일 기업들의 이런 상황을 부러워하고 있을 것입니다.

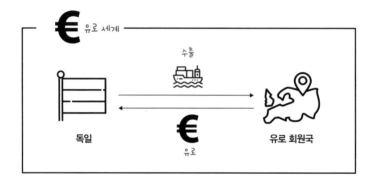

사라진 관세로 독일은 최대 수혜자이자 최대 가해자가 되었습니다. 우리나라는 관세를 통해서 경제 발전 초기에는 산업을 보호하고 육성했습니다. 비단 우리나라뿐만 아니라 미국과 중국 역시 마찬가지였습니다. 발전 초기에 시장을 개방한다면 자본과 기술력을 가진 해외 기업들에게 시장을 빼앗겼을 것입니다. 독일은 관세가 없어진 유로 회원국들의 시장을 손쉽게 차지했습니다. 반대로 말하면 유로 회원국들이 독일에게 시장을 빼앗겼다는 것입니다.

🪙 아무도 가지 않는 길을 가는 유로

유로는 아직 아무도 가지 않는 길을 가고 있다고 말합니다. 유로화는 처음부터 불완전한 통화로 출발했기 때문입니다. 중앙은행은 돈을 발행하고 금리를 조절하는 등 통화정책을 펼칩니다. 실업률과 물가상승률에 따라서 통화정책을 결정합니다. 하지만 유로를 도입한 회원국들은 유럽중앙은행European Central Bank에서 통화정책을 지휘합니다.

유로 회원국의 실업률과 물가상승 등이 반영되지 않을 수 있다는 것입니다. 나라의 경제를 통제할 수 있는 능력 중 절반을 잃었다는 의미일 수 있습니다. 자신들이 통제할 수 없으니 불만이 쌓일 수밖에 없습니다. 또한 누군가는 혜택을 받고 누군가는 손해를 보고 있습니다. 더욱이 정치가 분리가 되어 있어 쉽게 해결되지 않습니다. 처음부터 불안하게 출발한 유로화는 다양한 문제를 앞에 두고 있습니다. 어떤 문제가 있고 어떻게 극복해가는지 지켜봐야 합니다.

생각을 키우는 Q

유럽 연합의 문제국들, PIGS를 아시나요? 이 나라들은 무엇이 문제였을까요?

08

석유가 악마의
눈물이 된 까닭

#세븐 시스터즈 #석유 전쟁
#석유를 사려면 달러를! #자원의 힘

석유는 현대 산업 문명에서 혈액과 같습니다. 하지만 수많은 전쟁의 원인이자 환경 파괴의 주범이라는 저주를 함께 받고 있습니다. 그래서 석유는 '악마의 눈물'이라는 이야기가 있습니다. 석유가 나오는 지역은 역사적으로 전쟁이 발발하거나 정치적으로도 불안했습니다. 석유가 있어서 축복일 것 같지만 전혀 아닙니다. 안타깝게도 각국의 이해관계에 의해서 철저하게 유린당하는 지역이 바로 석유 산출국입니다.

세븐 시스터즈로 불리는 7대 석유 메이저 기업이 있습니다. 미국계 엑슨 모빌, 셰브론, 소칼, 텍사코, 걸프와 영국계 BP, 로얄더치쉘입니다. 이들은 1928년 제3세계 석유 자원을 나누어 갖는 '현상유지 협정'을 맺습니다. 이후 이들은 세계의 석유 채굴과 정유, 판매에 대한 독점적 권리를 행사합니다. 또한 이들의 시장 지배력에 위협을 가하는

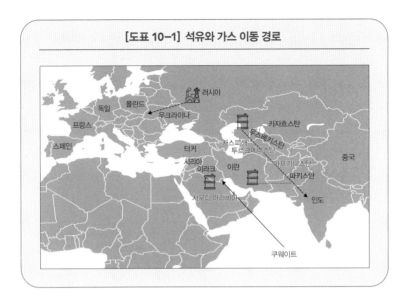

[도표 10-1] 석유와 가스 이동 경로

러시아
독일 폴란드
프랑스 우크라이나
스페인
터키 카자흐스탄
시리아 카스피해 우즈베키스탄
이라크 투르크메니스탄
이란 아프가니스탄 중국
사우디아라비아 파키스탄
인도
쿠웨이트

자는 가차 없이 응징했습니다. 물론 두 나라의 정부가 든든한 지원자였습니다.

그중 미국은 에너지 자원 확보 문제를 국가 안보 전략 차원에서 다루고 있습니다. 특히 카스피해 지역을 '제2의 북해유전'으로 여길 만큼 중요하게 생각합니다. 지리적으로 중동보다 가까워 수송비도 적게 들고 중동에 비해서 정치적으로 안정된 곳이기 때문입니다. 우리가 뉴스에서 보는 분쟁 지역도 주로 자원이 나오는 곳과 이동 경로 지역입니다.

💰 석유를 사려면 달러를!

1971년부터 미국은 달러를 가져와도 더 이상 금으로 바꿔주지 않 겠다며 **금태환** 포기를 선언했습니다. 하지만 달러 가치는 무너지지 않았고 오히려 더더욱 공고해져 기축통화로서의 지위를 유지하고 있 습니다. 그 배경에는 바로 '석유'가 있습니다. 미국이 OPEC(석유수출국 기구)을 장악했기 때문에 가능했던 일입니다.

1975년, 미국은 사우디아라비아를 설득해서 석유 대금 결제를 달 러로 하도록 만들었습니다. 이때부터 달러는 석유를 살 수 있는 유일 한 화폐로서 세계 기축통화 자리를 유지하게 됩니다. 설령 더 이상 금 으로 바꿔주지 않아도 석유를 사기 위해서는 달러가 반드시 필요해진 것입니다. 비로소 미국의 최대 수출품은 '달러'가 된 것입니다.

2000년 11월 6일 이라크의 후세인은 원유 거래를 달러에서 유로 화로 바꿨습니다. 북한 역시 유로화 대열에 합류함으로써 미국에 반기 를 들었습니다. 석유 소비량의 48%를 중동에서 수입하는 유럽연합 국가들이 동참하게 되면 달러 시스템이 붕괴될 수도 있었습니다. 달러 의 기축통화 지위가 흔들릴 수 있는 위기였습니다. 얼마 지나지 않아 당시 부시 미국 대통령은 이 두 나라, 이라크와 북한을 '악의 축'으로 선포했습니다. 그만큼 석유를 통한 기축 통화의 지위 위협이 미국에는 너무 두려 운 일이 된 것입니다.

금태환

화폐 소유자가 정부(중앙은행) 에 화폐를 제시하며 금과의 교 환을 요구했을 때, 정부(중앙은 행)가 금을 제공하는 제도.

🪙 자원의 힘을 가진 러시아

러시아 역시 에너지 자원이 풍부해 이를 통해 국제사회에서 목소리를 높여 가고 있습니다. 특히 천연가스 생산에서 절대적인 위치를 차지하고 있습니다. 러시아의 천연가스 보유량은 측정된 것만 1,700조 세제곱피트에 이릅니다. 전 세계 천연가스 공급량의 27%를 차지하는 양입니다.

러시아가 가진 천연가스의 힘을 단적으로 보여주는 사건이 있습니다. 2006년, 러시아는 우크라이나가 친서방 노선을 보이자 1,000세제곱미터당 50달러에 지급하던 천연가스 가격을 5배인 250달러로 인상했습니다. 이러한 과정에서 양국의 갈등이 증폭되며 러시아는 우크라이나로 가는 가스 공급을 중단하기도 했습니다.[30] 유럽은 천연가스 소비의 25%를 러시아에 의존하고 있는데, 그중 절반은 우크라이나를 경유하여 공급받고 있었습니다. 이 때문에 러시아와 우크라이나 간의 분쟁이 유럽에까지 직접적인 영향을 미치자, 독일의 메르켈 수상이 러시아로 달려가 나흘 만에 이를 해결한 해프닝이 벌어지기도 했습니다.

생각을 키우는 Q

세계경제의 거대한 흐름을 우리가 크게 바꿀 수 있는 사건이 있습니다. 그것은 무엇일까요?

09

알아보자!
세계경제 동맹들

#WTA와 FTA #OECD는 선진국 모임?
#G20

교통과 정보통신 기술의 발달로 문화, 제품, 음식, 자본, 사람 등 다양한 분야에서 전 세계적인 교류가 일어났습니다. 자연스레 경제적으로 밀접한 이해관계를 가진 나라들이 생겨났습니다. 그리고 이들은 상호 간의 경제 협력을 위해 다양한 동맹을 맺었습니다. 국제 사회에서 상호 의존성이 증가함에 따라 세계가 단일한 체계로 나아가고 있는 것입니다. 이를 **세계화**라고 부르기도 합니다. 세계에 어떤 경제 동맹들이 있는지 한번 살펴보겠습니다.

🪙 WTO와 FTA

우리에게 가장 익숙한 WTOWorld Trade Organization(세계무역기구)는 회원국들의 무역협정을 관리·감독하기 위한 기구입니다. 2013년에 이미 159개국 이상이 가입했습니다. WTO는 1947년 시작된 관세 및 무역에 관한 일반협정GATT: General Agreement on Tariffs and Trade을 대체하기 위해 등장했습니다.

WTO의 결정은 컨센서스에 의해 정해집니다. 컨센서스는 모든 회원국의 찬성을 의미하는 것이 아닙니다. 하나의 회원국이라도 반대하지 않으면 되는 것입니다. 투표는 특별한 경우에만 합니다.

WTO는 어떤 회원국이 다른 회원국에 대해 불만을 표시할 수 있습니다. 만약 WTO가 내린 결정을 이행하지 않으면 이는 '보복 수단'을 허가할 근거는 됩니다. 하지만 다른 강제 수단은 존재하지 않습니다. 그래서 보복 수단을 통해 상대국 무역에 손해를 입힐 힘이 없는 국가는 불리할 수밖에 없습니다.

FTAFree Trade Agreement(자유무역협정)는 둘 또는 그 이상의 국가들이 상호 간에 수출입 관세 등의 무역장벽을 제거하기로 약정하는 협정입니다. 협정국 내부만 이 조약에 한해 관리합니다. WTO가 다수가 참여한 경제 동맹이라면 FTA는 양자 간의 경제 동맹입니다.

WTO가 있음에도 불구하고 FTA는 급증해왔습니다. WTO가 지지부진한 사이에 이익 당사 국가끼리 무역 협상을 하는 게 더 빠르다고 판단했기 때문입니다. 그래서 2009년 이미 세계 무역량의 50% 이상이 FTA 체결국 간 역내무역이었습니다.

[도표 11-1] 우리나라와 FTA 발효 중인 국가

자료: 산업통상자원부(2018)

　수출 의존도가 높은 우리나라도 2004년에 한·칠레 FTA를 최초로 경쟁에 뛰어들었습니다. 현재 52개 국가와 15개 FTA를 맺고 있습니다. FTA 체결 국가 시장 규모는 세계 총생산의 77%에 달합니다. 세계 10대 교역국 중 미국·중국·유럽연합과 모두 FTA를 체결했고, 인도·베트남 등 신흥국과도 FTA를 맺고 있습니다. FTA 체결국과의 교역 비중도 2012년 35.4%에서 2016년 71.1%로 크게 늘었습니다.[31]

💰 OECD와 다보스 포럼

　OECD는 '선진국 클럽'으로 우리에게 알려져 있습니다. 대한민국은 1996년 12월에 OECD에 가입을 했습니다. OECD의 37개 회원국들 모두가 선진국은 아닙니다. 터키나 멕시코, 칠레, 콜롬비아처럼 선진국이 아닌 국가도 있습니다. OECD는 WTO나 FTA처럼 경제 분야에만 한정되어 있지 않습니다. 정치, 사회, 환경 등 다양한 분야를 종합적으로 연구하고 발표합니다.

OECD에서는 회원국들을 대상으로 각종 통계를 집계하는데, 그러한 OECD 통계를 보다보면 우리나라의 취약한 면을 자주 접합니다. OECD에 따르면 우리나라는 아동의 삶의 만족도, 국민행복지수, 출산율, GDP 대비 복지예산 비율 등이 OECD 국가 중 최하위권입니다. 우스갯소리로 '우리나라의 나쁜 면이 너무 많이 드러나기 때문에 OECD를 탈퇴해야 한다'고 하기도 합니다. 하지만 OECD 통계에서 상위권을 차지하는 것들도 있습니다. 치안, 상하수도, 가스, 전기, 대중교통, 통신, 인터넷 환경 등입니다.

세계경제포럼WET: World Economic Forum은 매년 1월 스위스에 위치한 고급 휴양지인 다보스에서 열립니다. 그래서 **다보스포럼**이라고 부르기도 합니다. 세계 각국의 정계, 관계, 재계 유력인사와 언론인, 경제학자 등이 참석합니다. 세계경제 문제를 함께 논의하기 위해 1971년 하버드대 경영학 교수인 클라우스 슈밥Klaus Schwab이 창립한 포럼입니다. 지금은 '세계경제 올림픽'으로 불릴 만큼 권위와 영향력이 커졌습니다.

커피 한 잔의 경제사

🪙 커피를 부르는 이름의 유래

커피는 원래 잠을 쫓는 '약'이었습니다. 9세기 이슬람의 율법학자들이 밤 기도 시간에 졸음을 쫓기 위한 약으로 커피 열매를 씹어 먹었던 것이죠. 당시 율법학자들은 사원의 음식이 외부로 유출되는 걸 엄격히 통제했습니다. 그러다 유럽으로 커피콩이 수출되었는데, 수출되는 과정에 커피콩이 발아하지 못하도록 끓이거나 볶아서 반출했는데, 이것이 오히려 커피를 맛있게 만드는 가공법의 발달로 이어졌습니다. 당시 베네치아 유대인 상인만 유일하게 이슬람 사회와 기독교 사회를 왕래하며 무역할 수 있었습니다.

유대인들은 커피를 엄격히 통제했습니다. 독점을 유지하기 위해서, 아라비아 반도 남단에 위치한 '모카'라는 이름의 항구 한 곳만 커피 수출항으로 지정하여 거래하도록 하였습니다. 심지어 에티오피아 커피까지 모카로 가져와 수출하게끔 했습니다. 이렇게 커피가 모카 항구를 통해서만 수출되자 유럽 사람들은 자연스레 커피를 '모카'라 부르게 되었습니다.

우리가 자주 마시는 '아메리카노'는 미국의 독립전쟁의 발단이 된 보스턴 차(茶) 사건을 계기로 생겨났습니다. 영국이 식민지였던 나라를 대상으로 차에 높은 관세를 부과하자 당시 미국인들이 엄청난 불만을 품습니다. 그리고 1773년 12월 16일, 미국 보스턴 항구에 도착한 영국의 동인도회사의 선박을 습격해 342개의 차 상자를 모두 바다로 던져버렸습니다.

당시 미국인들은 평소에 홍차를 즐겨 마셨는데, 이 사건 이후로 더 이상 홍차를 마시기 어렵게 되었습니다. 이때부터 에스프레소에 물을 섞는 아메리카노를 마시기 시작했습니다. 2차 세계대전 당시 유럽의 병사들은 진한 에스프레소로 마셨는데, 미국인들이 에스프레소를 물에 타 마시는 것을 보고 '미국 사람들이 마시는 커피'를 가리켜 '아메리카노'라고 부르기 시작한 것입니다.

🪙 착한 커피란?

우리나라는 '커피 공화국'이라 불릴 정도로 커피 소비량이 많은 나라입니다. 관세청에 따르면 2017년에 국내 커피 시장 규모가 11조 7,400억 원 정도였습니다. 매년 연평균 약 9%의 높은 성장률을 보여줄 정도로 국내 커피 시장은 빠르게 성장해왔습니다.

또, 언제부턴가 카페에 가서 공부하거나 가족들과 시간을 보내는 사람들이 늘어나며 우리나라에서 흔히 볼 수 있는 하나의 문화로 자리 잡아왔습니다. 그런데 밥값에 버금가는 커피 가격을 볼 때면 어딘지 비싸다는 생각이 들기도 합니다. 커피 가격의 구조를 한번 살펴볼까요?

커피 업계에 따르면, 4,000원짜리 커피 한 잔을 판매하면 농부에게는 30원, 커피 수출업자에게는 270원이 돌아간다고 합니다. 커피 한 잔에서 원두가 차지하는 비중은 생각보다 크지 않은 8%로, 300원 정도입니다. 하지만 여기에 원부자재비, 인건비, 임대료, 시설비, 마케팅비 등을 빼면 커피 전문점 운영자는 1,000원 정도를 이익으로 가져갈 수 있습니다.[32] 월 300만 원을 벌기 위해서는 하루에 100잔씩 팔아야 하는 것이죠.

그렇다면 커피 생산국의 노동자의 삶은 어떨까요? 커피는 전 세계인들이 즐겨 찾는 식품이므로 커피 생산국들의 노동자들도 많은 이익을 누리고 있을까요? 그러나 사실 커피 생산국들은 브라질, 베트남, 인도네시아, 콜롬비아, 인도, 에티오피아 등 전

세계적으로도 가난한 빈국이 대부분입니다.

더욱이 커피 노동자의 삶은 가난에 시달리고 있습니다. 종일 일해 자기 몸무게만 한 포대에 커피콩을 가득 채우면 그 일당으로 4~5달러를 받습니다. 그나마 매일 돈을 벌 수 있으면 다행인데 고작 커피 수확기는 1년에 서너 달뿐입니다. 커피라는 자원 또한 다이아몬드와 석유처럼 보유국에 선물임과 동시에 고통을 안겨주기도 하는 자원인 셈입니다.

이러한 문제를 해결하고자 지구촌 곳곳에서 공정무역을 통한 '착한 소비' 움직임이 일어나기 시작했습니다. 공정무역으로 커피 노동자들이 정당한 임금을 받기까지는 지난한 과정이 필요하겠으나. 우리의 작은 실천이 계속 이어진다면 지금보다 희망의 크기가 커질 수 있을 것입니다.

6

미래의 돈이 보이는
경제상식

◆

신기술 트렌드

01

완벽한 친환경 에너지로
만드는 '수소경제'

#100% 친환경 에너지 #그린 뉴딜에 성공하려면?
#바퀴 달린 발전소

20세기 인류는 석탄, 석유, 천연가스를 사용해 산업을 일으켰습니다. 그러나 인류가 지금까지 사용한 에너지는 기후와 환경에 악영향을 미치기 시작했죠. 지구 온난화의 원인 가운데 70%를 차지하는 것이 이산화탄소(CO_2)입니다. 이 문제를 해결하기 위해서는 '탄소(C)' 배출을 사용하지 않는 것이 정답입니다. 그렇다면 탄소를 사용하지 않는 에너지원에는 어떤 것이 있을까요?

바로 수소(H_2)가 있습니다. 우리는 학교에서 물(H_2O)을 전기 분해하면 수소(H_2)와 산소(O_2)를 얻을 수 있다고 배웠습니다. 반대로 수소와 공기 중 산소와 만나면 전기가 생산되면서 물이 나온다고 배웠습니다. 이렇게 전기를 저장하고 다시 사용하는 과정에서 탄소가 전혀 배출되지 않습니다. 그렇다면 완벽한 친환경 에너지는 바로 수소를 사

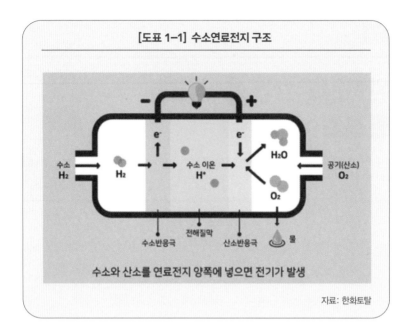

[도표 1-1] 수소연료전지 구조

수소 H_2 · H_2 · e⁻ · 수소 이온 H^+ · e⁻ · H_2O · O_2 · 공기(산소) O_2

수소반응극 · 전해질막 · 산소반응극 · 물

수소와 산소를 연료전지 양쪽에 넣으면 전기가 발생

자료: 한화토탈

용하는 것일 수 있습니다.

그린 뉴딜의 성공은 '수소'에 달려 있다

지금 우리는 전기를 발전소에서 생산해서 사용합니다. 발전소는 전력 사용을 예측해서 전기를 만들고, 또한 필요할 때마다 전기를 만들어서 사용합니다. 하지만 태양광, 풍력, 수력 발전소 등은 특정 시간과 조건에서만 생산할 수 있습니다. 태양광 에너지는 태양이 없는 저녁이나 비가 올 때에는 전기를 만들기 어렵습니다. 그래서 만들어진 전기를 저장해 사용해야 합니다.

바로 수소를 이용해 전기를 저장하는 것입니다. 태양과 풍력 등에서 만들어진 전기에너지를 이용해 물을 분해한 뒤 얻은 수소를 저장하는 것입니다. 이렇게 저장한 수소는 공기 중에 산소와 만나면 다시 전기가 발생합니다. 이렇게 해야 탄소 배출이 없는 완벽한 재생 에너지가 될 수 있습니다.

물론 지금은 한계가 존재합니다. 수소의 가격 경쟁력과 저장이 어렵다는 것입니다. 지금은 수소가 화석연료보다 2~4배 비쌉니다. 하지만 2030년까지 비용이 최대 50%까지 감소할 것으로 전망하고 있습니다. 액체수소는 기체수소보다 부피가 1/800로 줄어들고 안전합니다. 액화 비용과 운송 중 영하 253도를 유지하는 기술적 어려움 역시 풀어야 할 숙제입니다.

💰 바퀴 달린 발전소 '수소차'

친환경 에너지 수소를 이야기할 때마다 '수소차' 이야기가 거론됩니다. 전기차를 이용할 수 있는데 왜 굳이 수소차로 이용해야 할까요? 그것은 수소 자동차는 '발전소'로도 이용할 수 있기 때문입니다. 자동차는 폐차될 때까지 수명 기간 중 96% 동안 멈춰 있습니다. 집이나 직장 주차장에 서 있는 시간이 많습니다.

수소차는 정지해 있을 때도 수소를 이용해서 전기를 만들 수 있습니다. 이 전기를 집이나 사무실에 연결해 사용할 수 있고, 전기를 송전망을 통해 다른 곳으로 보내 수익을 낼 수도 있습니다. 만약 일부 운전자만이라도 자동차에서 생산한 에너지를 되판다면 대다수 발전소는 문을 닫아야 할 수 있습니다.

현새 수소 자동차는 걸음마 수준에 있습니다. 그러나 글로벌 자동차 업체들의 개발이 본격화됨에 따라 2025년까지 20만 대 규모의 초기 시장이 생겨날 것으로 전망하고 있습니다. 또한, 유럽 국가들의 적극적인 보급 정책 및 중국의 참여로 2030년이면 100만 대 규모로 빠르게 성장할 것으로 전망하고 있습니다.

생각을 키우는 Q

집에 태양광을 설치하고 수소 자동차를 이용해 전기를 생산하고 판매할 수 있다면 어떻게 될까요?

02

5G는 얼마나 빠른 거야?

#지금보다 10배 빠름 #47조 시장이 열린다!
#모든 것이 연결!

통신 기술은 그동안 빠르게 진화해왔습니다. 첫 이동통신 서비스인 1세대1G는 아날로그 기반의 음성만 지원했습니다. 2세대2G 부터는 디지털 기술이 활용돼 음성 통화에 문자 메시지 전송이 가능해졌습니다. 3세대3G 이동통신을 통해서는 동영상 및 멀티미디어 콘텐츠를 주고받을 수 있게 되었습니다. 지금 우리가 쓰고 있는 4세대4G 이동통신은 롱텀에볼루션LTE 기술을 기반으로 합니다. 음성과 문자, 영상 데이터를 3G보다 10배 빠르게 전송할 수 있습니다.

5G5Generation 는 '5세대 이동통신'이라는 의미입니다. 초고속, 초저지연, 초연결이 가장 큰 특징입니다. 4G보다 20배 속도가 빠르고(초고속), 10배 이상 빠른 반응(초저지연), 10배 더 많은 사람과 기기의 접속(초연결)이 가능해집니다. 흔히들 5G 시대에는 2시간짜리 영화 한 편

[도표 2-1] 이동통신 기술의 진화

1G(Analog)	2G(CDMA)	3G(WCDMA)	4G(LTE)	5G
• 데이터 전송 속도 10Kbps • 음성통화 only	• 데이터 전송 속도 10~144Kbps • 음성통화 + SMS + 데이터(저속)	• 데이터 전송 속도 153Kbps~ 14.4Mbps • 음성(화상)통화 + 데이터(고속)	• 데이터 전송 속도 100Mbps~1Gbps • 음성(화상)통화 + 초고속데이터	• 데이터 전송 속도 20Gbps 이상 • 음성(화상)통화 +초고속데이터 (지연속도 0)
1984~1999	1996 ~	2003 ~	2011 ~	2019 ~

자료: 메리츠종금 리서치 센터

을 1초 만에 다운로드할 수 있다고 말합니다. 스마트폰으로 인터넷을 사용할 때 버벅거리는 현상이 현저하게 줄어든다는 것입니다.

스마트폰으로 4G를 사용하기 시작하면서 많은 변화가 있었습니다. 모바일 금융, 게임, 쇼핑, 동영상 등 '손안의 인터넷' 시대가 열렸습니다. 이를 바탕으로 기존에 없었던 다양한 시장들이 만들어졌습니다. 그리고 이를 통해서 돈을 버는 개인과 기업들이 속속 등장했습니다. 5G 시대에는 스마트폰을 넘어서 자동차, 헬스케어, 공장, 스마트 시티 등 전 사업 영역으로 확산될 것입니다. 5G가 제공하는 사회와 경제적 가치는 2025년에 최소 30조 3,235억 원, 2030년에는 최소 47조 7,527억 원에 달할 전망입니다.

🪙 47조 원 시장이 열린다!

5G와 헬스케어가 만난다면 의료 서비스의 혁신이 될 것입니다. 일상 속에서 축적한 개인 건강 정보는 실시간 전송·분석될 수 있습니다. 또한 공간을 초월한 진료가 가능해집니다. 모바일과 데이터를 기반으로 언제 어디서나 편리한 건강 관리와 의학 연구도 가능해집니다. 이로써 공공 헬스케어 비용 절감과 소비자의 보험료 절감 효과가 기대됩니다. 제약 분야의 R&D 비용 절감에도 기여할 것입니다. 규제의 범위에 따라서 5G를 통한 원격 진료나 원격 수술도 등장할 수 있습니다.

5G는 도시와 비도시, 가정과 사무 환경 등에도 편리함을 제공할 것입니다. 5G는 대용량 센서 분석과 결합하여 도시 지역의 에너지, 교통, 재난, 환경, 인프라 관리 등 효율적 도시 관리를 가능하게 합니다. 특히 교통 분야에서는 교통 혼잡 비용을 절감하고 교통사고율을 감소시킬 수 있습니다. 교통의 효율화로 탄소 배출도 줄어들어 환경에도 긍정적인 영향을 미칠 것입니다.

5G는 일자리 창출에도 큰 역할을 할 것입니다. IHS는 2035년 5G 관련 글로벌 경제 생산 규모가 12.3조 달러 규모로 성장할 것이라고 전망했습니다. 또한 생산 유발 효과는 3.5조 달러로, 2,200만 개 일자리를 창출할 것이라고 전망했습니다. 자동차, 제조, 헬스케어, 운송, 농업, 보안, 미디어, 에너지, 유통, 금융 등 10개 산업 분야에서 5G가 접목되면서 다양한 혁신을 일으킬 것입니다.

🪙 자율주행을 가능하게 하라!

5G와 자동차 시장이 결합된다면 7.3조 원의 경제적 가치가 창출될 것으로 예측되고 있습니다. 특히 **자율주행차**가 안전하게 도로를 운행하려면 5G가 필수적입니다. 인텔의 분석에 따르면 자율주행차량이 발생시킬 데이터 양은 하루에만 4,000GB(기가바이트)가 될 것이라고 합니다. 이것은 현재 4G LTE 기술로는 감당할 수 없습니다.

또한 자율주행차가 긴밀하고 정확하게 운행되기 위해서는 5G의 초저연결 통신기술이 필요합니다. 5G 통신기술은 자율주행차의 핸들, 엑셀, 브레이크가 동시에 조절되도록 만들어 차량 간 좁은 간격을 유지하면서 운행할 수 있도록 해줍니다. 만일 10m 내외 수준으로 거리를 두고 화물차들이 운행될 수 있다면 공기 저항 최소화로 25%의 연료 절감 효과를 볼 수 있습니다. 또한 임금과 보험료 등이 줄어들어 물류 사업이 발달할 것입니다.

생각을 키우는 Q

5G의 혁신적인 통신 환경이 구축된다면 여러분들은 무엇을 하고 싶나요?

03

똑똑한 자동차의 등장

#자동차 산업 망함? #스마트카는 뭐지?
#진짜 안전해?

많은 사람들이 자동차 시장은 과잉공급으로 이미 포화되었다고 말합니다. 실제로 많은 언론들이 자동차 산업의 위기를 보도하기도 했습니다. 네덜란드, 노르웨이, 프랑스, 독일 등에서 10~20년 내로 석유나 경유로 움직이는 자동차 생산을 중단하겠다는 논의가 이루어지기도 했습니다. 그러나 끝이 새로운 시작을 의미하듯 여전히 자동차 기술 및 부품에 많은 투자가 이루어지고 있습니다. 자동차 회사들은 더 안전하고 오염이 적은 차량으로 진화하고 있는 것입니다.

오늘날의 자동차는 단순히 움직이는 도구가 아닙니다. 스스로 주행(자율주행)하기도 하고 외부와 연결(커넥티드)돼서 정보도 주고받습니다. 이런 자동차를 **스마트카**라고 부릅니다. 자동차는 20대의 PC로 구성된 컴퓨팅 성능을 갖추고 있으며 시간당 최대 25기가바이트의 데이터를 처리할 수 있습니다.

그동안 자동차 디지털 기술은 전통적으로 차량 내부 기능을 최적화하는 데 초점을 맞춰왔습니다. 하지만 최근에는 외부 세계와 연결하고 차량의 주행 능력을 향상시킬 수 있도록 발전하고 있습니다. 이런 차량은 자체 작동 및 유지 보수가 가능합니다. 또한 탑재된 센서와 인터넷 연결을 사용하여 소비자의 편리함과 안전을 극대화할 수 있습니다.

🪙 스마트카 시장은?

글로벌 기업들이 스마트카 개발에 집중함에 따라 자율주행자동차는 지속적인 성장을 할 것입니다. 자율주행차의 경우, 트랜스패어런스 마켓 리서치Transparency Market Research는 2025년에 약 60만 대의 자율주행차가 운행될 것이라고 예상했습니다. 2035년에는 3,000만 대에 도달할 정도로 빠르게 성장할 것이라고 전망했습니다. 시장 규모는 2019년 61조 원에서 2026년에는 10배 이상 성장한 624조 원 규모가 될 것이라고 전망하였습니다.

커넥티드카 시장 역시 폭발적으로 성장할 것입니다. 글로벌 리서치 기관인 카운터포인트Counterpoint의 전망에 따르면 전 세계 커넥티드카의 수는 2017년 4,600만 대에서 2022년 270% 성장한 1.2억 대에 이를 것으로 예상했습니다. 또, 리서치 앤 마켓Research and Market 조사에서는 커넥티드카 시장이 2017년 약 82조 원 규모에서 2025년 3배

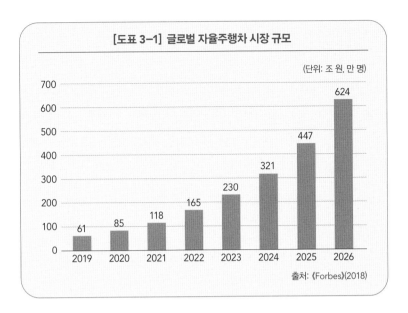

[도표 3-1] 글로벌 자율주행차 시장 규모

(단위: 조 원, 만 명)

연도	규모
2019	61
2020	85
2021	118
2022	165
2023	230
2024	321
2025	447
2026	624

출처: 《Forbes》(2018)

성장한 약 246조 원에 이를 것이라고 전망했습니다.

💰 스마트카의 새로운 과제

편리하고 안전한 스마트카가 상용화 단계에 이르기 위해서는 많은 산을 넘어야 합니다. 먼저 해킹이나 보안 이슈가 있습니다. 스마트카가 해킹을 당해 개인 정보가 유출될까 소비자들은 걱정합니다. 이는 안전성에도 문제가 생길 수 있습니다. 해킹을 통해서 외부에서 자동차를 움직일 수 있다면 자동차를 도난당할 수 있습니다. 주행 중 해킹을 당한다면 생명의 안전이 위협받을 수도 있습니다.

자율주행 시 발생할 수 있는 돌발 상황에 대한 스마트카의 대처 문제도 있습니다. 2018년 3월 미국 애리조나주 피닉스 교외의 교차로에서 자율주행차가 자전거를 몰던 40대 여성을 치어 숨지게 한 사건이 발생하기도 하였습니다. 그밖에도 현재 자율주행자동차의 가장 큰 장애물은 '눈'입니다. 눈은 자동차 바퀴와 지면과의 마찰력을 변화시킵니다. 또한 차량의 카메라와 센서가 거리를 인지하는 방식을 변경시켜 사고를 유발할 수 있다고 합니다.

그럼에도 불구하고 스마트카의 등장은 우리에게 많은 혜택을 줄 것입니다. 미국 및 여러 국가들의 리포트에 따르면 교통사고의 94%가 운전 미숙, 난폭 운전, 음주 운전 등으로 조사되었습니다. 스마트카는 교통사고를 획기적으로 줄여서 많은 생명을 구할 수 있을 것입니다. 의료비, 보험료 등 사고 처리 관련 비용도 줄어들 것입니다. 또한 이동이 불편한 계층에게도 편리함을 가져다줄 것입니다.

생각을 키우는 Q
앞으로 직접 운전을 하지 않는다면 남는 시간에 자동차 안에서 어떤 일들을 할 수 있을까요?

04

꿈의 컴퓨터 '양자컴퓨터'

#양자컴퓨터가 뭐야? #얼마나 빠름?
#언제 사용 가능?

양자컴퓨터는 슈퍼컴퓨터를 뛰어넘는 계산 능력을 가진 컴퓨터입니다. 현재 IBM이 선두주자로 양자컴퓨터가 어떤 것인지를 인터넷을 통해서 체험할 수 있게 만들었습니다. 구글, 인텔, 마이크로소프트 등 거대 IT 기업도 연구 개발에 합류한 상태입니다. 만약 개발이 완료되면 공학, 과학, 수학 심지어 우리들의 생활에까지 그동안 경험하지 못한 신세계가 열리게 될 것입니다.

현재 디지털 컴퓨터가 0과 1이라는 두 가지 상태로 정보를 구분한다면, 양자컴퓨터는 0과 1이 동시에 존재하는 양자 상태도 정보로 처리할 수 있습니다. 0과 1의 정보를 다루는 양자 소재를 큐빗Qubit이라고 부릅니다. 이 큐빗의 개수가 많을수록 양자컴퓨터 성능이 기하급수적으로 상승합니다.

디웨이브의 양자컴퓨터

자료: 디웨이브

IBM이 개발 중인 50큐빗 양자컴퓨터는 현재 컴퓨터가 10억 년 걸려서 풀 문제를 단 100초 만에 풀 수 있습니다. 또한 일반 컴퓨터 한 대로 약 5년 걸리는 1비트코인 채굴도 순식간에 할 수 있습니다. 현재 모든 금융 거래, 전자 상거래, 암호 통신이 해독될 수도 있습니다. 다행히 양자컴퓨터 개발과 동시에 강한 암호 시스템도 개발될 것입니다. 이처럼 양자컴퓨터의 등장으로 우리는 새로운 시대에 한발 다가갈 수 있습니다.

양자컴퓨터 시장은?

뛰어난 성능을 자랑하는 양자컴퓨터 시장 역시 빠르게 성장할 것입니다. 홈랜드 시큐리티 리서치Homeland Seurity Research에 따르면 양자컴퓨터의 세계 시장은 2024년 11조 원 규모를 넘어설 것이라고 전망했습니다. 기술이 놀라운 속도로 향상되고 있기 때문에 2019년부터 6년간 성장률이 연평균 24.6%에 이를 것이라고 전망했습니다. 또한 2024년 양자컴퓨터 제품 및 서비스 시장 역시 9조 3,000억 원에 이를 것이라고 했습니다.

양자컴퓨터로 기존 컴퓨터로 풀 수 없었던 복잡한 문제들을 해결할 수 있을 것입니다. 하지만 상용화 단계까지는 아직 많은 장애물이 있습니다. 양자컴퓨터를 사용하기 위해서는 적당한 온도가 유지되어야 합니다. 현재 IBM은 0.015K(-273.135도)까지 온도를 낮춰 사용할 수 있게끔 만들었습니다. 이 때문에 실제 양자컴퓨터는 크기가 큽니다. 우리가 들고 다닐 수 있을 만큼 작아지기까지는 많은 시간이 걸릴 것입니다.

💰 미중 양자컴퓨터 전쟁?

양자컴퓨터가 획기적인 상품인 만큼 선진국들의 기술개발 경쟁이 치열합니다. 그중 IBM, 구글 등을 앞세운 미국이 선두주자입니다. 미국 정부는 1990년대의 양자컴퓨터 기초 이론을 연구하였고, 2009년부터 양자컴퓨터 응용이 가능하도록 목적을 가지고 기술개발을 해왔습니다. 2019년부터 4년간 우리나라 돈 1조 2,000억 원을 투입해 양자컴퓨터 시스템 개발, 산업화와 산업 인력 양성을 지원합니다. 미국은 '새로운 우주 경쟁'으로 생각하고 있으며 산업화와 군사 목적으로 사용하기 위해서 개발하고 있습니다.

중국은 시진핑 주석이 신년사를 통해서 양자컴퓨터 자체 개발 성과를 언급할 정도로 관심을 보이고 있습니다. 2011년부터 국가 과학기술 혁신 계획에 따라 프로젝트를 추진했습니다. 중국은 2030년까지 '양자 굴기崛起'를 목표로 명시하고, 세계 최대 규모의 양자정보과학 국립연구소까지 세웠습니다.

05

블록체인으로 안전한
금융 거래 가능할까?

#암호화폐와 블록체인 #상거래 혁명 블록체인
#대기업도 블록체인

2018년 초 비트코인 등 암호화폐 투자 과열이 일어났습니다. 덕분에 암호화폐의 핵심 기술인 **블록체인** 역시 사람들에게 알려졌습니다. 둘을 같은 것이라 생각할 수 있으나, 둘은 엄연히 다른 개념으로 암호화폐는 현금이고 블록체인 기술은 장부라고 생각하면 됩니다. 블록체인 기술은 '분산 컴퓨팅 기술 기반의 데이터 위변조 방지 기술'입니다. 전자화폐는 거래할 때 중앙 서버에 거래 기록을 보관합니다. 하지만 블록체인은 모든 사용자와 거래를 기록하여 서로 비교하기 때문에 더욱 안전합니다. 간단히 말하면 블록체인 기술은 더욱 안전하고 편리한 '장부'입니다.

기존의 금융과 전자상거래는 중앙기관에 문제가 발생하면 모든 이용자가 피해를 입는 구조입니다. 안전성 및 보안성에 한계가 있었습니

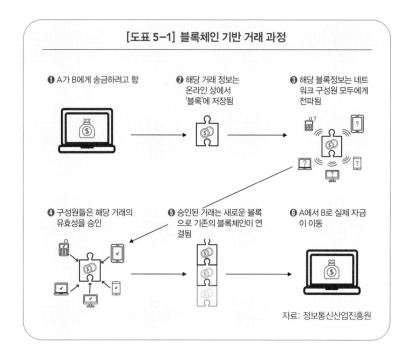

[도표 5-1] 블록체인 기반 거래 과정

❶ A가 B에게 송금하려고 함

❷ 해당 거래 정보는 온라인 상에서 '블록'에 저장됨

❸ 해당 블록정보는 네트워크 구성원 모두에게 전파됨

❹ 구성원들은 해당 거래의 유효성을 승인

❺ 승인된 거래는 새로운 블록으로 기존의 블록체인이 연결됨

❻ A에서 B로 실제 자금이 이동

자료: 정보통신산업진흥원

다. 하지만 블록체인 기술은 위변조가 한층 더 강화된 구조입니다. 또한 비용 절감과 투명한 정보 공개를 할 수 있다는 것도 장점입니다. 그래서 앞으로 많은 산업에 블록체인 기술이 이용될 것입니다.

2016년 초 세계경제포럼WEF에서는 블록체인을 4차 산업혁명을 이끌 7대 기술 중 하나로 선정했습니다. 세계경제포럼에 참가한 전문가들 50% 이상이 2025년까지 블록체인 기반의 플랫폼이 세계 GDP의 약 10%를 차지할 것으로 전망했습니다. 시장조사 전문기관인 가트너는 2017년과 2018년 동시에 블록체인을 10대 유망기술로 선정하기도 했습니다.[33]

🪙 새로운 미래를 만드는 블록체인 기술

블록체인 기술은 많은 곳에 응용될 수 있습니다. 개인은 돈을 주고받거나 보험 계약 등을 은행 계좌 없이 안전하게 할 수 있습니다. 국외 거래도 안전하고 빠르게 할 수 있습니다. 거래가 기록되기 때문에 변호사의 도움 없이 법적 강제력이 있는 계약이 이루어지고 보호받기도 쉽습니다. 부동산, 주식, 비행기표 발권 등과 같이 중개가 필요한 거래를 중개인 없이 거래할 수도 있습니다. 이는 시장에 혁신이 이루어짐과 동시에 판도가 바뀔 수 있습니다.

그래서 세계 각국은 블록체인 기술을 금융, 물류, 의료 등 다양한 분야에 접목을 시도하고 있습니다. 2018년에 이미 미국 497건, 중국 472건, 한국 99건, 일본 36건 등 블록체인 특허출원이 이루어졌습니다. 골드만삭스, JP 모건 등 글로벌 금융기관 50여 곳이 다국적 협회를 만들고 다양한 연구와 사업을 진행 중입니다.

우리나라 기업들 역시 블록체인 기술을 활용하려는 움직임이 활발합니다. 카카오의 블록체인 기술 계열사 그라운드X는 자체 개발한 블록체인 플랫폼 '클레이튼Klaytn'을 선보였습니다. 블록체인 기술에 친숙하지 않은 일반 이용자들도 자연스럽고 쉽게 접할 수 있도록 개선하는 데 초점을 맞추었다고 합니다.[34]

SK텔레콤은 블록체인으로 자산을 관리하고 지불하는 서비스를 출시하고 순차적으로 자체 블록체인 플랫폼도 구축하고 있습니다. 모든 은행 계좌나 신용카드, 마일리지 등의 금융·비금융 자산과 암호화폐 등을 하나로 관리하고, 고객의 라이프스타일에 맞춘 서비스를 제공하는 사업을 계획하고 있습니다.

🪙 토큰 이코노미의 등장

블록체인 기반의 어플리케이션, 네트워크 위에 존재하는 작은 경제를 토큰 이코노미Token economy라고 합니다. 토큰Token이라는 매개체를 이용해 다양한 참여자들이 가치를 주고받는 경제Economy입니다. 참여자 모두에게 참여도에 따라 적절한 보상인 토큰이 돌아가게끔 하는 경제구조를 말합니다.

스팀잇이 토큰 이코노미의 대표 사례로 평가받고 있습니다. 스팀잇은 스팀Steam이라는 블록체인 플랫폼을 활용하여 2016년부터 시작된 소셜 네트워크 형태의 서비스입니다. 콘텐츠를 게시한 생산자와 좋은 콘텐츠를 추천한 소비자 모두에게 토큰을 보상으로 제공합니다. 생산자에게는 75%, 추천한 소비자들에게는 25%가 배분됩니다. 당연히 달러나 원화 등의 현실 통화로 교환할 수 있습니다.

> 이제 은행 가서 번호표를 뽑는 일이 사라질지 모르겠군요. 물론 더욱 안전할 것입니다. 그렇게 되면 현금은 남아 있을까요, 사라질까요?

06

챗GPT 등장, AI시대 시작이 인간의 시대의 끝일까?

#진짜 위험? #새로 생길 일자리는?
#인공지능과 일자리의 미래

2022년 11월 인공지능(AI) '챗GPT'가 등장하자 전 세계가 깜짝 놀랐습니다. 우리는 기존에는 검색을 통해 정보를 찾았습니다. 널려 있는 정보는 기본 지식을 갖춘 사람에게만 양질의 정보가 발견되었습니다. 하지만 챗GPT는 사용자가 입력한 문장을 이해하고 정보를 정리해 전달했습니다. 답변 역시 변호사나 의사 등 전문가를 뛰어넘는 수준으로 사람들을 놀라게 했습니다. 정보를 찾는 문턱이 한 단계 더 낮아지는 새로운 세상이 펼쳐졌습니다.

새로운 세상에 사람들은 열광했습니다. 2022년 11월 30일 공개 이후 5일 만에 100만 명이 이용했고, 불과 2개월 만에 월간 이용자 수가 1억 명에 도달했습니다. 전 세계 인기 앱 '틱톡'이 이용자 수 1억 명에 도달하는 데 9개월, 인스타그램이 28개월이 걸린 것과 비교하면

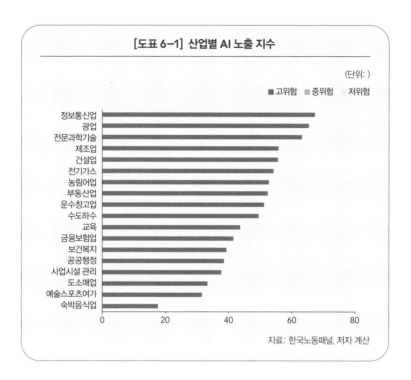

[도표 6-1] 산업별 AI 노출 지수

(단위:)

■ 고위험 ■ 중위험 ░ 저위험

자료: 한국노동패널, 저자 계산

실로 엄청난 속도로 사람들 속으로 파고들었습니다. 재미와 흥미가 아닌 신기술이 이렇게까지 사람들의 관심을 받은 경우는 챗GPT가 유일할 것입니다.

이와 비슷한 관심은 2016년 3월에도 있었습니다. 세계적인 바둑기사 이세돌과 인공지능 프로그램 알파고의 바둑 대결이었습니다. 최종 결과는 알파고가 4승 1패로 이세돌에게 승리했습니다. 당시에도 인간이 인공지능에 패했다는 소식에 사람들은 충격을 받았습니다. 하지만 불과 몇 년 사이 모든 분야에서 인간을 뛰어넘을 수 있는 챗GPT가 등장했고, 사람들은 다시 관심을 보였습니다. 바로 신기술이 가져올 '일자리의 변화' 때문입니다.

💰 인간은 정말 필요 없어질까?

그렇다면 AI는 인간의 일자리를 얼마나 위협할까요? 한국은행 연구에 따르면 국내 일자리 중 AI에 의해 대체될 가능성이 높은 일자리는 약 341만 개, 전체 일자리의 12%로 추정됩니다. 조사 범위를 조금 넓히면 약 398만 개, 전체 일자리의 14%까지 늘어날 수 있습니다. AI에 가장 영향을 받을 일자리는 화학 공학 기술자, 발전장치 조작원, 철도와 전동차 기관사, 상하수도 및 재활용 처리 조작원, 금속재료 공학 기술자 등이 포함되었습니다.

조사에서는 재미있는 점이 발견되었습니다. 대용량 데이터를 활용하는 업무일수록 AI 알고리즘이 사람보다 업무를 잘 수행할 수 있었습니다. 산업별로 보면 정보통신업, 전문과학기술, 제조업 등 고생산성 산업을 중심으로 AI가 사람보다 우세했습니다. 반면 서비스업 종사자, 종교인 등 사람을 만나고 관계를 맺는 업무일수록 사람이 우위에 있는 것으로 조사되었습니다.

임금 수준과 학력을 기준으로 보면 고학력·고소득 근로자일수록 AI 위협에 노출되어 있었습니다. AI가 반복적이지 않고 분석이 필요한 업무에 활용될 수 있기 때문입니다. AI 등장 초기에는 전문가들의 일자리는 위협을 덜 받을 것으로 보았습니다.[35] 자동차 운전이나 법률 문서 작성 등 경험과 훈련을 통해 숙련도를 높여야 했기 때문입니다. 하지만 지금은 상황이 역전되어 가장 위협받는 일자리가 되었습니다.

💰 인공지능 시대를 살아가려면?

　앞으로 개인들은 AI를 활용할 수 있는 능력을 개발할 필요한 시대가 되었습니다. 필자도 유튜브 채널을 운영하면서 AI의 도움을 자주받고 있습니다. AI가 데이터를 분석해 트렌드에 맞는 주제와 제목을알려주면 사용하기도 합니다. 영상 편집 역시 AI를 이용해 초벌 편집과 자막을 손쉽게 만듭니다. 덕분에 콘텐츠 제작에만 집중할 수 있게되었습니다. 앞으로 기술이 더 발전하면 얼마나 더 큰 도움이 될지 기대가 됩니다.

　AI의 등장이 두려운 것도 사실입니다. 하지만 AI 발전에도 불구하고 인간 고유의 능력은 더욱 귀한 자원이 될 것입니다. 창의력과 대인관계가 대표적입니다. 이러한 고유의 능력으로 인공지능을 활용할 수있다면 여전히 경쟁력을 유지할 수 있을 것입니다. 미국의 상호작용 컴퓨팅 분야의 선구자인 앨런 케이는 "미래를 예측하는 가장 좋은 방법은 미래를 발명하는 것"이라고 했습니다. 그의 말처럼 우리는 미래를더욱 적극적으로 발명해 나갈 때입니다.

생각을 키우는 Q

지금 여러분이 하고 있거나 하고 싶은 일은 인공지능에게 위협받을 가능성이 높은가요?

07

디지털 세계
엘도라도는 어디?

#디지털 세계 기회의 땅 #돈이 되는플랫폼
#나도 유튜버 해볼까?

대항해 시대 당시 스페인 정복자들이 그토록 찾기를 원했던, 황금이 넘쳐난다는 전설의 이상향 도시가 엘도라도입니다. 디지털 세상에는 아직 발견하지 못한 수많은 엘도라도가 존재합니다. 더욱 희망적인 이야기는 디지털 세상에서 기회는 상대적으로 평등하게 열려 있다는 겁니다. 앞으로는 디지털 세상을 살아가는 소비자들의 문화와 심리를 이해하려고 노력해야 합니다. 그래야 자신만의 새로운 엘도라도를 찾아낼 수 있기 때문입니다.

최근 기업들은 소비자들에게 선택권을 넘겨주는 '넛지' 전략을 사용합니다. 넛지는 '옆구리를 슬쩍 찌르다'라는 뜻입니다. 강요하지 않고 부드럽고 자연스러운 개입을 통해 타인의 선택을 유도하는 것을 의미합니다. 영국의 세계적인 록 밴드 라디오헤드는 앨범을 다운로드할 때 가격을 소비자 스스로 정하게 했습니다. 많은 사람들이 걱정했지만 180만 명의 사람들이 다운로드했고 40%가 돈을 지불했습니다. 결과적으로 이러한 방법으로 전통적인 가격 정책을 통한 수익보다 더 많은 수입을 얻었습니다.

또한 기업들은 소비자가 일하게 하는 전략을 사용하기도 합니다. 대표적인 기업이 바로 네이버와 유튜브입니다. 네이버는 지식인을 통해서 많은 사람들이 스스로 참여하게끔 만들어 성공했습니다. 유튜브 역시 외부의 고객들을(크리에이터) 이용해 새로운 동영상 콘텐츠가 끊임없이 업데이트되도록 만들었습니다. 콘텐츠를 단순히 소비하는 것을 넘어서 이용자들이 콘텐츠를 만들고 공유하고 재해석하게끔 하는 것이죠. 이런 트렌드를 잘 반영하는 곳이 바로 '플랫폼' 기업들입니다.

플랫폼 기업인 페이스북, 아마존, 애플, 넷플릭스, 구글 네 기업의 앞자를 연결해서 'Faang'이라고 부릅니다. 이들은 2010년대 미국 주가 상승을 견인할 정도로 주목을 받았습니다. 우리나라 대표적인 플랫폼 기업으로는 다음 카카오, 배달의민족을 개발한 우아한형제들, 직방과 다방 등이 있습니다.

💰 돈이 되는 플랫폼

플랫폼이란 본래 기차 정거장을 의미하는 용어입니다. 이용자는 자신이 가고자 하는 목적지를 위해 플랫폼에서 기차를 기다리거나 다른 기차로 갈아탑니다. IT에서 플랫폼이란 공급자와 수요자가 서로 만나기 위해 기다리는 앱App입니다. 공급자와 수요자가 만나서 모두에게 새로운 가치와 혜택을 제공해줄 수 있는 상생의 생태계입니다.

유튜브는 자체적으로 기업이 동영상을 만들지 않고 크리에이터들이 동영상을 만듭니다. 우버라는 기업은 택시 서비스를 하지만 차량을 소유하고 있지 않습니다. 에어비앤비도 숙박 서비스를 제공하지만 호텔을 가지고 있지 않습니다. 페이스북, 애플, 알리바바 모두 마찬가지입니다. 직접 제품 혹은 서비스를 제공하는 것이 아닙니다. 생산자와 이를 필요로 하는 수요자를 서로 연결하면서 수익을 창출합니다.

기존에는 프랜차이즈 형태의 비즈니스가 유행했습니다. 대표적인 기업이 맥도날드입니다. 프랜차이즈 기업은 본사가 정한 상품과 서비스를 각 지점이 모두 똑같이 판매합니다. 본사는 지점을 대신해 상품 개발과 홍보 등을 담당하고 지점은 판매를 담당했습니다. 많은 기업들이 그동안 이런 사업 구조로 영업을 해왔습니다. 하지만 플랫폼 기업의 등장과 성장은 기존의 프랜차이즈 사업 틀을 깨고 새로운 시장과 생태계를 만들고 있습니다. 이런 새로운 생태계 속에서 우리는 어떻게 적응해야 할지 고민해야 합니다.

💰 나도 '유튜버 크리에이터' 해볼까?

현재 이런 새로운 생태계를 가장 잘 반영하는 곳이 바로 유튜브입니다. 구글 계정만 있으면 누구나 유튜버가 될 수 있으며 일정한 조건을 만족하면 광고를 통해 수익을 얻을 수 있습니다. 대도서관, 밴쯔, 이사배 등 유튜버들이 인기를 끌며 높은 수입을 올리자 어린이들 사이에서 유튜버가 인기 직업으로 떠오르기도 했습니다.

유튜브는 동반 성장을 위해 크리에이터의 수익을 철저히 보장합니다. 영상 광고 수익의 55%를 크리에이터에게 주고 45%를 유튜브가 갖는다고 합니다. 정김경숙 구글코리아 상무는 "유튜브에서는 크리에이터의 수익이 늘어야 구글의 수익이 늘고, 플레이스토어에서는 앱 제작자의 수익이 늘어야 구글 수익이 늘어난다"며 "구글의 비즈니스 모델은 단독으론 성공할 수 없다는 공통점이 있다"고 설명했습니다.

필자 역시 부족한 실력으로 유튜브에 '모르면 호구 되는 경제상식'이라는 채널을 운영하면서 소소하게 수익을 내고 있습니다. 기술이 발전함으로써 다양한 도전의 기회와 수익을 얻게 된 것입니다. 앞으로 등장할 새로운 기술은 우리에게 더욱 많은 기회를 줄 것입니다. 그리고 기회는 우리 모두에게 공평하게 열려 있을 것입니다. 디지털 세계 어딘가 여러분만의 '엘도라도'가 아직 나타나지 않은 주인을 기다리고 있을지 모릅니다.

생각을 키우는 Q

여러분만의 엘도라도를 찾기 위해서 어떤 준비를 하고 있나요?

08

미래 부의
원동력은?

#통찰력의 시대 #새로운 부의 원천은?
#다가올 가치의 시대

　기술 발전이 앞으로 우리 삶에 미칠 영향에 대해 간단히 살펴보았습니다. 공통된 흐름이 있다면 중앙의 권력과 통제가 분산되고 자율이 확대된다는 것입니다. 스스로 움직이는 자율주행자동차, 중개인 없이 상호 거래하는 블록체인 기술, 다품종 소량 생산 가능한 3D프린터, 스스로 학습하고 판단하는 인공지능, 공급자와 수요자가 자유로이 만날 수 있는 플랫폼 사업 모두 중앙의 통제를 벗어나고 있습니다.

　이런 기술의 발달로 많은 변화가 있을 것이라는 것은 모두 인정하는 사실입니다. 하지만 어떻게 변할지, 어떻게 살아가야 할지에 대한 정답을 가지고 있는 사람은 아무도 없습니다. 분명 앞으로 일어날 변화에는 모범 답안이 존재하지 않습니다. 답안이 존재하지 않는 앞으로 세상에서 필요한 능력은 바로 '통찰력'입니다.

통찰력은 영어로 'insight'입니다. in과 sight가 합쳐진 단어입니다. 'Sight'는 '눈으로 보다'라는 단어인데 'in'과 합쳐져 '눈으로 보이는 것 이상으로 더욱 깊이 들여다보다'라는 의미입니다. 세상에는 보이는, 그리고 보이지 않는 가치가 존재합니다. 예를 들어 꽃의 가격은 눈에 보이는 가치입니다. 하지만 사랑하는 사람에게 선물하기 위해서 샀다면 꽃의 가치는 눈으로 볼 수 있는 가격만으로 측정할 수 없습니다. 세상의 현상들은 이것보다 훨씬 다양하고 복잡합니다. 그래서 우리는 앞으로 통찰력을 바탕으로 세상의 복잡하고 다양한 사건을 분석하고 스스로 문제를 풀어가야 합니다.

🪙 새로운 부의 원천 '통찰력'

앞으로 수많은 데이터들이 쏟아질 것입니다. 데이터를 분석하고 현실에 어떻게 적용할지에 대한 판단은 인간만이 할 수 있습니다. 이때 중요한 것은 데이터를 하나의 '점'이 아니라 '선'으로 연결하는 능력입니다. 정보들이 점으로 흩어져 있다면 아무런 모양을 가지고 있지 않습니다. 하지만 '선'으로 연결해서 분석한다면 변화의 흐름을 파악할 수 있습니다. 향후에 일어날 변화도 예측 가능해집니다. 이런 능력이 바로 통찰력입니다.

통찰력은 오랜 노력을 통해서 얻을 수 있습니다. 평소에 각종 현상에 대해 문제의식을 갖는 훈련이 필요합니다. 큰 흐름 속에서 의미를 읽어내는 훈련을 꾸준히 해야 자신만의 안목을 가질 수 있습니다. 빅

데이터 마케팅 회사로 이름난 다음소프트의 사무실에는 인문사회 서적이 가득 차 있습니다. 사람들은 책을 보고 "다음소프트의 직원들은 이런 책을 읽는군요"라고 물어보곤 합니다. 하지만 다음소프트 송길영 부사장은 이렇게 대답한다고 합니다. "그게 아니라 우리는 이런 책을 읽는 사람들을 뽑습니다."

이미 입사한 직원에게 책을 읽혀서 문제의식이나 통찰력을 사후에 키우는 것이 아닙니다. 애초에 그런 문제의식과 통찰력을 꾸준히 키워온 사람을 뽑는다는 것입니다. 물론 컴퓨터 프로그래밍과 같이 전문지식을 가진 사람도 당연히 필요합니다. 하지만 데이터의 숨은 의미를 읽어내는 통찰력을 가진 사람이 앞으로 더욱 중요해질 것입니다. 그리고 이런 능력을 갖춘 인재가 바로 더욱 많은 부를 창출하고 거머쥘 것입니다.

새로운 '가치'를 추구하는 사람들

자본주의는 혁신을 이룩하는 사람에게 보상을 주면서 발전해왔습니다. 물론 많은 시행착오도 있었습니다. 자본이 이익을 찾아서 움직이다 보니 중심을 잡지 못하고 휘둘린 것입니다. 많은 사람들이 자본주의는 이익만 추구한다고 생각했습니다. 한마디로 '돈'으로 '돈'을 버는 것이 편리하다고 생각했습니다. 하지만 그 결과가 결국 2008년 글로벌 금융위기를 불러왔습니다.

그렇게 자본주의가 계속 도전을 받는 와중에 새로운 가치를 창출하는 사람들이 속속히 등장했습니다. 그들은 새로운 기업을 만들고 우리에게 새로운 무엇인가를 보여주었습니다. 우리는 이들을 '혁신가' 혹은 '기업가'라고 부릅니다. 애플, 페이스북, 인스타, 구글, 아마존, 우버, 에어비엔비 등과 같은 기업들입니다. 이 회사들 중에는 심지어 자본도 별로 없이 출발한 회사도 있습니다. 새로운 가치를 창출하는 데 큰 자금은 필수 요건이 아니라는 것입니다.

앞으로 기술이 발달할수록 자본의 가치는 떨어질 것입니다. 돈으로 살 수 없고 소비할 수 없는 신뢰, 공감, 호의 등과 같은 가치가 더욱 중요해질 것입니다. 유튜브나 페이스북에서 팔로워나 구독자로 수익이 창출되는 것과 비슷합니다. 사람들에게 자신의 가치를 공유함으로써 수익으로 연결됩니다. 하지만 '수익'이 먼저가 아니라 '가치'가 먼저입니다. 지금도 어디선가 새로운 가치로 세상을 바꾸기 위해 누군가는 조용히 준비하고 있을 것입니다. 그 사람이 바로 여러분이길 희망합니다.

생각을 키우는 Q

앞으로 미래를 살아가는 데 가장 중요한 능력은 무엇이라고 생각하나요?

대항해 시대,
자본의 새로운 역사를 쓴 첫걸음

💰 최초의 주식회사와 증권거래소의 등장

유럽에서는 인도 남부에서 생산되는 향신료가 금보다 더욱 비쌌습니다. 당시 향신료는 인도의 아랍 상인들과 베네치아의 유대인 상인들의 손을 거쳐서 유럽에 전달되었습니다. 향신료는 유럽 각국에서 왕실의 전매품이 될 정도로 귀했는데, 그중 특히 후추가 비싼 값에 거래되었습니다. 유럽 사람들은 결국 향신료를 더 얻기 위해 인도로 가는 길을 찾기 시작했습니다. 대항해 시대가 열린 것입니다.

네덜란드 왕실과 상인연합은 향신료 무역에 나설 회사를 만들고 대규모 선단을 꾸리기 시작했습니다. 하지만 배를 만들고 선원을 모아서 항해를 나서려면 막대한 돈이 필요했습니다. 이때 네덜란드 왕실과 상인들이 기발한 생각을 떠올렸습니다. 네덜란드의 시민에게 투자 형태로 돈을 먼저 받고 배와 선원들을 모아, 향료 무역을 통해 얻은 수익을 나누어 준다는 생각이었습니다. 향신료의 가격이 어마어마했기에, 선단이 네덜란드로 무사히 돌아오기만 한다면 투자금을 갚고도 남을 정도였습니다.

많은 사람들이 투자에 나서니, 누가 얼마나 투자했는지를 정확히 알아야 했습니다. 그래야 나중에 이익을 정확하게 공유할 수 있기 때문입니다. 투자한 돈을 먼저 한곳에다 모았습니다. 그리고 소유에 대한 권리를 증명하는 종이를 발급했습니다. '주식'이 이렇게 탄생한 것입니다.

어떤 투자자는 투자한 돈의 일부를 중간에 돌려받고 싶을 수 있습니다. 또 대항해를 나선 동인도회사가 크게 발전할 것으로 생각하여 더 많은 돈을 투자하고 싶은 사람이 있을 수도 있습니다. 이 둘은 만나서 주식과 돈을 교환할 수 있습니다. 그것도 특정한 장소를 정해 주식과 돈을 서로 거래하는 것입니다. 이것이 바로 주식시장(증권거래소)의 시작이었던 것입니다. 세계 최초의 주식시장이 암스테르담에 탄생한 배경은 이와 같습니다. 대항해 시대는 무역뿐 아니라 자본주의의 꽃인 '주식'과 '주식시장'을 탄생시킨 역사적 사건임을 알 수 있습니다.

🪙 실패한 성공 VS 성공한 실패

대항해 시대의 새로운 길을 찾기 위해서 포르투갈과 스페인도 도전장을 내밀었습니다. 1498년에 포르투갈의 바스코 다가마는 아프리카의 항로를 발견하여 인도에 도착했고 후추를 찾아내는 데 성공합니다. 그리고 5년 뒤 총과 군대로 무장한 바스코 다가마는 향신료 무역을 포르투갈의 지배하에 두었습니다.

포르투갈이 인도를 찾기 위해 동쪽으로 갔다면, 스페인의 콜럼버스는 인도를 찾아 서쪽으로 향했습니다. 서쪽은 유럽에서 본다면 인도로 갈 수 있는 항로가 아닙니다. 지금 생각하면 바보 같은 행동이지만, 중세 사람들은 지구가 평평하기 때문에 먼 바다로 나가면 절벽 아래로 떨어진다고 생각했습니다. 콜럼버스는 당시의 통념을 깨고, 지구는 둥글기 때문에 서쪽으로 가도 인도가 나온다고 믿었습니다. 결과적으로, 콜럼버스는 1492년 10월 12일에 신대륙을 발견했습니다.

하지만 콜럼버스는 애초에 목표했던 것을 이루지는 못했습니다. 하지만 어느 누구도 콜럼버스가 실패했다고 말하지 않습니다. 반대로 우리는 목표를 이룬 바스코 다가마는 잘 기억하지 못합니다. 물론 바스코 다가마가 결과적으로 실패한 것은 아닙니다. 다만 우리는 실패한 콜럼버스를 더욱 성공했다고 알고 있습니다. 이는 모두가 안 된다는 상식을 깨고 새로운 길을 개척한 그의 도전 정신 때문일 것입니다. 앞으로 점차 더 많은 기술이 발달할 새로운 시대에서도 마찬가지일 것입니다. 모두가 안 된다는 방향과 목표를 잡고 도전하는 자가 새로운 시대를 열고 성공할 것입니다.

여러분의 배는 어디로 가고 있습니까? 그 배는 성공과 실패 중 어느 곳으로 향하고 있습니까? 콜럼버스와 같은 실패가 여러분을 기다리길 바랍니다.

미주

1   김지환, 「저축은행 사태는 10만 명이 피해를 본 26조 원짜리 금융사고」, 경향신문, 2012.10.26

2   유안나, 「주호영 "예금자 보호 못 받는 저축은행銀 예금, 60대 이상이 43.7%"」, 공감신문, 2018.10.22

3   주용석, 「펄펄 끓는 글로벌 집값… 금융위기 직전 '10년 고점' 뚫었다」, 한국경제, 2018.09.10

4   KB부동산 데이터 허브

5   이영진, 「손에 잡히는 경매」, 한스미디어, 2018

6   유충현, 「환갑 맞은 한국 증시… 숫자로 살펴본 60년 역사」, 이투데이, 2016.03.01

7   임민철, 「암호화폐거래소, 작년 8,717억 원어치 도둑 맞아」, 지디넷코리아, 2019.01.17

8   공적연금개혁과 재정전망, 〈국회연구조정협의회, 2023년 3월〉

9   안경주, 「[타임머신] 한국 최초의 보험사를 아시나요」, 이투데이, 2010.10.20

10 서울연구원, "광복 70년, 서울은 어떻게 변했을까?", https://www.si.re.kr/node/52409

11 배준호, 「[美 연준의 출구찾기] 4 '인플레이션 파이터' 폴 볼커, 금리 20%까지 올려 물가 잡고 고도성장 발판」, 이투데이, 2015.06.11

12 이영섭, 「코로나 휩쓴 작년 한국 행복 지수 95개국 중 50위」, 연합뉴스, 2021.03.20

13 김도영, 「IMF "성장 지속하려면 소득 재분배 중요"」, KBS, 2014.02.27.

14 수출의 국민경제 기여효과 분석(2021년, 한국무역협회)

15 대한민국 땅값 사상 첫1경 돌파…일년새970조 늘었다(동아일보, 2022.07.21)

16 금융안정상황 보고서(한국은행, 2023.03.23)

17 우리나라 부동산PF 구조의 문제점과 시사점(한국금융연구원, 2023.06.23)

18 통계청, "대한민국의 일자리 지표는?− 2016년 기준 일자리행정통계 결과", https://blog.naver.com/hi_nso/221150228620

19 제5차 국민연금 재정추계 결과 발표(보건복지부)

20 청년 '니트족' 172만명…15~34세10명 중 1명은 일도 공부도 구직도 안해(중앙일보, 2021.11.26)

21 김태헌, 「550억 원 vs 2400만 원… 분식회계 내부 고발 적은 이유」, 뉴스원, 2018.12.03

22 금융지주 사외이사'거수기' 논란…국내10대 그룹 비교해보니(뉴스웨이, 2023.03.28)

23 한국 법인세, 다른 나라들보다 더 높다?…실효세율로 따져보니(세무사신문, 2022.12.19).

24 남창우, 「법인세율 변화가 기업 투자에 미치는 영향」, 한국개발연구원, 2016.11.28

25 양문영, 「'크런치 모드'에서 벗어나고 싶다면」, 프레시안, 2018.12.08

26 정대희, "끔찍한 좀비기업 문제, 어떻게 해결할까?", 『나라경제』, 2015년 12월호 25 김송현, 「전 세계 GDP에서 한국의 비중은 1.9%」, 오피니언뉴스, 2017.05.31.

27 김송현, 「전 세계 GDP에서 한국의 비중은 1.9%」, 오피니언뉴스, 2017.05.31

28 중국의 대미 수출 현황 및 전망(코트라, 2023.9.19)

29 중국의 부동산 거품경제, 동향과 전망(조성찬, 하나누리 동북아연구원 원장, 2023. 6. 30)

30 홍익회, 「세상을 바꾼 다섯 가지 상품 이야기」, 행성B, 2015

31 송원형, 「52개국과 FTA… '경제 영토' 넓혀 보호무역 넘는다」, 조선일보, 2017.05.12.

32 견다희, 「"커피 한 잔 의 교훈" 4,000원의 경제학」, 이코노믹리뷰, 2019.01.16.

33 유성민, 「블록체인, 도약 준비 끝마쳤다」, 사이언스타임스, 2018.12.26

34 이종희, 「블록체인, 대기업 진입 가속화… 서비스 경쟁 시작」, 뉴시스, 2019.01.03.

35 인공지능에 의한 일자리 위험 진단(LG경제연구원, 2018. 5, 15)

**모르면 호구 되는
경제상식 2024**
최신 개정판

1판 1쇄 발행 | 2019년 04월 12일
2판 1쇄 발행 | 2021년 09월 03일
3판 1쇄 발행 | 2023년 01월 25일
4판 5쇄 발행 | 2024년 12월 20일

지은이 이현우
펴낸이 김기옥

경제경영팀장 모민원
기획 편집 변호이, 박지선
마케팅 박진모
경영지원 고광현
제작 김형식

디자인 푸른나무디자인
인쇄 · 제본 민언프린텍

펴낸곳 한스미디어(한즈미디어(주))
주소 04037 서울특별시 마포구 양화로 11길 13(서교동, 강원빌딩 5층)
전화 02-707-0337 | 팩스 02-707-0198 | 홈페이지 www.hansmedia.com
출판신고번호 제 313-2003-227호 | 신고일자 2003년 6월 25일

ISBN 979-11-93712-07-8 03320